- 우선 명확한 방향 ... 구엇인가?

  ↳ 2장부터 시작하길 ...

- 좋은 말만 하는 것은 신경에 거슬린다. 우리는 나치 시대를 겪은 이후로 '민족공동체'라는 이상이 어떤 방향으로 흘러가는지를 잘 알고 있다. 공동체의 위험에 어떻게 대응해야 할까?

  ↳ 6장을 권장한다.

- 확실한 사실이 필요하다. 나를 설득할 수 있는 것은 과학적 증거와 연구 결과뿐이다. '공동체 의식'이라는 주제도 그러한 것이 존재하는가?

  ↳ 3장에서 그 답을 찾을 수 있다.

- 무엇보다 인상적인 스토리와 감동적인 사례를 읽고 싶다. 그러한 이야기들은 나에게 학문적 연구 그 이상의 것을 제공한다.

  ↳ 7장을 권장한다.

- 이 책에 실용적인 팁도 포함되어 있는가? 결국, 가장 중요한 질문은 '내가 무엇을 할 수 있을까?'이다.

  ↳ 각 장 사이에 있는 챕터들을 읽어보기를 바란다.

물론 아주 평범하게, 책의 맨 처음부터 시작할 수도 있다.

우리는 자이언트 세쿼이아로부터
무엇을 배울 수 있는가?

매머드 나무^Mammoth Tree로도 불리는 자이언트 세쿼이아의 가장 놀라운 점은 경외심을 자아내는 나이도 아니고, 말 그대로 거대한 크기도 아니다. 이 나무의 나이는 수천 년에 달하고, 그 높이는 100미터를 넘을 수 있지만 말이다. 특히 캘리포니아 레드우드 국립공원에 있는 하이페리온 세쿼이아는 115미터라는 세계 기록을 보유하고 있다.

이 자이언트 세쿼이아의 진정한 미스터리는 땅속에 숨어있다. 사람들이 예상하는 것과는 달리 세쿼이아는 뿌리를 땅속 깊이 내리지 않는다. 이 나무의 뿌리는 고작 1미터 남짓에 불과하다. 그럼에도 엄청난 덩치를 자랑하는 이 거대한 나무는 어떻게 균형을 유지할까? 지진과 폭풍우에도 끄떡하지 않고 어떻게 수 세기 동안 안정된 모습으로 살아갈까?

그 비결은 바로 '협력'이다. 세쿼이아의 뿌리는 이웃하는 세쿼이아의 뿌리와 닿을 때까지 땅속에서 뻗어나간다.[1] 서로의 존재를 발견하면 두 뿌리는 견고하게 결합한다. 그래서 두 세쿼이아는 서로를 받쳐주고 꼭 붙들어 어떠한 거센 폭풍우에도 함께 살아남을 수 있다. 어린 세쿼이아도 이러한 식으로 뿌리 네트워크를 결성하여 고정된다. 다시 말해 세쿼이아의 진정한 힘은 (보이지 않는) 결속력에서 나오며, 이러한 결속력은 서로 교류하고 지지하는 능력에 있다.

세쿼이아가 우리에게 보여주는 것은 다름 아닌 '공동체 의식의 힘'이다. 즉, 자신을 거대한 네트워크의 일부로 인식하고 그 네트워크에 자신을 맞추는 능력이다. 말하자면 자신의 행복뿐만 아니라 다른 사람의 행복도 함께 고려하는 것이다. 이는 궁극적으로 모든 사람을 더 강하게 만든다. 단순한 교훈처럼 들리겠지만 요즘 같은 시대에는 이러한 교훈이 쉽게 잊히는 것 같다. 왜냐하면, 현대 사회에서 살아가는 우리는 연대보다는 개인의 자유를 중요하게 여기기 때문이다.

오늘날의 개인은 자신을 네트워크의 일부라기보다 하나의 독립된 존재라고 생각한다. 그래서 자신의 행복을 다른 사람들과 함께 찾는 것이 아니라 독자적으로 추구하는 경향이 있다. 수많은 자기계발서가 자기 최적화라는 메시지를 선포하고 개인의 강점이나 창의성, 평정심을 기르는 팁들을 제공한다. 마치 그러한 능력이 사회적 환경과 무관하게 실현될 수 있는 것처럼 말이다. 보통 우리는 경쟁에서 자기 의견을 주장하는 법을 학교에서 미리 배운다. 현대의 능력주의 사회에서는 앞서 나가고 막대한 이익을 거두는 사람이 성공했다고 여겨지기 때문이다. 이는 사회적 불평등을 초래하고 장기적으로는 민주적 결속력의 붕괴로 이어진다.

간단히 말하면, 오늘날 공동체 의식은 위기에 처해있다. 모두의 공동 행복을 위해 노력하려는 마음이 세쿼이아보다 부족한 사람이 많아 보인다. 거의 모든 서구 민주주의 국가들에서 결속이 붕괴하고 있으며 사회 양극화로 어려움을 겪고 있다. 전 세계적으로 민주주의의 모델로 꼽혔던 미국과 같은 나라도 내부적으로 분열이 심해져 정당과 전체 인구 집단이 서로 극렬하게 대립하고 있다. 이는 건설적인 정치를 불가능하게 하고 결국에는 모두에게 해를 입힌다.

독일에서도 양극화 경향이 뚜렷하게 증가하는 추세다. 주요 정당이나 교회, 노동조합 등 한때 안정적이었던 기관의 회원 수가 계속해서 줄고 있다. 그에 비해 부분적으로 거친 견해와 주장으로 기존의 사회적 합의에 의문을 제기하는 급진적 세력들은 부상하고 있다. 동시에 우리는 기후변화, 코로나 팬데믹, 우크라이나 전쟁 등 끊임없이 새로운 위기와 재앙에 직면해 있다. 혼자서는 극복할 수 없으며 우리의 공동 행동을 촉구하는 이러한 도전적 과제들은 가깝든 멀든 우리가 얼마나 밀접하게 서로 연결되어 있는지를 분명히 보여준다.

오늘도 저 멀리 떨어진 어딘가에서는 사람들이 극렬하게 싸우고 있다. 18세기나 19세기에는 이런 일을 신경 쓰는 사람은 거의 없었다.

"나는 창가에 서서 술잔을 들이키며 / 형형색색의 배들이 강물을 따라 미끄러지는 것을 보네. / 그러다 저녁이면 흥겹게 집으로 돌아가 / 태평성대를 주신 분께 감사드리네."

괴테의 《파우스트》에 보면 건실한 시민들의 입에서 이런 말이 흘러나온다. 그러자 또 다른 시민이 이렇게 대답한다.

"아무렴, 그렇고말고! 나도 동감이야. / 그들이야 머리통이 깨지든 말든 / 모든 것이 뒤죽박죽되든 말든 / 우리 집만 무사하면 그만이지!"[2]

그러나 오늘날에는 우리 집도 무사하지 않다. 우크라이나 전쟁은 글로벌화된 세계에서 에너지와 식료품 가격, 공급망, 이주 정책에 직접적인 영향을 미친다. 코로나 팬데믹은 결속력 측면에서 우리에게 이와 유사한 교훈을 주었다. 저 멀리 떨어져 있는 중국 우한에서 발생한 코로나는 얼마 지나지 않아 이곳 독일의 일상을 완전히 뒤집어 놓았다. 주류를 경멸하고 집단을 거부하는 완강한 개인주의자들조차 자기 혼자만 동떨어져 살 수 없고, 개인의 자유가 바이러스라는 위협과 다른 시민들의 행동에 얼마나 좌우되는지, 그리고 결국 오직 함께 싸워야만 펜데믹을 극복할 수 있다는 사실을 갑작스레 경험해야 했다.

코로나 위기는 온갖 관료적, 기술적 약점뿐만 아니라 그보다 훨씬 더 깊숙한 곳에 있던 것을 들춰냈다. 즉, 우리의 자주성에 대한 순진한 믿음, 말하자면 자신의 행복을 독자적으로 만들어나갈 수 있다는 일반적인 신념을 뒤흔들었다. 코로나 위기를 겪으면서 다른 많은 사람이 우리의 행복에 개입되어 있고 우리의 운명은 주변 사람들의 운명과 뗄 수 없을 정도로 연관되어 있음을 깨달았다. '공동체 의식'이라는 용어가 '공통 감각'뿐만 아니라 '건전한 인간 오성'(영어로는 상식Common Sense)이라고 번역될 수 있는 라틴어 '센수스 코무니스Sensus Communis'에서 파생된 데에는 다 이유가 있다.

후세 사람들은 팬데믹과 우크라이나 전쟁이라는 이중 충격을 하나의 전환점으로 평가할 가능성이 상당히 크다. 즉, 과도한 개인주의가 막을 내리고 '공동체 의식'이라는 잠재 능력이 재발견되는 역사적 단면으로 평가할 것이다. 왜냐하면, 이러한 능력은 21세기의 큰 도전을 극복하는 데 필요한 핵심 역량임이 입증되었기 때문이다.

미래 세대는 과거를 돌이켜보면서 이렇게 말할 것이다.
"바이러스, 환경 문제, 기후변화는 국경을 초월하는 문제인 만큼 이를 극복하기 위해서는 전례 없는 형태의 글로벌 협력이 필요했다. 또한, 정치적 긴장이 세계를 핵전쟁이라는 벼랑으로 내몰았기 때문에 이를 악물고 평화 협상을 추진해야 했다. 그리고 에너지 자원과 원자재의 유한성이 드러났으므로 인류가 살아남으려면 이 지구를 함께 관리해야 한다는 인식을 언제부터인가 피할 수 없게 되었다."

현실이 되기에는 너무 좋은 말처럼 들리는가? 더 나은 세상을 꿈꾸는 이상일 뿐이고 일상의 정치 현실 속에서는 비참하게 폐기될 뿐이라고 생각되는가?
확실히 지금은 그러한 글로벌 공동체 의식을 향한 비전이 멀게만 느껴진다. 18세기의 노예제 폐지, 여성도 언젠가 동등한 권리를 갖고 직접 투표할 수 있을 거라는 19세기의 미친 생각. 이러한 비전도 그 당시에는 비현실적이거나 심지어 자연법에 어긋난다고 비웃음을 당했지만, 마침내 현실이 되어 점차 당연한 것으로 자리 잡았다.

공동체 의식이 고양된 사회로의 전환은 사람들이 상상하는 것보다 훨씬 더 빠르게 진행될 수 있다. 국경을 초월하는 커다란 도전 과제에 대한 중압감이 커질수록 인류 공동체로써 우리가 할 수 있는 한 모든 힘을 동원하는 것 말고는 다른 선택의 여지가 거의 없기 때문이다. 언젠가 코로나 위기나 우크라이나 전쟁이 그저 불쾌한 기억으로만 회상되는 시간이 오겠지만, 그때도 역시 온갖 위기와 재앙의 목록은 끝나지 않을 것이다.

정치, 경제, 생태계의 시스템적 불안으로 인해 우리는 안정된 상태를 조속히 회복할 수 있다는 희망을 품기 어려워졌다. 오히려 기후나 환경 문제의 파급력이 높아지고, 전 세계의 정치적 긴장이 지속되며, 디지털 기술이 점점 더 복잡해짐에 따라 우리의 기반 시설은 각종 장애에 취약해졌다. 나아가 통계학자이자 철학자 나심 니콜라스 탈레브 Nassim Nicholas Taleb 가 '검은 백조'Black Swan라고 불렀던 위기 시나리오가 계속해서 우리를 놀라게 할 것이라는 사실에 대비해야 한다.[3] 즉, 우리가 갑자기 그 존재에 직면하기 전까지는 발생할 수 없다고 생각하는 우리의 기대 지평을 벗어나는 사건들 말이다. 이를테면 수백만 명이 사는 샌프란시스코와 같은 도시에서 발생한 지진이나 원자로 폭발 사고, 지구를 향해 돌진하는 소행성 등….

위기 연구 전문가 오르트빈 렌 Ortwin Renn은 이렇게 말한다.
"추측건대 100만 분의 1의 확률로 발생하는 극히 드문 사건이 100만 개 있을 것이다. 말하자면 적어도 그중 하나는 매년 발생한다. 단지 어느 사건인지 우리가 모를 뿐이다."[4]

물론 식료품 저장실을 채우거나 생존 가방을 꾸리며 관계 당국에서 권장하는 모든 사항을 참고하면서 이러한 예측 불가능한 사태에 대비할 수 있다.[5] 미국과 같은 나라에서는 자기 집과 마당을 어떻게든 반드시 방어하기 위해 무기를 소지하는 사람들이 많다.

그러나 그보다 더 나은 예방책은 가까운 이웃(위급 상황에서 가장 먼저 도움을 줄 수 있는 사람들이므로) 사이에서, 나아가 사회 전체(사회적 갈등의 위험을 최소화하는 가장 좋은 방법이므로)에서 공동체 의식을 강화하는 것이다. 다시 말해 위기 상황에서 진정으로 도움이 되는 것은 '사회적 관계'다. 평온한 시기에 사회적 관계를 구축하고 이를 잘 관리하는 것은 우리가 생각할 수 있는 최고의 투자다.

이러한 의미에서 이 책은 공동체 의식의 다양한 측면을 탐지하고, 공동체 의식을 촉진하거나 저해하는 조건을 알아본다. 집단 지성과 집단 오류의 차이를 설명하고, 왜 현시점에서 자유로운 개인이라는 이념이 안정적인 공동체와 민주적 구조에 의존할 수밖에 없는지를 설명한다. 또한, 이 책에는 풍부한 내용이 담긴 굵직굵직한 챕터와 중간중간 가볍게 아이디어를 제시하거나 구체적인 방법을 제안하는 작은 챕터가 있다.

공동체 의식을 깊이 이해하고자 하는 노력은 위기 시대를 사는 우리에게 도움을 줄 뿐만 아니라 일상을 풍요롭게 해준다. 우리는 다른 사람들과 함께 행동할 때 더욱 큰 기쁨을 얻곤 한다. 함께 먹고 이야기하고 즐길 때처럼 함께 일할 때도 마찬가지다. 사회적 존재로서 인간에게 가장 필요한 것은 '다른 사람들'이기 때문이다. 그러나 오늘날 그러한 긍정적인 소속감을 느끼지 못하는 사람이 많다.

우리는 개인주의의 부작용으로 '외로움'이라는 전염병을 본격적으로 경험하고 있다. 이는 우리의 행복이 경제적 풍요로움에만 좌우되는 것이 아니라 관계의 풍요로움, 시간의 풍요로움, 사랑의 경험과 같은 정신적 요인에 더 많이 달려있음을 보여준다. 말하자면 모든 것이 공동체 의식 및 상호 결속의 경험과 직간접적으로 관련되어 있다.

이제 세쿼이아의 예를 살펴볼 시간이다.

'나의 땅'을 위한
명상

"어떤 사람도 그 자체로 온전한 섬이 아니다…."

이 말은 400년이 지난 오늘날에도 여전히 공감을 불러일으킨다. 셰익스피어와 동시대인이었던 영국 시인 존 던^{John Donne}이 1623년 <위급한 때의 기도문>^{Devotions upon Emergent Occasions}에서 쓴 구절이다. [6] 당시 그는 심각한 질병과 싸워야 했고 규칙적으로 '명상'을 글로 작성했다.

이 명상에서 그는 공동체 의식을 '섬'이라는 시적인 은유를 사용하여 표현했다. 그러나 독일어에서는 이 표현의 진정한 마법이 빠져있다. 17세기의 영어 원본에는 섬^{Island}(독일어로는 아일란트^{Eiland} 또는 인젤^{Insel})이라는 단어가 iland로 표기되어 있다. [7] 이 때문에 독창적인 이중 의미가 생겨났다. 즉 "No man is an iland"라는 구절은 'No man is an I-land', 다시 말해 '어떤 사람도 나의 땅이 아니다'로도 해석할 수 있다.

이는 아이폰^{iPhone}, 아이클라우드^{iCloud}를 비롯한 아이 무엇^{I-Something}이 만연한 현대 시대를 예언한 것과 다름없다. 말하자면 존 던은 독창성에 대한 욕구를 과격하게 마케팅하는 시대에 사는 우리는 모두 서로 연결되어 있고, 누구도 '나의 땅'^{I-land}에만 살지 않는다는 사실을 먼 과거로부터 상기시킨다.

어떤 사람도 그 자체로 온전한 섬이 아니다.
사람은 누구나 대륙의 한 조각이며 일부이다.
흙덩이가 바닷물에 떠내려가면
유럽은 그만큼 작아진다.
이는 곶 하나가 떠내려가는 것이며
친구의 땅과 나 자신의 땅이
떠내려가는 것과 같다.
누군가의 죽음은 나를 작아지게 한다.
나는 인류에 속해 있기 때문이다.•

• No man is an i(s)land entire of itself; every man is a piece of the continent, a part of the main; if a clod be washed away by the sea, Europe is the less, as well as if a promontory were, as well as any manner of thy friends or of thine own were; any man's death diminishes me, because I am involved in mankind.

_____

1장

불가능한 것을
가능하게 하다

'사회적 에너지의 놀라운 힘'

전 세계적으로 활동하는 어떤 조직을 상상해 보라. 이 조직은 어떠한 경제적 목표를 추구하지 않는다. 이윤 극대화나 정치적 영향력, 종교적 견해에도 관심이 없다. 무신론자는 물론 기독교인, 불교도, 조로아스터교인을 비롯하여 어떤 종파의 사람들이든 모두 환영받는다. 자신의 경험을 다른 사람들과 '공유'하고 공개적으로 '교류'하고자 하는 진심 어린 바람. 이것이 이 조직에 참여하는 유일한 기준이다. 그래서 회원들에게 무엇을 하라고 요구하는 사람은 없지만, 그들은 정기 모임 참석을 매우 귀중하게 생각한다. 아, 그리고 이 모든 것은 당연히 무료다.

그런 조직은 없다고? 유토피아라고? 그렇지 않다. 이 조직은 거의 90년째 존속해 오고 있으며, 현재 180개국에서 118,000개 이상의 지부와 수백만 명의 회원을 보유하며 활동 중이다. 아마도 이 조직은 같은 생각을 하는 사람들이 만났을 때 생겨날 수 있는 엄청난 힘을 보여주는 가장 좋은 예일 것이다. 이 조직의 이름은 '익명의 알코올 중독자들Alcoholics Anonymous(AA)'이다.

당신은 의아하게 생각할지 모른다. 공동체 의식에 대한 책을 왜 하필 '익명의 알코올 중독자들' 이야기로 시작하는 것일까?

그 이유는 이 조직의 활동이 다양한 측면에서 매우 주목할 만하기 때문이다. 이 조직은 상사와 위계질서를 갖춘 고정된 기관 형태가 아니다. 거의 모든 활동이 자발적으로 이루어지며, 아무도 자신을 공개적으로 AA의 대표라고 소개하지 않는다(이는 알코올 중독이라는 낙인과 관계가 있기도 하다). 그런데도 이러한 원칙이 거의 한 세기 동안 지켜져 오고 있다. 이는 모든 구성원에게 충분히 중요한 관심사라면 자율적이고 위계가 없는 공동체라는 무정부주의의 이상이 가능하다는 사실을 보여준다.

다른 한편으로 AA의 활동은 사회적 지원의 힘을 보여주는 강력한 예다. 왜냐하면, 알코올과 싸움에서 가장 효과적인 치료제는 알코올 중독자 모임이기 때문이다. 집에서 멀리 떨어진 곳에서 혹은 휴가나 여행 중에도 거의 모든 대도시에서 AA 그룹을 찾을 수 있으며, AA 구성원이라면 자유롭게 다양한 지역 모임에 참석할 수 있다. 서로 간에 비슷한 어려움을 공유하고 모든 역할과 위계를 초월하여(이는 일반적으로 사회에서는 거의 불가능한 일이다) 공동체 안에서 자신을 솔직하고 꾸밈없이 드러냄으로써 사람들은 '사회적 지지'라는 엄청난 경험을 하게 된다. 이를 통해 자신을 종종 아웃사이더라고 느끼는 사람들 사이에 연대감이 조성될 뿐만 아니라 개인적인 중독증이라고 여겨졌던 병이 집단적 '도전'이 된다.

모든 AA 그룹이 따르는 12단계 프로그램은[1] '우리는 알코올에 대해 무력하며 더 이상 나의 삶을 통제할 수 없다'라는 사실을 인정하는 것에서 시작한다. 그다음으로 '우리 자신보다 더 큰 힘이 우리의 정신 건강을 회복시킬 수 있다'라는 믿음을 만들어 낸다. 이 힘이 정확히 어떤 모습인지는 자세히 설명되지 않는다. 부분적으로 '신'이 언급되기는 하지만 '우리가 이해하는 신의 모습'이라는 단서가 항상 붙는다. 원한다면 신을 우주의 생명 에너지나 불교의 무상함, 자연 등 그 무엇으로도 생각할 수 있다. 말하자면 '우리 자신보다 더 큰' 어떤 힘이라고 생각하는 것이다. 그리고 이 힘은 그룹 모임에서 가장 눈에 띄게 나타난다.

이로 인한 효과는 과학적으로도 입증되었다. AA 그룹에 치료사가 있는 것도 아니고 기본적으로 구성원들이 그저 자신의 경험에 대해 서로 이야기할 뿐인데도 이러한 그룹에 참여하는 것이 전문적인 심리치료보다 더 효과적이다.

스탠퍼드 대학에서는 AA 그룹의 프로그램을 전문 치료요법과 비교하여 연구했다. 10,565명의 참가자를 대상으로 한 총 27개의 연구를 평가한 결과, 12단계 프로그램을 완수한 지 1년 후 AA 프로그램 참가자의 42%가 금주를 했다. 반면, 인지행동 치료와 같은 전문 치료를 받은 지 1년 후 금주를 한 사람은 35%에 불과했다.

연구가의 관점에서 볼 때 무엇보다 이러한 효과는 알코올 중독자들이 AA 모임에 계속 참석하기 때문에 나타나는 결과이며, 반면 전문 심리치료의 효과는 치료가 완료된 후 점점 사라진다.[2] 그리고 AA 모임이 매우 효과적이기 때문에 '익명의 도박 중독자들', '익명의 섹스 중독자들', '익명의 일 중독자들'에 이르기까지 다른 많은 중독자가 현재 AA의 원칙을 실천하고 있다.

'우리'라는 용기

이처럼 사회적 접촉이 도움이 되는 이유는 무엇일까? 아프리카의 어떤 속담처럼 자신에게 도움이 되는 말을 스스로 할 수 없는 이유는 무엇일까? 우리가 혼자서는 끌어모을 수 없는 힘을 얻기 위해 다른 사람들의 공동체가 필요한 이유는 무엇일까?

이 질문들은 알코올 중독자뿐만 아니라 극복할 수 없을 것 같은 도전에 직면한 모든 사람에게 필수적이다. 우리가 공동으로 위협에 맞서면 왜 그 위협이 약해 보이며, 다른 사람들과 함께 산을 오르면 왜 산이 작아 보일까? 우리가 사회적 지지를 받을 때 고통을 덜 느끼는 이유는 무엇일까? 그리고 왜 우리는 혼자서는 떠올리지 못하는 창의적인 해결책을 다른 사람들과 함께일 때 생각해 내는 것일까?

이러한 질문은 우리가 '공동체적인 존재'라는 핵심으로 이어진다. 왜냐하면, 호모 사피엔스만큼 사회적 감각이 뛰어난 종은 없기 때문이다. 행동주의 연구가들이 말하듯이 우리는 '초사회적 존재'다. 말하자면 우리의 성공적인 진화는 무엇보다 뛰어난 집단 지능과 협력적 사고가 도움이 된 덕분이다(4장 참조). 간혹 일상에서 만나는 주변 사람들의 사회적 능력에 의구심을 품을 때도 있지만, 이러한 초사회성은 여전히 우리 유전자 깊숙이 박혀 있다. 상호작용과 공동체 경험을 향한 욕망은 우리를 움직이는 원동력이다. 이를테면 수천 명의 다른 팬들과 연대감을 느끼게 하는 축구 경기장, 집에서 라디오로 음악을 듣는 것과는 다른 경험을 하게 되는 콘서트

홀, 또는 함께 먹고 노래하고 춤추는 활동을 집단으로 할 때 우리는 혼자 할 때와는 다른 힘을 발휘한다.

수많은 의학 연구는 다른 사람들과 함께 있는 것이 큰 치유력을 가진다는 것을 밝혔다. 이는 익명의 알코올 중독자뿐만 아니라 모든 위기, 질병에도 해당된다. 예를 들어 1년에 세 번 이상의 심각한 스트레스 상황(해고, 이혼, 경제적 문제 등)을 극복해야 했던 중년 남성들을 연구했다.

연구 결과에 따르면, 가족이나 친구의 지원을 받지 못한 독신 남성의 사망률이 3배로 증가했다. 반면 걱정거리를 다른 사람들과 공유할 수 있었던 남성들의 경우에는 사망률이 증가하지 않았다. 연구팀은 "적절한 정서적 지원을 받는 남성은 보호받는다고 볼 수 있다."[3] 라는 결론에 도달했다.

물론 '적절한' 정서적 지원에 대한 경험치는 개인마다 크게 다를 수 있다. 어떤 사람은 대가족이 필요할 수도 있고, 또 어떤 사람은 며칠에 한 번씩 친구와 통화하는 것이면 충분하다. 중요한 것은 주관적인 느낌이다. 자신이 사회적으로 잘 연결되어 있다고 생각하는 사람들은 예를 들어 심혈관 질환이나 특정 암[4] 또는 감염에 덜 취약하다. 그리고 병에 걸리더라도 회복 가능성이 더 크다. 즉, 배우자나 친구로부터 집중적인 지원을 받는 사람들은 암을 더 잘 극복하고 수술 후에도 평균적으로 진통제를 덜 복용한다.[5]

몇 년 전 암에 걸린 TV 프로듀서 외르크 호페Jörg Hoppe는 이러한 사회적 상호작용의 힘을 직접 경험한 사람 중 한 명이다. 그는 다음과 같이 말한다.

"치료를 받는 동안 심각한 위기를 겪었다. 나는 완전히 산산조각이 난 느낌이었고 더는 아무것도 계속할 힘이 없었다. 계속 치료하느니 나에게 남은 5개월을 어느 정도 좋은 상태로 보낸 다음 죽는 편이 낫겠다는 생각이 들었다."

하지만 그때 가족과 친구들이 포기하지 말라고 그를 설득했다고 한다.

"그들은 '너는 할 수 있어', '괜찮아질 거야'라는 말이 아니라 '우리는 할 수 있어'라고 말해주었다. 이 '우리'라는 말이 나에게 포기하지 않을 힘을 주었다."[6]

호페는 소셜 미디어를 통해서도 이러한 지지를 느꼈고, 이를 계기로 직접 활동을 펼치게 되었다. 그는 다른 사람들과 함께 암 환자와 그 가족을 위한 '예스위캔!서'Yeswecan!cer 네트워크를 설립했다.[7] 그는 암이 사회적 고립을 초래하는 경우가 너무 흔하다고 말한다.

"암은 금기시되는 질병이지만 의사소통이 암의 치유를 촉진한다는 많은 연구 결과가 있다. 우리가 목표하는 바를 한마디로 요약하면 '당신은 혼자가 아니다'라는 것이다."

애정이라는 이름의 약

반면에 외로움은 연구 결과를 통해 알 수 있듯이 우리를 정말로 아프게 할 수 있다.[8] 싱글인 사람은 연애 중인 사람에 비해 심장마비 위험이 더 클 뿐만 아니라,[9] 외로움은 다른 많은 부정적인 영향을 미친다. 즉, 외로운 사람들은 일반적으로 우울증, 수면 장애, 뇌 기능 저하 가속화, 혈액순환 문제, 면역체계 장애 등으로 더 자주 고통받는다.[10] 심지어 소속감이 없다는 느낌은 신체적 고통과 유사한 뇌 활동 패턴을 유발한다.[11]

그에 반해 타인과 연대는 가장 좋은 치유책이다. 연구가들은 대규모 메타 분석에서 148건의 연구를 비교하여 건강한 사회적 접촉과 소속감이 사망 위험을 평균 50% 감소시킨다는 결론을 얻었다. 이로써 친밀한 인간관계가 주는 긍정적인 영향이 스포츠 활동이나 건강한 체중 유지를 통해 얻게 되는 영향보다 훨씬 더 크다는 것을 알 수 있다. 그리고 이러한 긍정적인 영향은 담배를 아주 많이 피우는 사람이 흡연을 포기할 때 얻는 건강 효과와 대략 일치한다.[12]

이러한 모든 결과를 고려해 볼 때 의료인이 처방해야 하는 아주 효과적인 치료제는 '애정'이 아닐까. 많은 의사도 이 사실을 알고 있다. 독거노인에게 가장 효과적인 의학적 조치는 처방 약이 아니라 처방전을 작성하기 이전에 진료실에서 나누는 사려 깊은 대화와 관심이다. 안타깝게도 통례적인 '정통 의학' 시스템에서는 관계의 치유 효과가 제대로 인정받고 있지 못하다. 이는 민간 요법이나 동종 요법을 비롯한 기타 대체 의학이 성행하는 이유이기도 하다. 이러한 '대체 요법'이 어떤 방식을 고수하든 대부분은 환자에게 많은 시간을 할애하는데, 이는 실제로 치료 효과를 보이는 경우가 많다.

사회적 에너지

우리와 함께 살아가는 주변인들의 영향력은 생물학적, 의학적 영역을 훨씬 뛰어넘는다(비록 과학적으로 가장 명확하게 입증할 수 있는 영역이 생물학적, 의학적 분야이기는 하지만). 생각과 감정뿐만 아니라 특히 창의성은 사회적 환경에 좌우되며, 타인을 통해 자극받거나 억제되기도 한다.

이러한 점에서 볼 때 코로나 팬데믹 시기는 독특한 대규모 사회적 실험이었다고 볼 수 있다. 즉 '사회적 거리두기' 규정과 기타 조치로 말미암은 사회 환경의 변화가 사람들에게 어떤 영향을 미치는지 갑작스레 몸소 체험할 수 있었다.

어린 자녀가 있는 가정에서는 '봉쇄' 혹은 격리 기간에 극심한 사회적 스트레스를 겪고 비좁은 공간에서 계속 함께 지내면서 여러모로 신경을 곤두세우는 경우도 많았다. 평소에 하던 거의 모든 접촉이 단절되기도 했다. 사무실에서 동료를 만나는 대신 집에 혼자 앉아서 재택근무를 해야 했다. 또 극장이나 콘서트 관람도 포기해야 했고, 클럽이나 수영장, 박물관, 교회에도 가지 않았다. 축구 팬들은 경기장에서 함께 응원하는 대신 집에서 혼자 '유령 경기'를 관람해야 했다.

처음에는 예상치 못하게 감속된 느린 삶이 유익하다고 생각하는 사람들도 있었다. 평소 읽고 싶었던 좋은 책을 읽거나 공을 들여 요리하거나 빵을 구울 시간이 마침내 생긴 것이다! 하지만 코로나가 지속될수록 즐길 수 있는 시간은 줄어들었다. 스트레스를 받으면서 가족과 함께 사는 사람들은 단순히 지칠 대로 지쳐갔다. 반면, 혼자 사는 대다수 사람들 사이에는 이상한 피로감이 퍼져나갔다. 말하자면 육체적 피로보다는 정신적 무력증과 같은 일종의 무기력증이었다.

사회학자 하르트무트 로자Hartmut Rosa가 진단한 것처럼 많은 사람은 막연하게 피곤하고 무기력하다, 일종의 곰팡이가 지각을 덮어버린 것 같다고 느꼈다. 사람들은 해야 할 일이나 하고 싶은 일을 더 이상 할 수 없다는 인상을 받았다.[13] 하르트무트 로자의 시각에서 이것은 "단순히 개인의 문제나 개인적인 경험의 문제가 아니라" 사회적 현상이었다. "이 곰팡이가 사회 전체를 뒤덮고 있기 때문이다."

그리고 이러한 상황에 대한 명확한 개념과 이론이 부족하기 때문에 로자는 자신이 관찰한 내용을 '사회적 에너지'라는 개념으로 응축했다. 그는 1993년 사회적 동력으로써 '정서적 에너지'를 언급했던 미국의 사회학자 랜달 콜린스Randall Collins의 사상을 접목했다.[14] 로자는 한 인터뷰에서 이렇게 설명했다.

"우리는 에너지가 개인적이고 심리적인 특성을 가진다고 믿어왔다. 이제 나는 사회적 교류로 이어지는 우리의 에너지가 밀접한 상호작용 그 자체로부터 발생한다고 믿는다. 예를 들어 누군가와 부딪힐 때처럼 당황스러운 교감으로부터도 말이다."

이는 정신적 마주침뿐만 아니라 육체적 마주침에도 동일하게 적용된다. 우리의 일상과 사고방식에서 벗어나기 위해서도 "짜증 나

고 놀랍고 즐겁고 불쾌한 사회적 상호작용"이 필요하다.[15]

로자는 이러한 사회적 상호작용 중 많은 부분이 코로나 시대에 사라졌으며, 바로 이것이 곰팡이를 일으킨 원인이라고 생각한다. 그는 디지털 교류의 증가는 제한된 범위에서만 도움이 되었다고 말한다. 즉, 디지털 교류가 정보를 빠르게 교환하는 데는 좋지만, 우연적이거나 짜증 나는 순간을 포함하는 다른 사람과의 구체적인 만남을 대체하지는 못한다는 것이다.

"그러한 만남이 없으면 우리는 정서적으로, 심리 사회적으로, 나아가 지적으로도 언제나 같은 궤도에서 맴돈다. 그것도 우리가 알고 있는 궤도에서 말이다."

자기 자신을 간지럽힐 수 없는 이유

사회적 에너지의 본질을 왜 자기 자신을 간지럽힐 수 없는지에 관한 질문에 비유하여 설명할 수 있을 것이다. 순전히 물리적 관점에서 보면, 자기 손으로 스스로 간지럽히든 다른 사람이 간지럽히든 자극은 같다. 하지만 감정적 경험은 완전히 다르다. 다른 사람이 나를 간지럽힐 때는 언제나 깜짝 놀라고 어찌할 바를 모르는 순간이 있는데, 바로 이것이 자극을 만들어 낸다.

뇌 연구(잘 알려진 바와 같이 뇌 연구는 어떤 신비로운 현상도 마다하지 않고 연구한다)에서도 타인의 간지럽힘과 자기 간지럽힘을 주제로 다루었다. 그 결과는 다음과 같다.

외부로부터의 자극은 스스로 생성한 자극(이를테면 자기 손으로 몸을 만지는 것)보다 뇌를 훨씬 더 강력하게 활성화한다.[16] 베를린의 연구진은 그 원인을 규명하기 위해 쥐를 간지럽히는(쥐 스스로 간지럽힐 수 있는 장치를 고안하여) 실험을 했다. 그 결과 스스로 간지럽히면 '체성감각피질'에서 억제 제동장치가 활성화한다는 사실을 발견했다.[17] 다시 말해 자기 자신을 스스로 간지럽힐 때 뇌는 이미 무슨 일이 일어날지 알고 있으며 작동을 거의 멈춘다.

이러한 식으로 사회적 만남의 활력 효과를 설명할 수 있을 것이다(이에 대한 결정적인 신경생리학적 증거는 아직 부족하지만). 즉, 간지럼과 마찬가지로 우리가 다른 사람과 대화를 할 때 어떤 일이 일어날지, 대화가 어떤 방향으로 전개될지 정확히 알 수 없다. 바로 이러한 개방성과 예측 불가능성은 생각이 자기중심으로만 돌아갈 때와는 완전히 다른 방식으로 뇌를 활성화한다.

많은 접촉이 사라진 코로나 팬데믹 시기에 우리는 이러한 차이를 잘 느낄 수 있었다. 저널리스트 페터 운프리트Peter Unfried는 하르트무트 로자와의 인터뷰에서 자신의 경험을 이렇게 말했다.

"이제 새로운 생각을 할 시간이 생겼지만 나는 늘 생각하던 것만 떠올려요. 그러다가 '이런, 뭔가 다른 걸 생각해 보자'라고 하지요. 하지만 그게 잘 안 돼요. 지적으로 나를 짜증 나게 하는 사람들에게 전화해야 비로소 효과가 있어요."

그리고는 이렇게 다소 과격한 표현을 덧붙인다.

"코로나 망명 생활에서는 멍청이 같은 친구들도 그리워요."[18]

사실상 짜증이나 의견 불일치도 자신의 견해를 결정하고 주장을 굳히는 데 도움이 되기 때문에 고무적일 수 있다. 인간의 상호작용을 생동감 있게 만드는 것은 바로 예측 불가능성이다. 왜냐하면, 이러한 예측 불가능성을 통해 희망, 소망, 두려움, 애정을 비롯한 다른 모든 감정을 위한 공간이 열리기 때문이다.

말하자면 감정은 유기체의 '경보 장치'와 같다. 이 경보 장치는 무엇보다도 중요한 일, 새롭거나 놀라운 일이 발생할 때 촉발된다. 그래서 새로운 사랑(또는 갑작스러운 불행)은 특히 처음에는 강한 감정을 불러일으키지만, 시간이 지날수록 감정의 밀도가 낮아진다.● 항상 예측 가능한 같은 과정이 진행될 때는 정신적 활동이 필요하지 않으며 사건에서 감정적 긴장감이 사라질 수 있다. 이는 단조로운 팬데믹 봉쇄(또는 자가 격리) 기간을 지내고 나면, 얼마 후 그 며칠 동안이 지루하고 생동감 없이 느껴지는 이유이기도 하다.

이러한 점에서 하르트무트 로자는 '사회적 에너지'가 신뢰와 마찬가지로 사용을 통해 증가하고 화석처럼 줄어들지 않는 사회적 자원이라고 본다. 그는 이렇게 말한다.

"사회적 접촉을 향한 열망과 그 힘은 사회적 접촉에서 비롯된다. 그리고 이러한 접촉이 부족한 곳에서는 놀랍게도 그 열망도 줄어든다."

● 이에 대한 내용은 나의 저서 《웃음의 가격은 얼마인가?》에 자세히 설명되어 있다.

다수의 지혜

사회적 에너지 이론이 아직 완전히 완성되지는 않았지만(현재 하르트무트 로자는 관련 저서를 집필 중이다) 이미 그 관점은 주목할 만하다.

사회적 상호작용과 많은 사람으로 이루어진 큰 집합체의 '긍정적 효과'를 설명하는 것은 학계에서 오랫동안 규칙이 아닌 예외로 여겨져 왔다. 오히려 학문적 관심의 초점은 집단 역학의 부정적 측면, 이를테면 순응주의와 무리 행동에 대한 충동, 인간이 군중 속에서 할 수 있는 비이성적 행동과 같은 집단 역학의 부정적 측면에 더 많이 맞춰져 있었다(6장 참조).

이러한 시각은 군중심리학의 창시자인 귀스타브 르 봉^{Gustave Le Bond}에게서 영향을 많이 받았다. 프랑스의 의사이자 인류학자인 그는 오랫동안 대중의 현대적 이미지를 무엇보다 어리석고 비합리적인 성향이 있는 야만적인 집합체로 보았다. 르 봉은 1895년 자신의 대표 저서《군중심리학》에서 다음과 같이 가정했다.

"군중의 일원이라는 사실만으로도 인간은 문화의 사다리에서 몇 단계 아래로 내려간다. 개별적 존재로서 인간은 교양 있는 개인이었을지 모르지만, 군중 속에서는 본능에 따라 행동하는 야만인이다."

그는 특히 계급 차이를 평준화시킨 현대의 평등주의 경향을 우려했다. 르 봉은 과거에는 "문화가 소수의 지식인 귀족에 의해 창조되고 주도되었으며, 군중이 그렇게 한 적은 한 번도 없었다."라고 한탄했다. 그는 국민에 의한 민주적 통치를 상상할 수 없었고 군중은 "오로지 파괴하는 힘만 가지고 있다. 군중의 통치는 언제나 소멸 단계를 의미한다."라고 말했다.[19]

이 책이 출간된 지 반세기도 채 지나지 않아 르 봉의 저서를 탐독한 나치는 집단의 야만성에 대한 그의 논제를 가장 끔찍한 방식으로 확인시켜 주었다. 그 후로 군중의 개념이 특히 독일에서 비참한 평판을 얻은 것은 당연한 일이다.

학계에서 대규모 집단의 긍정적 측면을 감히 주제로 삼기까지는 오랜 시간이 걸렸다. 이 과정에서 학자들은 르 봉과 동시대에 살았지만, 완전히 다른 생각을 하는 프랜시스 골턴 경Sir Francis Galton의 사상을 접목시켰다. 그는 수학, 심리학, 유전학 연구를 실행한 영국의 박식가이자 지리학자, 기상학자, 인류학자, 발명가로서도 두각을 나타낸 인물이다.

지문의 개념뿐만 아니라 '다수의 지혜'라는 개념도 골턴에게서 그 기원을 찾을 수 있다. 다수의 지혜는 오늘날 '집단 지성'이라는 표현으로 사용된다. 다재다능한 연구가였던 그는 1906년 영국 플리머스에서 열린 가축 박람회에서 방문객들이 황소의 무게를 어떻게 추정하는지 관찰했다. 무게를 맞추는 방식은 당시 인기 있는 내기 형태였고, 우승자에게 상금을 줬다. 하지만 방문객들이 추측한 무게는 때로는 크게 빗나갔고 아무도 정확한 무게를 맞히지 못했다. 골턴은 787개의 모든 추정치의 평균값을 구해보았다. 그 결과 실제 무게와 거의 정확하게 일치했다. 이를 통해 골턴은 다음과 같은 결론을 내렸다.

"집단의 지혜를 잘 활용하는 방법을 안다면 인간은 혼자일 때보다 함께 있을 때 훨씬 더 똑똑해진다."

집단 지성 아니면 집단 오류?

하지만 모든 군중이 자동으로 지성을 가지는 것은 아니다. 그래서 때로는 '집단 오류'가[20] 우세할 때도 있다. 다수의 지혜는 모든 사람이 다른 사람의 영향을 받지 않고 독립적으로 자신의 의견이나 예측을 표현할 때만 작동하며, 그래야만 평균값이 형성된다.

그에 비해 수많은 집단이나 기업, 정당에서는 그 반대로 작동한다. 즉, 대변인이 특정한 분위기를 조성하여 같은 견해를 가진 사람들에게 힘을 실어주지만, 반대 의견을 가진 다른 사람들은 자기 생각을 숨기는 경향이 있다. 이는 그 유명한 '침묵의 나선Schweigespirale'으로 이어진다.

이 과정은 지혜가 아니라 순응주의를 낳는다. 무리의 구성원들이 서로 결탁하거나 모두 같은 이론을 지지할 때에도 이와 비슷한 일이 발생한다. 이는 오히려 집단 지성의 왜곡으로 이어진다. 이러한 현상은 이를테면 주식 시장이나 정치 운영, 또는 미디어 보도에서 반복적으로 관찰된다. 한 사람이 자신의 판단을 신뢰하는 대신, 다른 사람을 기준으로 삼기 때문에 주가나 정치적 문제, 또는 미디어 주제가 엄청나게 요동치면서 현실과 거리가 아주 멀어질 수 있다.

말하자면 다수의 지혜는 바로 개별적인 '다수의 자주성'에 의존한다. 의료 문제에 대해 제2, 제3의 소견을 구하는 환자들도 의사들의 자주성에 주의를 기울이는 것이 좋다. 모든 환자가 같은 주치의를 따르는 경우, 개인의 의견에서 포괄적인 지혜가 나오지 않는다.

디지털 네트워크는 다수의 지혜에 제격인 것처럼 보였다. 처음에 위키피디아Wikipedia와 같은 공동 프로젝트는 인터넷에서 집단 지성이 마치 자동으로 생겨날 것이라는 희망을 키웠다.

이제는 디지털 '다수'가 항상 더 뛰어난 지능을 만들어 내는 것은 아니며, 인터넷이 가장 원시적인 집단 본능의 장소가 될 수도 있다는 것을 알고 있다(8장 참조). 그러나 디지털 집단 지성을 보여주는 사례들은 분명히 존재한다. 이를테면 소위 선거 거래소Wahlbörse는 일반적으로 전통적인 여론 조사보다 정치 선거 결과를 더 정확하게 예측한다.[21] 미디어 프리딕트Media Predict와 같은 회사도 이와 비슷한 방식으로 가능한 많은 사람이 영화나 책의 성공에 투표하게 함으로써 더 정확한 예측을 생성한다.•

몇 년 전 '넷플릭스 프라이즈Netflix Prize'대회 역시 군중이 종종 개인보다 더 똑똑하다는 사실을 증명했다. 고객에게 영화와 시리즈를 추천하는 비디오 서비스 넷플릭스는 더 나은 추천 알고리즘을 찾

• 이 방법은 특히 <제임스 본드>나 <쥬라기 월드>와 같은 블록버스터 영화에 효과적이다. 반면 저자가 알려지지 않은 경우, 다수의 판단이 꼭 신뢰할 수 있는 것은 아니다. 이 경우 다수는 성공을 대부분 예측하지 못한다.

기 위해 이 대회를 개최하여 100만 달러의 상금을 내걸었다. 많은 팀이 참여했지만 필요한 개선 사항을 달성한 팀은 없었다. 결국, 개발자 중 한 명이 서로 다른 팀의 여러 솔루션을 결합하는 아이디어를 내어 수상했다. 이는 개인의 독창성이 아닌 다양성이 승리한다는 사실을 보여준다.

고독한 천재의 신화

그런데도 여전히 많은 분야에서 고독한 천재가 혼자서 세상의 흐름을 바꾼다는 생각이 계속되고 있다. 그 대표적인 인물은 알베르트 아인슈타인[Albert Einstein]이다.

무명의 젊은 물리학자였던 그는 상대성 이론으로 당시의 세계관을 뒤집어 놓으며 단번에 과학계에 혁명을 일으켰다. 헝클어진 머리의 외톨이라는 낭만적 이미지는 오히려 향수를 불러일으킨다. 하지만 아인슈타인도 고독한 천재의 신화와는 거리가 멀다. 한편으로 그는 앙리 푸앵카레[Henri Poincaré]와 헨드리크 로렌츠[Hendrik Lorentz]와 같은 다른 물리학자들의 연구를 기반으로 삼았으며, 다른 한편으로 '아카데미 올림피아' 모임에서 친구들과 대화를 나누며 많은 아이디어를 발전시켰다. 아인슈타인의 천재성 또한 상호작용에서 생겨난 것이다.[22]

오늘날 과학은 거의 팀 단위로만 성공할 수 있는 대규모 작업이 된 지 오래다. 이러한 팀 중 일부는 수백 명에서 많게는 수천 명의 팀원을 보유하고 있다. 지금까지의 최고 기록은 2015년 제네바에 있는 유럽입자물리연구소^{CERN}의 물리학자들이 발표한 논문으로, (믿거나 말거나) 5,154명의 저자가 등재되어 있다(이 논문은 총 33페이지 중 9페이지에만 연구 내용에 할애되었고 나머지 24페이지는 저자 이름으로 채워져 있다).[23] 그리고 2017년에 처음으로 중력파를 이용하여 주요 우주 사건을 성공적으로 측정할 수 있었던 것은 전 세계 70곳의 관측소와 1,000명이 넘는 연구자들이 함께 노력했기에 가능했다.[24] 오늘날 과학의 성공에는 수많은 아버지와 어머니가 있다.

매년 노벨상을 수여하는 스웨덴 왕립과학아카데미만이 이러한 흐름을 지금까지 고집스럽게 외면하고 있다. 인간 게놈 해독, 힉스^{Higgs} 입자 발견 또는 기후변화에 대한 설명과 같은 과학적 이정표가 일반적으로 전 세계적인 공동 작업을 기반으로 하고 있음에도, 노벨상은 마치 우리가 여전히 뉴턴이나 다윈, 아인슈타인과 같은 고독한 거인의 영웅시대에 살고 있다는 듯이 분야별 개별 연구자(최대 3명)에게 수여된다. 이로 인해 매년 노벨상 수상자가 발표될 때마다 (소수의) 수상자와 (다수의) 참가자 간의 불일치가 점점 더 커지면서 당혹스러운 비난을 피할 수 없게 된다. 스웨덴 아카데미가 시대의 흐름을 인식하고 개인이 아닌 연구팀에 상을 수여하기까지 얼마나 걸릴지 지켜보는 것은 흥미로운 일이 될 것이다.

예술 분야는 이미 한 걸음 앞서 있다. 2019년 런던에서 영국 현대미술에서 가장 중요한 상인 터너상$^{Turner\ Prize}$ 시상식이 열렸을 때

전례 없는 일이 벌어졌다. 즉, 개별적으로 수상 후보에 오른 4명의 작가가 심사위원단에 1명이 아니라 4명 모두를 공동 수상자로 선정해 달라고 요청했다. 그들은 "세상에는 사람과 공동체를 서로 단절시키고 고립시키는 요인들이 이미 충분하다."라고 공동성명서를 작성했다. 심사위원단은 그들의 뜻을 받아들여 '결속, 다양성, 연대'라는 명분과 참석자들의 환호 속에서 처음으로 개인 예술가가 아닌 단기간에 결성된 단체에 상을 수여했다.[25]

그 이후로 예술계에서는 고독한 천재의 신화가 무너지고 있다. 예전에는 고유의 독창성을 지닌 예술가들이 칭송받고 예외적 인물로 여겨졌지만, 최근 들어 추세가 변하고 있다. 즉, 개인 예술가가 개인의 특수성이 아닌 공동체의 에너지로부터 아이디어를 끌어내는 집단으로 점점 교체되고 있다.

물론 과거에도 예술가 집단이나 예술가 마을이 존재하기는 했다. 그러나 이러한 과거의 동맹은 주로 유사한 미적 이상을 표방하고 서로의 작업을 지원하는 예술 공동체로 인식되었다.

반면, 현대 예술가 집단은 처음부터 자신의 작업을 결과보다는 과정에 초점을 맞춘 공동 프로젝트로 이해한다. 〈디 차이트Die Zeit〉의 예술 평론가 한노 라우터베르크Hanno Rauterberg는 새로운 예술가 집단에 중요한 것은 '전통적인 의미의 작품이 아니라 행위'라고 설명한다.[26]

"그들의 관심을 끄는 것은 박물관이 아니라 공공 공간이다. 말하자면 영원을 갈구하는 예술이 아니라 대화, 파티, 차 마시는 모임에 관심을 둔다."•

대의의 힘

역사 속에서 종종 보이듯이 예술은 의식의 변화를 감지하는 지진계 역할을 한다. 이러한 의식의 변화는 다른 영역에서도 느껴진다.

의식의 변화는 우리 시대의 많은 문제가 개인이 혼자서 해결하기에는 그야말로 너무 크고 포괄적이라는 인식에서 비롯된다. 이는 특히 물, 공기, 흙과 같은 기본 물질뿐만 아니라 기후나 대기, (유한한) 원료, 시간, 지식, 에너지와 같은 자원 등 우리가 모두 똑같이 의존하고 공유하는 모든 재화와 자원을 다루는 문제에도 해당된다.

중세 독일어 '알(게)마인데$^{Al(ge)meinde}$'에서 파생된 '알멘데^{Allmende}'라는 옛 용어는 이러한 공공재를 적합하게 표현한다. 즉, '알멘데'는 마을 공동체가 소유하고 모두가 사용하는 토지나 목초지 등의 공유지를 지칭한다. 오늘날 '알멘데'라는 개념은 일종의 르네상스를 체험하고 있다. 지구촌에서 기후나 환경, 생물 다양성 역시 우리가 공동으로 사용하고 공동으로 책임져야 하는 귀중한 재화로 경험되기 때문이다(10장 참조). '알멘데'의 가치에 대한 인식이 높아지면서 예술뿐만 아니라 공동체, 이웃 네트워크 또는 '미래를 위한 금요일$^{Fridays\ For\ Future}$'과 같은 이니셔티브(이제는 '미래를 위한 과학자$^{Scientists\ for}$ ^{Future}', '미래를 위한 기업가$^{Entrepreneurs\ for\ Future}$' 또는 '미래를 위한 할머니$^{Omas\ for}$

● 반면 구체적인 작품(그림, 책, 교향곡 등)으로 옮기는 것은 개인의 문제다. 집단에서 나오는 것은 무엇보다 에너지와 아이디어다. 하지만 이러한 에너지와 아이디어는 개인의 작업에서 형태를 얻는다.

Future'와 같은 수많은 단체가 생겨났다)에서도 집단 사고가 꽃을 피우고 있는 것은 놀라운 일이 아니다.

미래의 주요 문제들을 해결하는 방법은 몇몇 천재들의 기발한 영감에 기대는 것이 아니라, 가능한 한 많은 국가와 사람, 기업이 참여하는 공동 행동을 통해서만 얻을 수 있다는 것은 분명한 사실이다. 다시 말해, 지역적으로나 전 세계적으로나 다양한 관점과 견해, 아이디어를 가진 많은 사람의 지혜가 필요하다. 플리머스 가축 박람회의 방문객 중 누구도 황소 무게를 제대로 예측하지 못했던 것처럼, 미래로 가는 길도 다양한 능력과 관심사, 관점의 조합을 통해서만 생겨날 것이다.

이 과정에서 공동 행동은 개개인이 생각해 낼 수 있는 것보다 더 나은 아이디어를 만들어 낼 수 있다. 그뿐만 아니라, 개인이 혼자서는 절대 할 수 없는 일을 하게 하는 특별한 유형의 '사회적 에너지'를 생성할 수도 있다. 익명의 알코올 중독자들이 말하는 것처럼, 혼자서는 불가능해 보이는 일도 '우리 자신보다 더 큰 힘'의 도움을 받으면 해낼 수 있다.

이러한 맥락에서 넬슨 만델라Nelson Mandela는 '대의의 힘'에 대해 말한 바 있다. 27년 동안 투옥 생활을 한 후 남아프리카 최초의 흑인 대통령으로 선출된 이 위대한 자유 투사는 1963년 아프리카민족회의ANC 해방운동 지도자들과 함께 수감되었을 때 이를 경험했다. 그는 자신의 회고록에서 수감자들이 매일 자유의 노래를 부르고 때로는 함께 춤추는 모습을 묘사했다. 만델라는 이로부터 '우리의 공동 역사, 우리 문화, 우리 국가, 우리 민족'에 대한 강한 연대감이 생겨난다고 보고하며 다음과 같이 요약한다.

"우리를 지금의 우리로 만든 위대한 과거의 손길과 우리 모두를 하나로 묶어준 대의의 힘을 느꼈다."[27]

그는 독방에 감금되었을 때도 결코 외로움을 느끼지 않았으며 동료들의 도움과 지지를 받으며 지냈다. 수감자들은 성냥갑이나 화장실에 쪽지를 숨겨두거나 주방 직원을 통해 몰래 쪽지를 전달하면서 짧은 메시지를 주고받기도 했다. 만델라는 나중에 이 경험에 대해 이렇게 표현했다.

"우리는 서로를 지지하고 서로에게서 힘을 얻었다. 우리가 무엇을 배웠건 경험했건, 우리는 그것을 공유했다. 그리고 그렇게 공유함으로써 우리 각자가 가진 용기를 배가시켰다."[28]

우리가 명심해야 할 사실은 자신의 용기와 희망, 에너지가 제한적인 것처럼 보일지라도 그것만으로도 많은 것을 움직일 수 있다는 것이다. 우리가 용기나 희망, 에너지를 집단 차원의 자원으로 이해하고 다른 사람들과 공유한다면 그것이 기적적으로 배가되는 놀라운 경험을 할 수 있기 때문이다.

이 사실을 믿지 않는 (혹은 만델라 같은 예외적 인물만이 이런 경험을 할 수 있다고 생각하는) 사람은 어떤 일을 혼자서 하는 대신, 같은 생각을 지닌 많은 사람과 함께 할 때 자신의 기분이 어떻게 변하는지 관찰하면 된다. '대의의 힘'은 예를 들어 자전거를 타는 무리 속에서 함께 자전거를 탈 때처럼 여러 상황에서 느낄 수 있다.

점점 더 많은 도시로 확산하고 있는 '크리티컬 매스Critical Mass' 운동은 자전거를 타는 수많은 사람의 무리가 교통 규칙을 무효화시킬 수 있다는 원칙에 기반한다.[29] 이를테면 독일에서는 도로교통법에 따라 자전거를 타는 사람이 15명 이상 모이면 '연합 단체 행렬'을 형성할 수 있으며, 이 행렬은 신호등이 빨간색으로 바뀌더라도 교차로를 한 번에 통과할 수 있도록 규정하고 있다. '크리티컬 매스' 운동은 이를 통해 자연스러운 통행권을 확보한다. 즉, 수백 혹은 수천 명의 자전거 이용자로 이루어진 대열이 대도시를 통과할 때 평소에 우선권을 가졌던 자동차가 기다려야 하며, 도로는 자전거가 차지하게 된다.

이는 힘이 약한 수많은 개인의 제한된 에너지가 어떻게 공동체의 커다란 힘으로 발전할 수 있는지를 아주 간단하게 보여주는 사례다. 당신도 한번 시험 삼아 함께 타보지 않겠는가? 이러한 경험은 충분히 해 볼 가치가 있다.

대화의
만찬

함께 식사하고 대화하는 것, 이보다 더 쉬운 일은 없을 것이다. 하지만 함께하는 것이 언제나 긍정적인 에너지를 만들어 내는 것은 아니다. 정치나 종교, 자녀 양육과 같은 민감한 주제를 이야기하다 보면 식사 자리가 말다툼으로 끝나기도 한다. 그래서 이러한 상황을 피하고자 어떤 사람은 스몰 토크Small Talk 위주로 사소한 이야기만 한다. 또는, 자신이 돋보이고 자신의 지위를 과시하는 대화에만 몰두하는 사람도 있다. 이 모든 것은 결속력 촉진에 방해가 된다.

역사가이자 사회학자, 철학자인 시어도어 젤딘Theodore Zeldin은 자신이 고안한 다른 형태의 교류, 즉 '대화 메뉴Conversation Menu'를 제안한다. 이스라엘 태생의 역사학자로 옥스퍼드 대학 국제연구센터를 공동 설립한 그는 사람들이 다시 솔직하고 깊이 있는 대화를 나눌 수 있도록 돕고자 한다.[30]

그러기 위해서는 때로는 호기심을 자극하는 질문과 주제가 포함된 대화 메뉴에 의해 대화가 주도되어야 한다. 대화 메뉴 중 몇 가지를 토론자들은 함께 선택할 수 있다. 질문 내용으로는 '어떤 일을 하세요?'와 같은 진부한 주제나 통상적인 잡담 수준을 피하는 것이 좋다.

젤딘은 그동안 가능한 모든 장소에서 이 방법을 시험해 보았다. 이탈리아 토리노에서는 800명의 사람이 공개 초청에 응하는 바람에 주최 측에서 되도록 아주 넓은 장소(교회)를 빌려야 했다. 젤딘은 감격하며 이렇게 말했다. "사람들이 어두운 교회에 앉아 서로 대화를 나누는 모습은 환상적이었다."[31] 박물관, 대학교, 미술관, 공원에서도 대화의 만찬 Conversation Dinner이 열렸다. "사람들은 방방곡곡에서 왔다. 처음 보는 사람들의 향연에서 축제 분위기가 물씬 풍겼다."

참가자들은 무작위로 짝을 이루어 최소 2시간 동안 둘이서만 대화하게 된다. 둘은 '메뉴'에 따른 질문으로 대화를 진행하며, 평소에는 낯선 사람과 거의 이야기하지 않는 주제를 토론한다. 또한, 자신의 인생 경험이 다른 사람들에게 어떻게 도움이 될 수 있을지 함께 고민한다. 이러한 식으로 숨겨져 있던 상대방의 생각과 경험을 마주하는 심도 있는 대화가 이루어질 수 있다. 이는 즐거움을 줄 뿐만 아니라 공동체 의식을 강화하는 이상적인 방법이기도 하다.

젤딘이 이끄는 옥스퍼드 뮤즈Oxford Muse 재단은 질문 목록을 엄격하게 보호하고 있으며 대화의 만찬 외에는 출판을 허용하지 않는다. 우리는 아티스트 듀오인 피슐리Fischli와 바이스Weiss의 저서 《행복이 나를 찾을까?Findet mich das Glück?》에서 영감을 얻거나[32] 자신만의 상상력을 마음껏 발휘하여, 시사 문제에 얽매이거나 피상적인 차원에 그치지 않고 우리가 공유하는 실존적 차원을 겨냥한 독창적인 질문을 생각해 볼 수 있다. 예를 들어 다음과 같은 질문 메뉴로 시작할 수 있으며, 자신만의 다른 아이디어로 보완하는 것도 가능하다. 코스마다 질문을 함께 선택하고 맛있게 '즐겨보길' 바란다.

질문 메뉴 제안

전 식

- 타임머신이 있다면 어디로 여행하고 싶은가요?
- 동물과의 어떤 경험이 당신에게 영향을 미쳤고 그로부터 무엇을 배웠나요?
- 어떤 여행 경험이 당신을 지속해서 변화시켰으며, 어디에서 그 변화를 알아차렸나요?

주요리

- 당신이 정말 확실하게 알고 있는 것은 무엇이며, 당신에게 자신감을 주는 것은 무엇인가요?
- 중요한 주제에 대해 마지막으로 마음을 바꾸었을 때는 언제이며, 그 이유는 무엇인가요?
- 자신의 성격 중 가장 마음에 들지 않는 부분은 무엇이며, 다른 사람의 어떤 부분이 가장 신경에 거슬리나요?
- 돈으로 살 수 없는 것 중, 당신에게 필요한 것은 무엇인가요?
- 사람이 모든 것을 잘못할 수 있을까요?

후식

- 당신이 좋은 영화에 출연할 수 있다면 어떤 영화에서 어떤 역할을 맡을 것 같아요?
- 전 세계 모든 사람 중에서 저녁 식사에 한 명만 초대할 수 있다면 당신은 누구를 선택할 것인가요? 그 이유는 무엇인가요?
- 당신은 다른 사람이 될 수 있었나요? 그렇다면 어떤 사람일까요?
- 악마가 당신에게 만족할 것 같나요?

이 모든 질문에서 무엇보다 중요한 것은 가능한 한 영리하게 대답하는 것이 아니라 말하는 동안 속도를 늦추면서 생각을 서서히 완성하는 것이다.[33] 말을 시작할 때 무슨 말을 할지 정확히 알 필요가 없다. 일단 말하기 시작하면 자기 생각이 어디로 향하는지 깜짝 놀라게 될 것이다.

상대의 말에 귀 기울이는 것도 중요하다. 우리는 누군가의 말을 경청할 때 이미 머릿속으로 대답이나 반론을 작성하는 경우가 많다. 그렇게 하지 않으려면 진정한 노력이 필요하다. 또한, 대화 메뉴가 성공하려면 되도록 개방적이고 편견 없이 상대를 마주하고 상대의 말을 판단하지 말고 세심하게 주의를 기울여야 한다. 이것은 몰래 휴대전화를 보거나 다른 생각을 하지 않는 것을 의미한다.

상대의 말을 주의 깊게 들어주는 이러한 고요한 호의는 말하는 사람이 낯설고 새로운 생각을 허용할 수 있는 여지를 열어준다(참고로 정신분석학자 미하엘 루카스 묄러Michael Lukas Möller가 추천하는 기혼 부부 및 기타 커플을 위한 성공적인 '커플 대화법Zwiegespräch'도 이 원칙을 따른다[34]).

하지만 모든 메뉴가 그렇듯이 가장 중요한 팁은 '즐기는 것'이다. 대화 상대가 어떻게 생각할지 고민하지 말고 자신이 말하는 시간을 즐겨라. 어떤 말을 하고 어떤 대답을 해야 할지 고민하지 말고 상대를 경청하는 시간을 즐겨라. 말이 멈추는 시간과 적막감을 즐겨라. 이 모든 것이 당신 인생의 시간이다.

2장

불의 존재와
물의 존재

'공동체 의식을 현대적으로 이해하기'

공동체 의식의 본질을 가장 훌륭하게 비유한 사례는 작가 미하엘 엔데^{Michael Ende}의 고전 동화책《짐 크노프와 13인의 해적》에 나오는 '영원불멸의 수정' 이야기일 것이다.

이 수정은 매우 특별한 특성이 있다. 즉, 유리처럼 맑고 투명하며 금속처럼 불에 달구어서 망치질할 수 있으며 결코 깨뜨릴 수 없다. 그러나 이 기적의 물질을 만들려면 완전히 다른 성질과 능력을 갖춘 불의 존재와 물의 존재가 함께 힘을 합해야만 가능하다. 하지만 안타깝게도 그런 일은 수천 년 동안 일어나지 않았다. 오래전 불의 존재와 물의 존재는 서로 적이 되었고, 그 이후로 협력하는 대신 서로 싸우고 있다.[1]

미하엘 엔데의 이야기가 종종 그렇듯이 영원불멸의 수정 이야기도 동화 같으면서도 현실을 정확히 묘사하고 있다. 어린이 책으로 모든 세대에 영향을 끼친 이 위대한 작가는 상상력 넘치는 아이디어와 철학적 통찰력을 결합하는 방법을 늘 잘 알고 있었다. 이를테면 그가 고안해 낸 인물 중에서 멀리서 보면 엄청나게 거대해 보이지만 가까이 다가가면 작고 어리숙해 보이는 허깨비 거인을 잊을 수 없다(이 거인은 몇몇 유명인을 완벽하게 묘사한다). 또한, 모모와 시간

도둑들의 이야기에 나오는 '회색 신사들'의 이미지도 마찬가지다. 그들은 사람들에게서 시간을 훔치기 위해 시간을 저축하라고 부추긴다.

경이로운 영원불멸의 수정은 다름 아닌 '공동체 의식의 위대한 도전'을 보여주고 있다. 즉, 상반되는 능력과 관점을 가진 다양한 행위자들을 모아 개인의 능력을 훨씬 뛰어넘는 무언가를 만들어 내는 것이다. 뜻이 같은 사람들의 협력은 대체로 문제없이 작동하지만 때로는 의외의 결과를 초래하기도 한다. 이와 달리 상반되는 성격은 부딪치면서 누가 더 옳고 나은지 논쟁하는 대신 서로의 지식을 합치면 놀라운 일이 일어날 수 있다.

일반적으로 우리는 견해를 달리하고 선호도가 다르면 이것을 곧바로 자신의 견해와 선호도에 대한 공격으로 인식하기 때문에 모든 차이에는 반대와 논쟁의 소지가 내포되어 있다. 어쨌든 '불의 존재와 물의 존재' 사이의 간극은 동화책뿐만 아니라 우리의 모든 일상생활에서 볼 수 있다.

가장 명확한 예로 남성과 여성의 차이에 대한 생물학적 원리를 들 수 있는데, 이것은 사회 심리적으로 미투부터 젠더 논쟁의 파급에 이르기까지 끝없는 갈등과 차이의 원천이 되고 있다. 그러나 동시에 바로 이러한 생물학적 양극성은 새로운 생명의 출현을 위한 전제 조건이다(종종 부모들은 이 사실을 영원불멸의 수정이 만들어지는 것만큼이나 전설적이라고 생각한다).

다양한 정당과 입장 간의 차이를 기본으로 삼는 정치도 마찬가지다. 정치는 이러한 차이를 극복하고 타협점을 찾는 기술을 잘 터득해야 한다. 이를 잘하지 못하면 오늘날 미국에서 공화당과 민주당이 불의 존재와 물의 존재처럼 서로 적대 관계에 놓이듯이 건설적인 정치는 불가능해진다.

또한, 과학적 돌파구나 새로운 예술 양식, 창의적 혁신도 서로 다른 능력과 특성이 만나고 그 차이에서 불꽃을 만들어 내는 능력에서 비롯되는 경우가 많다. 한 가지 예로, 20세기 초에 매우 다른 견해를 가진 다양한 인물들이 모여 만든 획기적인 양자물리학의 발전을 들 수 있다. 물리학자들은 원자 물체를 단단한 입자로 이해해야 하는지 아니면 형태가 없는 파동으로 이해해야 하는지에 대해 수년간 논쟁을 벌였다. 어느 순간 '양자택일'이 아니라 '양자 긍정'에서 해답을 찾을 수 있다는 깨달음을 얻었다. 즉, 물질의 구성요소는 실험 설정에 따라 때로는 유형의 입자일 수도, 때로는 무형의 파동일 수도 있다. 이러한 역설은 아인슈타인조차 갈피를 잡지 못했지만, 오늘날 무수한 측정과 실험을 통해 명확히 입증된 사실이다.[2]

완전히 다른 예로, 제2차 세계 대전 당시 나치에 저항하며 목숨을 걸고 유대인을 숨겨준 사람들의 네트워크를 들 수 있다. 그들은 완전히 서로 다른 동기에서 이러한 행동을 했다. 역사학자 마르텐 뒤링Marten Düring에 따르면[3] 어떤 사람은 사명감에서, 어떤 사람은 인류애에서, 또 어떤 사람은 정치적 이상을 따르거나 단순히 돈을 벌기 위해서였다.

그러나 그들이 성공할 수 있었던 핵심적 요인은 서로 다른 능력을 갖춘 사람들과 함께 힘을 합쳤다는 것이다. 이를테면 베를린에서는 교인들이 공산주의자 및 경범죄자들과 조력 네트워크를 형성하여 돈을 모아서 이동 편을 마련하거나 여권을 위조했다. 교인들은 돈은 많지만 법을 어기는 것에 대해 양심의 가책을 느끼는 경우가 많았다. 반면 경범죄자들은 사회 규범을 벗어나 행동하는 법을 잘 알고 있었다. 이처럼 순응주의자와 비순응주의자, 수완 좋은 사업가와 이상주의자의 협력은 당시 누구라도 혼자서는 실패했을 일을 가능하게 만들었다.•

아마도 미하엘 엔데는 이것을 불의 존재와 물의 존재라는 자신의 이론이 완벽하게 구현된 것으로 보았을 것이다. 말하자면 사기꾼과 성직자가 함께 힘을 합쳤기 때문에 사람들을 구할 수 있었다.

위기와 재앙의 시대

상반되는 행위자 간의 이러한 이례적인 협력은 특수한 상황에서만 성공하는 경우가 많다. 베를린 조력 네트워크의 경우를 살펴보면 교인과 범죄자를 동맹하게 만든 것은 비인도적인 나치 정권이었

• 물론 이 원칙은 긍정적인 의미에만 해당되는 것은 아니다. 즉, 교인과 범죄자의 협력은 상당히 좋지 않을 결과를 낳을 수도 있다. 가톨릭교회의 스캔들에서 보이는 것처럼 말이다.

다. 한편 블라디미르 푸틴^{Vladimir Putin}의 우크라이나 공격은 그 이전에는 결코 통합되지 못했던 유럽을 갑자기 긴밀하게 연합하도록 만들었다. 당연한 진리처럼 들리겠지만 외부의 압력이나 모두에게 닥치는 재앙에는 언제나 차이를 극복하고 공통점의 토대를 찾을 기회가 숨겨져 있다.

이러한 관점에서 볼 때 현재는 전 세계적으로 보다 공동체 지향적인 사고방식을 발전시키기 위한 최상의 조건을 갖추고 있다. 최근 몇 년 동안 (핵) 전쟁의 위협, 전염병, 기후변화, 환경 문제, 난민의 곤경, 종의 멸종 등 위기와 재앙이 그 어느 때보다 컸던 적이 없었기 때문이다. 지구가 당면한 도전 과제의 목록은 거의 무한정으로 지속될 수 있다. 그리고 이 책이 출판될 즈음에는 아마도 몇 가지 새로운 도전 과제가 추가되었을 수도 있다.

현재 우리는 몇몇 주요한 세계사적 변화를 동시에 목격하고 있다. 이러한 변화들은 서로 연결되어 있으며, 우리에게 익숙하고 당연했던 좌표를 마치 지각판이 움직이듯이 느리지만 멈추지 않고 계속 이동시키고 있다. 우리는 세계 정치의 균형이 어떻게 변화하고 있는지, 중국의 부상으로 거의 500년간 이어진 서구의 지배가 어떻게 종식되고 있는지, 디지털 혁명이 지금까지의 업무 및 소통 방식, 사고방식을 어떻게 무너뜨리고 새로운 방식을 만들어 내고 있는지, 생태학적 도전이 어떤 다른 경영 방식을 요구하고 있는지를 경험하고 있다. 동시에 (적어도 서구에서는) 고령화 현상에 따라 지금까지 정상이라고 여겼던 것과는 다른 형태의 인생 계획을 요구하는 인구통계학적 변화를 목도하고 있다.

이제는 거의 모든 세대가 전례 없는 도전을 극복해야 하는 과제에 직면해 있다. 그리고 이를 위해서는 종종 이전에는 거의 상상할 수 없었던 새로운 사고방식, 새로운 발명이나 기술이 필요하다. 그러나 현재의 역사적 상황에서 또 한 가지 새로운 것은 지금의 문제들이 모두 특별한 유형의 공동체 의식을 요구한다는 사실이다. 인구통계학적 변화는 젊은 층과 노년층 간의 새로운 이해를 요구하고, 생태학적 도전은 환경운동가와 기업가를 더욱 긴밀하게 협력하도록 만들며(로버트 하벡Robert Habeck 녹색당 대표가 처음으로 연방 경제부 장관에 임명되었다), 디지털화는 모든 진영에 걸쳐 사회와 정치의 공동 과제가 되었다. 그 외에도 기후변화와 종의 멸종, 새로운 전염병과 같은 도전 과제를 극복하기 위해 글로벌 협력 능력도 필요해졌다.

이 모든 것은 우리의 상호 의존성과 결속에 대한 예리한 감각, 즉, 지금까지의 인류 역사상 '새로운 형태의 공동체 의식'을 요구한다. 왜냐하면, 과거에는 협력하고 단합하는 능력이 주로 자신이 속한 집단이나 부족, 종교, 도시, 국가에 국한되었기 때문이다. 이러한 점에서 보면 수 세기 동안 서로 격렬하게 싸웠던 유럽 국가들의 연합은 공동체 의식의 엄청난 진전이었다. 그러나 이제는 서로 동맹국이라기보다 경쟁자로 여기는 국가 간에도 지구 차원의 협력을 발전시키는 것이 중요하다.

한 가지 좋은 소식은 인류가 최소한 이를 위한 기본 전제 조건을 갖추고 있다는 것이다. 호모 사피엔스의 진화를 성공시킨 것은 결국 '협력하는 능력'이었다. 우리 선조들이 집단으로 사고하고 다른 사람들과 공감할 수 있었기 때문에 공동의 사냥 전략, 언어, 도덕 원칙, 문화를 발전시킬 수 있었다. 그리고 이것이 점점 더 정교해지면서 그에 상응하는 제도를 낳았고, 오늘날 80억 인구가 지구에서의 생존을 보장해야 하는 세계화 시대로 우리를 이끌었다.

193개의 선실이 있는 배

이러한 관점에서 코로나 팬데믹은 인류에게 보내는 일종의 경종으로 이해할 수 있다. 즉, 개인이나 국가의 안녕만 바라보지 말고, 더 폭넓게 생각하고 미래에 인류가 생존하는 데 필요한 글로벌 의식을 키우라고 우리에게 말해주는 듯하다.

코로나 팬데믹은 공동체 의식의 결함을 적나라하게 드러냈다. 전 세계적으로 공통된 접근 방식이 거의 없었기 때문에 점점 더 위험한 변종 바이러스로 발전하기가 유리했다. 특히 팬데믹과 싸우는 데 어려움을 겪은 곳은 자유는 크고 그에 대한 공동 책임은 중요시되지 않는 산업 국가들이었다.

미국 등 서구 국가들의 코로나 사망자 수가 동아시아 국가들보다 월등히 높았던 것은 분명한 사실이다. 키쇼어 마부바니^{Kishore} ^{Mahbubani} 전 싱가포르 대사와 같은 몇몇 사람들은 개인주의적 성향이 강한 서구 국가들의 대처가 아시아 국가들의 시스템과 비교했을

때 패배했다는 견해를 공개적으로 드러냈다. 마부바니는 2021년에 다음과 같이 썼다.[4]

"데이터는 거짓말을 하지 않는다. 서구와 동아시아 사회의 인구 100만 명당 코로나 사망자 수의 차이는 심각하다."

게다가 서구 국가의 지도자들이 코로나19의 가장 중요한 교훈, 즉 '인류는 한배에 타고 있다'라는 사실을 이해하지 못하고 있다고 말했다. 과거에는 세계가 193개의 배(국가)로 나뉘어 있었다면, "오늘날에는 78억 명의 사람들이 193개의 선실이 있는 하나의 같은 배에 살고 있다. 그래서 바이러스가 그토록 빨리 확산할 수 있었다. 선실 중 하나에 불이 났을 때 우선 모든 승객이 함께 불을 끄는 것이 가장 현명한 일이다. 가장 어리석은 일은 누가 불을 냈는지를 두고 싸움을 시작하는 것이다. 트럼프 행정부는 정확히 그렇게 했다…"

또한, 그는 유럽연합도 일관성 있게 대처하지 못했다고 지적했다. 서방과 중국이 힘을 합쳤다면 500억 달러로도 충분히 바이러스를 퇴치할 수 있었다는 것이다. 하지만 이러한 교훈을 아무도 이해하지 못했다. 마부바니는 "서방은 합리적이고 분별 있게 행동하지 않았다. 그들은 완전히 실패했다."라고 지적했다.

다른 사람들도 비슷한 판단을 내렸고, 서구의 일부 사람들은 팬데믹 상황에서 개인의 자유를 거의 또는 전혀 고려하지 않은 한국이나 중국처럼 더 엄격한 대응을 취했다면 효과가 있지 않았을까 하는 의구심을 내비치기도 했다. 그러나 아무리 강력한 국가를 갈망하더라도 엄격한 집단 공동체라는 아시아 모델은 유럽이나 서구 시민에게는 본보기가 될 수 없다. 이 나라들에서는 가장 사적인 미동에 이르기까지 시민의 행동을 통제하는 국가 차원의 감시를 원하는 사람이 아무도 없다.

이 사실을 차치하더라도 엄격한 집단적 강압은 표면적으로만 성공한다는 것을 보여주었다. 우리의 정신을 간소화하는 것은 효율성을 촉진하기보다는 오히려 해를 끼친다. 아시아 사회에서도 집단 모델이 부분적으로 두드러진 단점을 드러내기도 해 중국에서조차 극도로 엄격한 코로나 조치로 시위가 점점 확산하였다.[5] 그 외에도 여러 아시아 국가에서 공동체 의식은 전통적으로 모든 것을 하나로 묶어주는 역할을 해온 여성들에게 불리하게 작용하기도 한다.

하지만 최근에는 이러한 역할을 점차 거부하고 있다. 수년간 출산율이 급격히 하락하고 있는 한국이 그 대표적인 예로[6] 2018년 처음으로 출산율이 여성 1인당 1명 미만이었으며 2020년에는 0.84명이었다.[7] 인구 감소를 막기 위해서는 출산율이 최소 2.1명이 되어야 한다. 출산율 저하의 원인은 많은 젊은 여성들이 한국의 전통적인 가부장 제도(자녀 양육, 요리, 살림 등)에 강요당하는 것을 거부하기 때문이다. 한 젊은 여교사는 이렇게 말한다. "아이를 낳는 것은 꿈을 포기한다는 것을 의미해요."[8] 한국 여성들 사이에서는 비연애, 비성관계, 비결혼, 비출산을 의미하는 '포비(4B)' 운동이 확산하고 있다.

이러한 아시아 국가의 예는 서구에서 지속 가능한 현대적 형태의 공동체 의식을 추구하는 데 거의 도움이 되지 않는다는 것을 보여준다. 국가마다 고려해야 할 고유한 역사와 전통이 있다. 서구 산업국가에는 칼 포퍼Karl Popper가 열린 사회라고 불렀던[9] 개인의 자유와 자율성, 책임과 같은 가치를 포기하지 않으면서 공동체 의식을 강화하는 도전 과제가 주어진다.

특히 개인의 자유를 존중하는 것은 서유럽의 가장 중요한 문화적 업적 중 하나이며, 어쩌면 지난 500년 동안 서구가 근대성에 이바지한 가장 중요한 사상일 수도 있다. 이러한 성과는 최초의 시민 초상화부터 셀피Selfie 문화에 이르는 예술사에서 세계 인권 선언과 같은 민주적 구조와 법적 원칙의 발전에 이르기까지 삶의 모든 영역에 걸쳐 있다. 이러한 유산을 포기하는 것은 일종의 문화적 자살 행위와 같다.

따라서 서구화된 개인의 성향을 완전히 변화시키는 것이 아니라 공동체 의식과 자기 소신 사이의 새로운 균형이 중요하다. 즉, 개성을 포기하지 않으면서 상호 결속을 강화하는 것, 평등주의에 기반을 두지 않고 다양한 관점과 견해, 다양한 성적 지향과 정체성에 이르기까지 우리의 모든 차이를 존중하는 공동체 의식을 발전시키는 것이 중요하다. 이러한 계몽된 형태의 공동체 의식은 실제로 가능할 뿐만 아니라 이러한 방식이어야 비로소 진정한 결실을 보게 된다.

영원불멸의 수정 이야기에서처럼 서로 다른 입장은 협동 작업에 장애물이 아니라 창의적인 원동력이 된다. 현대 민주주의 사회 역시 반대 의견과 갈등이 건설적으로 작용할 때 더욱 발전할 수 있다.

이것이 너무 힘들다고 느끼거나 자신이 아무것도, 아무도 필요하지 않은 독자적 존재라고 생각한다면, 자유로운 개인이라는 사상도 어쩔 수 없이 안정적인 공동체와 민주적 구조에 의존한다는 사실을 깨달아야 한다. 왜냐하면, 개성은 개인의 권리가 적절한 제도에 의해 보호받는 틀 안에서만 번창할 수 있으며, 이러한 제도가 무너지면 언젠가는 가장 강한 자의 권리만이 중요해질 것이기 때문이다. 그렇게 되면 견해의 자유, 양심의 자유, 믿음의 자유는 순식간에 사라질 것이다.

이러한 관점에서 보면 공동체가 구성원들의 소신으로 유지되는 것처럼 개인은 공동체 의식으로 유지된다.

독이 되어버린 나치의 유산

이와 같은 현대적 의미의 공동체 의식을 이해하기 위해서 먼저 공동체 의식의 낡은 의미를 벗어던지고 이를 둘러싼 다양한 오해를 제거해야 한다. '센수스 코무니스'는 건전한 인간의 오성인 '상식'에서부터 나치가 다른 생각을 하는 사람들을 괴롭히기 위해 즐겨 사용했던 '건전한 국민감정Gesundes Volksempfinden'에 이르기까지 (부분적으로는 모순되는) 다양한 의미로 채워질 수 있기 때문이다.

그래서 특히 독일에서는 공동체 의식이라는 개념이 큰 부담으로 작용한다. 무엇보다 나치의 박해를 직접 겪은 사람들이 과민하게 반응했다. 제2차 세계 대전 당시 유럽의 여러 저항 단체에서 싸우고 나중에 프린스턴 고등연구소에서 활동한 유대인 정치학자 앨버트 허쉬만Albert Hirschman(1915~2012)은 공동체 의식에 대한 '열정'에 대해 평생 비판적 견해를 밝히며 이렇게 말했다.

"독일의 역사는 강력한 경고를 하고 있다."

허쉬만은 1993년 드레스덴에서 열린 강연에서 "바이마르 공화국 때도 사명감, 유대감, 따뜻함과 같은 특정한 사회적 자질, 한마디로 공동체 의식이 부족했다."라고 말하면서 나치가 부상할 수 있었던 것은 특히 "새로운 '민족공동체Volksgemeinschaft'를 확고하게 만들어 이러한 모든 '욕구'를 충족시키겠다는 약속 덕분이었다."라는 사실을 상기시켰다. 허쉬만은 뒤이어 나타난 제3 제국이라는 재앙이 "적어도 독일 연방공화국에서 공동체, 공동체 의식이라는 개념을 일관적으로 그리고 장기적으로 불명예에 빠뜨렸다."라고 말했다.[10]

따라서 허쉬만과 같은 학자들은 더 많은 공동체 의식을 요구하는 것이 개인이 서로 다른 이해관계를 자유롭게 표현하고 논쟁을 통해 협상할 수 있는 독일의 신생 민주주의에 위협이 될 수 있다고 보았다. 이에 대해 헬무트 슈미트Helmut Schmidt 전 연방 총리는 이렇게 말한 바 있다.

"논쟁하지 않는 민주주의는 민주주의가 아니다."

물론 공동체 의식을 순응적 평등주의나 (위에서 규정한) 주류에 복종해야 한다는 강박으로 이해할 때는 논쟁이 공동체 의식과 대립을 이룬다. 열린 사회가 모든 구성원의 개인적 자유를 보장하기 위해서는 특정한 기본 가치에 합의해야 한다는 인식이 공동체 의식의 개념에 더해질 때는 이야기가 달라진다. 그리고 이러한 가치는 기본법에 기록되어야 할 뿐만 아니라 대다수가 실천하고 존중해야 한다.

독일 헌법재판소의 재판관 에른스트 볼프강 뵈켄푀르데^{Ernst-Wolfgang Böckenförde}는 이러한 유형의 공동체 의식을 염두에 두며 다음과 같은 유명한 말을 했다.

"세속화된 자유주의 국가는 스스로 보장할 수 없는 전제 조건에서 살아간다. 따라서 자유주의적 기본 질서는 통일된 정신, 즉 이 나라에 사는 사람들 사이에 일종의 '공동체 의식'이 필요하다. 그리고 국가가 강제할 수도, 주권으로 관철할 수도 없는 이러한 정신은 무엇보다 '체험된 문화'에 의해 공급된다."[11]

기본 합의의 붕괴

이러한 '체험된 문화'가 얼마나 빠르게 무너질 수 있는지는 도널드 트럼프^{Donald Trump} 대통령이 집권했던 미국에서 이미 확인되었다. 그는 명백한 사실을 부정하고 불쾌한 언론을 '가짜 뉴스'라고 비난했으며(이러한 가짜 뉴스를 자신이 직접 퍼뜨리기도 했다), 인간 품위의 기본 원칙을 무시하고 거짓말을 자기 정치의 공식 수단으로 격상시키는 등 이전에는 어느 정치인도 이 정도까지 허용하지 않았던 온갖 만행을 일삼았다.

민주주의의 기본 가치를 이렇게 노골적으로 깨뜨린 사람은 과거였다면 분명 배척당했을 것이다. 그러나 트럼프 대통령 집권 하에서는 이러한 기본 합의가 이미 너무 약화되어 상당수의 미국인이 그의 금기 위반 행위를 간과하기에 이르렀다. 미국의 공동체 의식은 약해졌고 공동 국가에 대한 소속감은 '그들'과 '우리'라는 양극화로 대체되었다. 결국에는 민주적 선거 결과를 수용한다는 공동 합의조차 더 이상 유효하지 않게 되었고, 트럼프는 '선거 사기'를 운운하며 자신의 지지자들을 국회의사당으로 몰려가게 했다.

앨버트 허쉬만 같은 회의론자조차도 민주주의의 본고장이자 수호자를 자처하는, 세계에서 가장 오래된 민주주의 국가 중 하나에서 이러한 일이 일어나리라고는 전혀 생각하지 못했을 것이다. 이는 공동 기반이 무너지고 민주적 결속력이 사라지고 '체험된 문화'가 타인에 대한 이해보다 증오를 조장할 경우, 미국 시스템이 자랑하는 견제와 균형, 기품 있는 모든 제도가 민주주의를 보호하지 못한다는 것을 보여준다. 이러한 상황이라면 아마도 허쉬만 역시 민주적 공존의 토대가 되는 공동체적 소통의 증진을 간절히 호소했을 것이다.

이것이 오로지 미국의 문제라고 생각한 사람들은 2020년 8월 29일 독일에서 벌어진 사건을 계기로 이러한 생각을 바로잡게 되었다. 당시 '크베어뎅커Querdenker'(생각이 다른 사람들)와 극우주의자들은 코로나 시위의 하나로 베를린의 독일 의회를 습격하려고 했다.

그들은 결국 입구까지 진입하는 데 성공했고 경찰은 어렵게 그들을 밀어냈다.

알렌스바흐 연구소Allensbach Institut에서 2022년 봄에 실시한 설문 조사는 민주주의 시스템에 대한 의구심이 독일에 얼마나 널리 퍼져 있는지를 입증했다.

"우리는 그저 겉으로만 민주주의에 살고 있다. 사실 국민은 발언권이 없다."라는 의견에 응답자의 31%가 동의했다.[12]

이는 독일에서도 공동 합의의 기반이 얼마나 병들어 있는지를 보여준다. 오늘날 정치인이나 학자, 언론인 등 공개적으로 발언하는 많은 사람은 증오 메일이나 적대 행위, 심지어 살해 위협의 세례를 받을 것까지 감안해야 한다.

"향후 코로나 사태의 과실 행위가 다루어질 때 당신은 (…) 법정에서 답변해야 하는 첫 번째 언론 대표가 될 것이다."

"이 출판물을 비롯하여 당신이 발행한 기타 출판물을 근거로 우리는 적절한 시기에 법원에서 민주적인 절차에 따라 당신에게 사형을 요청할 것이다."

〈슈피겔Spiegel〉의 칼럼니스트 크리스티안 스퇴커Christian Stöcker는 백신 접종 반대자들의 주장을 비판적으로 다룬 기사를 쓴 후 이러한 편지를 받았다.[13] 스퇴커는 "이러한 편지를 쓰는 많은 사람은 나와 같은 사람들이 처형당하는 정치적 상황이 곧 이 나라에서 일어날 수 있다고 정말로 믿는 것 같다."라고 놀라움을 금치 못한다.

"아마도 내 이메일 주소가 전달되었을 텔레그램이나 페이스북 그룹에는 코로나19와 백신 접종과 관련해서뿐만 아니라 사회 전반과 관련해서도 사실과 일치하지 않는 평행 현실이 존재한다."

이러한 평행 세계를 이해하는 것은 점점 더 어려워지는 듯하다. 왜냐하면, 한쪽에서 타당한 주장과 근거로 인정하는 것, 예를 들면 인정받는 기관이나 학자, 전문가 위원회의 발언을 다른 쪽에서는 국가가 지정한 가짜 뉴스로 간주하기 때문이다. 따라서 공동체 의식을 현대적으로 이해하기 위해서는 어떻게 평행 현실을 방지하고 공동으로 체험된 현실의 토대를 마련할 수 있는지를 묻는 질문이 필연적으로 포함되어야 한다.

구체적으로 표현하자면, 공동의 정보 기반을 어떻게 확보하고, 신뢰할 수 있는 전문 지식을 어떻게 인식하며, 무엇을 기준으로 확실한 사실과 터무니없는 소문을 구분할 수 있을까? 학교 수업에서 미디어 정책에 이르기까지 모든 가능한 영역을 아우르는 이러한 질문들은 8장에서 자세히 논의하겠다.

개념에서 먼지를 털어내는 법

이 모든 것은 지속 가능한 공동체 의식에는 비판을 견디고 차이를 다룰 수 있는 능력이 항상 포함된다는 것을 분명히 보여준다. 이로써 공동체 의식은 나치가 선전한 그 어떤 일탈도 금하는 '동질적 국민감정'이라는 개념과 완전히 정반대가 된다.

문예학자 알라이다 아스만^{Aleida Assmann}은 콘스탄츠 대학에서 남편 얀 아스만^{Jan Assmann}과 함께 공동체 의식을 주제로 프로젝트 그룹을 설립했다. 그는 이렇게 말한다.

"공동체 의식이라는 개념에서 먼지를 털어내고 새로운 의미를 채워야 한다."[14]

"우리가 결속이나 공동이라는 말에서 자동으로 떠올리는 것을 넘어서는 일이 중요하다."

이를테면 프랑스인은 프랑스인끼리만, 독일인은 독일인끼리만 연대하는 것처럼 공동체 의식을 공통된 출신에만 한정하는 것으로 는 충분하지 않으며, 그러한 경계 너머에 존재하는 공통점을 발견 해야 한다는 것이다.

그런 이유에서 아스만은 공동체 의식을 현재 매우 대중적인 개 념인 '결속'과 명확하게 구분한다.

최근에는 정치인들도 기업(현대적으로 들리는 '팀 정신'이라는 형태 로) 못지않게 결속의 개념을 도입하는 데 열을 올리고 있다. 결속은 주로 자신이 속한 집단(회사, 국가)이 타 집단들(회사들, 국가들)에 대 항하여 단결하는 것을 말한다. 말하자면 결속의 의미에서 '우리 대 그들'은 우리가 경쟁자보다 더 강하고, 더 단결되고, 더 경쟁력이 있어야 한다는 것을 뜻한다.

이런 결속을 찬양하는 사회에서는 지금까지 당연하게 여겨지던 것이 자연스럽게 해체되기 마련이다. 이를테면 정치에서 지역사회 를 위해 자발적 헌신을 요구하는 목소리는 사회 부문의 일자리와 비용을 동시에 줄어들게 한다. 기업이 공동의 팀 정신이나 고객 커뮤니티에 호소할 때는 직원의 무급 초과근무나 고객 데이터에 대한 무제한 액세스와 같은 불쾌한 요구가 그 뒤에 숨겨져 있는 경우가 많다. 사회학자 질케 반 디크Silke van Dyk와 티네 하우브너Tine Haubner는 냉혹한 경제적 이해관계를 '공동체 자본주의'라는 친숙한 집단 감정으로 포장하려는 이러한 시도를 비판한다.[15]

따라서 결속이나 공동선과 같은 개념이 사용될 때 어떤 이해관계가 작용하고 있는지 면밀히 살펴봐야 한다. 다른 긍정적인 특성과 마찬가지로 협력이라는 특성도 오용되거나 반대 방향으로 왜곡될 수 있기 때문이다. 외국인 혐오 단체나 AfD(독일을 위한 대안)와 같은 정당은 결속의 개념을 주로 반대 의견을 가진 사람들에 맞서는 데 사용한다. 반면, 진정한 공동체 의식은 자신이 속한 집단을 넘어서서 폭넓게 생각하고 보다 큰 전체의 이익을 고려하는 것에서 시작된다.

알라이다 아스만은 무언가가 와해되어 상부와 외부에 의해 응집되어야 하는 결속과는 달리 공동체 의식에서는 움직임이 외부가 아닌 내부에서 비롯되며, 사람들 스스로 이러한 움직임을 만들어내고 구축해야 한다고 설명한다. 그러므로 공동체 의식은 "개인주의와 반대되는 것이 아니라 이기주의와 반대되는 것"이다.[16]

그러나 공동체 의식이라는 개념을 어떻게 보완하든 분명한 사실은, 공동체 의식은 고정불변의 개념이 아니라 특정 상황에 놓인 사람들을 결합해 주는 요인을 찾는 것과 관련이 있다.

아스만은 "공동체 의식은 추상적인 것이 아니다. 공동체 의식은 일종의 프로젝트이며 행위다."라고 말한다.[17]

그러한 프로젝트가 완수되면 공동체 의식은 다시 해체되거나 새로운 형태를 찾을 수 있다. 이로써 공동체 의식은 '열린 개념'이며 이러한 방향으로 나아가는 수많은 인간의 움직임을 묶어주는 괄호 같은 것이다.

이미 미하엘 엔데는 《짐 크노프와 13인의 해적》에서 이것이 어떻게 가능할 수 있는지를 설명했다. 이 책에서 13인의 해적단은 주인공 짐 크노프가 기관사 루카스와 다른 선량한 사람들이 함께 사는 이상적인 세계 룸머란트에 대비되는 위협적인 존재로 오랫동안 등장한다. 룸머란트 사람들과 해적은 각각 그들끼리 똘똘 뭉쳐 있으며, 특히 그들 각각의 결속력은 서로에 대한 적대감으로 더욱 강화된다. 그러나 마침내 이야기는 동화적인 방식으로 반전을 이루면서 격렬한 투쟁이 화해로 바뀌고 짐 크노프는 해적 선장이 된다. 그리고 지금까지 그의 적이었던 사람들이 그가 진정한 행복을 찾을 수 있도록 도와줄 수 있는 유일한 존재라는 것이 밝혀진다.

처음에는 제한적이었던 결속이 더 크고 포괄적인 공동체 의식으로 진화하는 과정을 이보다 더 훌륭하게 설명할 수는 없을 것이다. 이는 그저 어린이 책에 나오는 이야기에 불과하지만, 모든 관계를 끊지 않고 이해관계의 통합을 기대하는 것이 가치가 있음을 미하엘 엔데를 통해 배울 수 있다. 그리고 마지막에는 수천 년이 지나서 마침내 '영원불멸의 수정'이 다시 만들어진다.

감정적 갈등을 해결하는 법

갈등 조정 전문가
다니엘 레미기우스 아우프 데어 마우어와의 대담

진정한 공동체 의식이 생겨나려면 갈등은 피할 수 없다. 훌륭한 공존의 특징은 지속해서 갈등이 없다는 것이 아니라 갈등을 잘 대처할 수 있다는 것이다. 하지만 이 기술을 잘 알고 있는 사람은 소수에 불과하다. 다행히도 스위스의 다니엘 레미기우스 아우프 데어 마우어^{Daniel Remigius Auf der Mauer}와 같은 능숙한 '갈등 중재자'가 전 세계의 커플이나 단체, 개인에게 갈등 해결을 위한 조언과 교육을 제공한다.[18] 차이를 다루는 방법을 이야기하는 그의 견해는 우리가 일반적으로 듣는 내용과 다르며 공동체 의식과 관련이 깊다.

아우프 데어 마우어 씨, 우리는 조화를 좋아하고 갈등을 싫어합니다. 분쟁이 일단 발생하면 최대한 빨리 이를 해결하려고 하지요. 하지만 종종 그것이 불가능합니다. 왜 그럴까요?
우리 마음속에서 무슨 일이 일어나는지 대부분 잘 모르기 때문입니다.

다시 말해 우리가 생물학적 존재이며 우리가 하는 모든 경험이 신경계에서 일어난다는 사실을 자주 잊어버립니다. 따라서 신경생물학은 갈등에서 결정적으로 중요합니다.

갈등의 신경생물학은 우리에게 무엇을 알려주나요?

감정은 결정적인 역할을 합니다. 즉, 감정은 수백만 년에 걸친 진화를 통해 최적화된 반응 패턴이며, 어떤 사건이 아주 중요하다는 것을 유기체에 제시합니다. 동시에 감정은 세포 차원에서 울음이나 비명 등의 사회적 표현에 이르기까지 우리의 행동 전체를 구조화하며, 여기서 어떤 중요한 일이 벌어지고 있다는 신호를 주변 환경에 보냅니다. 이는 자동으로 일어나기 때문에 우리는 이를 제한된 범위 내에서만 제어할 수 있습니다.

하지만 일상생활에서는 어느 정도 감정을 조절할 수 있지 않나요?

보통은 그렇습니다. 하지만 갈등 상황에서는 더 이상 그렇게 할 수 없게 되지요. 갈등 상황에서는 신경계가 소화해 내거나 '신진대사', 즉 전환할 수 있는 것보다 더 크게 감정이 활성화됩니다. 그러면 유기체는 특정한 비상조치를 취합니다. 우선 가장 최근에 진화한 일부 뇌 영역이 닫힙니다. 말하자면 집에서 너무 많은 전기 제품을 동시에 연결하면 퓨즈가 끊어지는 것과 같습니다. 뇌에서도 이와 비슷한 일이 일어납니다. 신경 인터페이스에 과부하가 걸리면 이성적 사고나 공감을 위한 뇌 영역이 소위 오프라인 상태가 됩니다.

그러면 '좀 객관적으로 생각해 봐' 라는 말은 별로 도움이 되지 않겠네요.

그렇습니다. 감정적으로 과부하가 걸린 사람은 객관적으로 생각할 수 없습니다. 근본적으로 그런 능력이 없어서가 아니라 해당 뇌 영역이 오프라인 상태이기 때문이지요. 이러한 상황에서 '객관적으로 생각하란 말이야!' 또는 '이렇게 혹은 저렇게 해 봐!'라는 조언은 감정적 압박을 추가로 유발할 뿐입니다. 또한, 비상 모드에서는 자각이 억제되어 더 이상 자신을 잘 느끼지 못합니다. 그리고 감정의 강도를 낮추기 위해 종종 외부로 감정을 돌리는데, 이를 투사라고 합니다. 말하자면 '모든 게 너 때문이야!'라는 것입니다.

그렇다면 갈등은 감정적 과부하를 어떻게든 극복하려는 시도인가요?

네. 갈등이 발생하면 감정적 중압감이 너무 커서 자신이 공격당하고 감정적으로 압도당한다고 느끼는데, 이것이 문제입니다. 감정적으로 압도된 두 당사자가 서로 마주하면 더 이상 아무것도 작동하지 않습니다. 그러면 서로 이해하는 것이 불가능해집니다.

어떻게 하면 이러한 상황에 더 잘 대처할 수 있을까요?

가장 먼저 뭔가 더 이상 제대로 작동하지 않을 때를 알아차리는 것이 필요합니다. 양쪽 모두 감정이 너무 많이 활성화되어 있을 때는 휴식이 필요합니다. 말하자면 둘이서 해결할 수 없으며 외부의 도움이 필요합니다. 이는 비상 상황에도 해당됩니다.

외부의 도움 없이 갈등을 해결하고 싶다면 어떻게 해야 하나요?

상대방의 감정에 대해 똑같이 과도하게 반응하지 않고 자신의 감정을 처리하는 것이 중요합니다. 이것은 면을 삶을 때 물이 끓어 넘치는 것과 비교할 수 있습니다. 물이 끓어 넘치면 냄비 뚜껑을 세계 눌러서 물이 넘쳐흐르지 않게 할 수 있습니다. 하지만 그렇게 하면 압력은 더욱 높아집니다. 그러므로 우리는 열기를 감소시키는 법을 배워야 합니다.

좋은 말 같습니다만, 그것을 어떻게 배울 수 있을까요?

연습이 필요합니다. 자신의 감정에 잘 접근해서 어려운 상황에서도 뇌에 이상을 발생시키지 않고 자기 자신을 느끼는 법을 배워야 합니다. 예를 들면 명상을 하면서 이를 연습해 볼 수 있습니다.

명상을 해 본 적이 없는 사람은 무엇을 할 수 있을까요?

대화에 활용할 수 있는 유용한 기술도 있습니다. 이를테면 '이해의 고리

Loop of Understanding'라는 것이 있는데, 계속해서 되물으면서 상대방이 말한 내용을 반복하는 것입니다. 갈등 조정 전문가인 저도 그렇게 합니다.

만약 제가 지금 당신을 찾아가서 제 아내와 다퉜던 일에 관해 이야기한다면…

그러면 저는 금방 당신 말에 끼어들어 이렇게 말할 것 같습니다. "맞아요, 아내가 있다고 하셨죠?" 그러면 당신은 이렇게 말하겠지요. "네, 그래요. 아내가 있죠. 어제 아내가 이렇게 저렇게 했어요." 그러면 저는 이렇게 말할 겁니다. "잠깐만요, 어제 아내가 어려운 상황에 부닥쳤다는 말씀이신가 보군요." 당신은 이렇게 대답할 겁니다. "네, 맞아요. 그래서 저는 힘들었어요…." 정확히 무슨 일이 일어났는지를 파악하는 것이 중요한 것이 아닙니다. 그보다는 상대방의 감정적 경험을 마음속으로 그려보는 것이 중요합니다. 상대방이 이를 알아차리면 극도로 진정되는 효과가 있습니다. 자신이 이해받고 있고 더는 혼자가 아니라고 느끼기 때문이지요.

하지만 이것으로 갈등이 해결되지는 않을 것 같은데요?

그렇습니다. 하지만 분위기가 바뀌고 감정적 압박감이 줄어듭니다. 그리고 갑자기 뻣뻣했던 어깨가 느슨해지면서 긴장이 풀리고 시야가 다시 선명해집니다. 그리고 정말 놀라운 점은 감정적 압박이 사라지면 해결책이 저절로 떠오르는 경우가 많습니다. 실제로 사람들은 해결책을 찾는 능력이 뛰어나기 때문입니다. 감정적으로 너무 압도되면 이 능력이 사라집니다. 따라서 해결책에 집착하기보다는 상대방이 자신의 감정을 처리할 수 있도록 돕는 것이 더 도움이 됩니다. 그러면 저절로 아이디어를 떠올리게 됩니다.

그렇다면 갈등 중재자로서 어떤 해결책도 제안하지 않는 것인가요?

네, 그렇습니다. 저는 의뢰인이 감정의 강도를 조절할 수 있도록 그저 도와줄 뿐입니다. 이것이 잘되면 사람들은 스스로 문제의 해결책을 찾을 수 있습니다.

정말 간단하게 들리는군요.

하지만 그것은 갈등 상담사로서 제가 침착함을 유지하고 차분하게 호흡할 수 있을 정도로 저 자신을 잘 인식하는 법을 배웠을 때만 가능합니다. 이는 마치 비행기에서 기압이 갑자기 낮아져서 산소마스크가 떨어지는 상황과 비슷합니다. 말하자면 내가 먼저 산소마스크를 착용해야 다른 사람을 도울 수 있습니다. 그러므로 우리는 훈련을 받을 때 자기 신체를 인식하는 법도 연습합니다. 이를테면 '아하, 상대방이 아주 공격적일 때 나는 완전히 긴장하고 있구나. 내가 긴장을 풀면 상대방도 긴장을 풀기 시작하는구나'하고 알아차리는 법을 말입니다.

긴장 완화가 한 사람에게서 다른 사람에게로 옮겨진다는 거군요?

네, 이 점이 참 매력적입니다. 저는 우리 감정의 대사 능력을 욕조에 비유하곤 합니다. 어떤 사람은 큰 욕조를 가지고 있고 어떤 사람은 작은 욕조를 가지고 있지요. 작은 욕조에 돌이 떨어지면 물이 금세 찰랑거리며 넘쳐흐르고 물결이 욕조 벽에 부딪힙니다. 하지만 보다 큰 욕조에 몸을 담그면 물결이 일렁거리다가 부드럽게 잦아듭니다. 이처럼 우리는 서로 영향을 미치면서 감정적 '열기'를 낮춥니다. 그리고 이를 수년간 훈련한 전문 갈등 상담사는 수영장만한 욕조를 들고 와서 아주 큰 파도까지도 흡수해 낼 수 있습니다.

감정을 관리하는 것이 왜 그렇게 어려운 걸까요?

우리 문화나 교육 시스템에서는 일반적으로 인지적 지식에 크게 의존합니다. 반면 강렬한 감정을 다스리는 법은 거의 배우지 않습니다. 우리 대부분이 그러한 강렬한 감정에 압도당하고 있는데도 말입니다. 하지만 초기 문화 때는 부분적으로 달랐습니다. 그때는 정신적 수행을 통해 감정을 처리하는 경우가 종종 있었습니다. 하지만 현대에 접어들면서 그러한 것들을 전부 포기했습니다. 게다가 오늘날 우리는 정보의 홍수 속에서 끊임없이 감정적으로 압도당하고 있습니다. 그래서 감정 대사가 더욱 어려워졌습니다.

이제 사회 이야기를 해 보죠. 당신이 제안하는 갈등 대처 방식을 집단이나 사회 전체에도 적용할 수 있을까요?

그렇다고 생각합니다. 현대의 많은 갈등은 우리가 감정적 통합에 성공하지 못하기 때문에 발생합니다. 이는 코로나 기간에도 분명하게 드러났습니다. 너무나 많은 감정의 '물'이 끓어올라서 더 이상 뚜껑을 닫을 수가 없었습니다. 그리고 어느 입장이든 모두가 감정적으로 과부하가 되었지요. 어떤 사람들은 백신 접종과 부작용을 두려워했고, 신체에 대한 간섭을 요구한 국가 기관에 불신을 품었으며, 또 어떤 사람들은 바이러스와 유기적 질병 과정을 두려워하기도 했습니다. 그리고 이러한 두려움과 감정을 끄집어내어 사회적으로 처리하는 사람은 거의 없었습니다. 모두가 상대 관점에서 논쟁을 멈추기만을 그저 바랄 뿐이었습니다.

정치권에서 이 문제를 더 강력하게 다루었어야 했을까요? 이러한 감정적 과부하가 공적 영역에서 더 많이 다루어지고 인식되었다면 도움이 되었을까요?

확실히 도움이 되었을 것입니다. 하지만 정치권에서 하는 말만이 중요한 것은 아닙니다. 이성적인 담론만으로는 도움이 되지 않습니다. 더 중요한 것은 감정 처리입니다. 이에 대한 좋은 예는 미국에서 조지 플로이드George Floyd가 살해된 후 분노한 많은 아프리카계 미국인들이 도시를 돌아다니며 폭동을 일으킨 사건입니다. 경찰은 주로 이러한 분노를 단순히 억누르려고만 했습니다. 하지만 마이애미에서는 경찰관들이 시위대 앞에서 무릎을 꿇기도 했습니다. 흑인 풋볼 선수 콜린 캐퍼닉^{Colin} ^{Kaepernick}이 아프리카계 미국인에 대한 탄압을 기리기 위해 국가가 울려 퍼지는 동안 무릎을 꿇은 것처럼 말입니다. 백인 경찰은 이러한 상징적 행위를 수용하여 '우리는 여러분의 고통을 이해한다'는 뜻을 시위대에게 보여주었습니다. 그 덕분에 모든 공격성이 사라졌습니다. 말하자면 감정 대사는 집단적으로도 작용할 수 있습니다. 한 집단이 다른 집단의 고통을 잘 이해하고 묘사할 때 치유가 가능합니다.

그러나 이러한 집단적 과정에 대해서 이해만 부족한 것이 아니라 제도도 부족합니다. 누가 이를 실행할 수 있을까요?

아주 중요한 문제를 말씀해 주셨습니다. 때에 따라 정치인들이 할 수 있습니다. 예를 들면 버락 오바마^{Barack Obama} 대통령은 학교에서 총기 난사 사건이 일어난 후 카메라 앞에서 눈물을 보인 적이 있습니다. 그는 정치 지도자로서 집단적 고통을 이렇게 표현하고 처리한 것입니다. 그러나 한 사람이 국가 전체를 위해 그렇게 할 수는 없습니다. 그래서 초기 문화에서는 종종 왕과 주술사라는 두 가지 분리된 리더십 기능이 있었습니다. 왕은 체계화된 원칙을 대변하고 주로 실제적이고 조직적인 문제에 관심을 가졌으며, 주술사는 감정적 통합을 담당했습니다. 그러나 오늘날에는 더는 그러한 주술사가 없으며, 교회 역시 이 역할을 더는 확실하게 수행하지 않습니다. 현재 저는 그러한 감정적 통합을 어떻게 집단적, 사회적으로 조직화할 수 있느냐는 질문에 관심이 큽니다. 과거의 트라우마가 지속해서 반복되지 않도록 감정의 강도를 처리할 수 있는 집단적 공간이 우리에게 절실히 필요하기 때문입니다.

이는 우크라이나 전쟁에도 해당될까요? 그곳에서도 과거가 우리의 발목을 붙잡고 있나요?

그렇다고 말할 수 있습니다. 예를 들어 푸틴이 전쟁을 선포했을 당시의 기자회견을 보면 조국의 과거 상처에 대해 깊은 슬픔에 잠겨 있는 한 남자의 모습을 볼 수 있습니다. 그는 감정적으로 정말 괴로워하는 것 같습니다. 이는 러시아의 과거 역사와도 관련이 있습니다. 제2차 세계 대전과 서방이 러시아를 어떻게 대했는지 말입니다.

푸틴을 이해하시는 건가요?

잠깐만요! 제 말은 단지 러시아인이 그렇게 느끼는 데에는 이유가 있다는 겁니다. 그리고 그것은 우리가 원하는 것보다 우리와 더 관련이 많습니다. 하지만 그렇다고 해서 푸틴의 침공을 그냥 눈감아줄 수 있다는 것은 아닙니다. 물론 우리는 저항하며 '그만, 이런 방식으로는 안 돼!'라고 말해야 합니다. 이는 모든 건전한 논쟁 문화에 적용됩니다. 다른 사람을 감정적으로 이해하는 동시에 '그만, 네가 하는 행동이 나한테 좋지 않아'라고 말하는 기술이 필요합니다.

상대방을 완전히 이해하면서도 항상 자신의 한계를 염두에 두어야 하나요?

맞습니다. 특히 대안 모임에서 종종 관용을 잘못 이해하고 있습니다. 즉, 다른 사람들이 끊임없이 경계를 넘나들도록 허용하는 것이지요. 그러면 안 됩니다. 우리는 자신이 원하지 않는 것을 분명하게 말해야 합니다. 동시에 상대방과의 유대 관계에서 적절한 거리를 유지하도록 노력하는 것이 좋습니다. 결속은 이성적인 담론뿐만 아니라 강렬한 감정을 대사하는 신체적 능력을 통해서도 이루어집니다. 나 자신의 삶도, 다른 사람들의 삶도요. 이것이 바로 기술입니다.

3장

이기주의와
이타주의 사이에서

'공동체적 행동은 무엇에 좌우되는가?'

네덜란드 흐로닝언 대학의 사회심리학자 톰 포스트메스^{Tom Postmes}는 매년 학생들에게 똑같은 질문을 던진다.

"우리는 이기적인 행성에 살고 있나요, 아니면 이타적인 행성에 살고 있나요?"

그리고 학생들에게 다음과 같은 극적인 상황을 상상해 보게끔 한다. 비행기가 비상착륙을 하면서 여러 조각으로 부서진다. 기내는 연기로 가득 찬다. 모든 탑승객은 비행기에서 탈출해야 한다는 사실을 분명하게 알고 있다. 어떤 일이 벌어질까?

시나리오 A: 우리는 이기적인 세상에 살고 있다

모두가 고군분투하면서 가능한 한 빨리 출구로 나가려고 한다. 사람들이 서로 발로 차고 밀면서 패닉 상태가 된다. 아이들과 노인, 장애인이 무참히 짓밟힌다. 결국, 수많은 부상자가 발생하고 생존할 수도 있었던 사람들이 죽기에 이른다.

시나리오 B: 우리는 이타적인 행성에 살고 있다

탑승객들이 서로를 살피고 약자를 돌본다. 그들은 서로 힘을 보태면서 도움이 필요한 사람들에게 먼저 양보한다. 상황에 따라 다른 사람을 위해 목숨을 희생할 준비가 되어 있는 사람들도 있다. 이러한 식으로 가능한 한 많은 사람이 구조된다.

당신은 어떻게 생각하는가? 우리는 어떤 세상에 살고 있을까?

학생들의 응답 결과는 명확하다. 포스트메스에 따르면 "압도적으로 많은 학생이 우리가 이기적인 행성에 살고 있다고 생각한다."[1] 학생 대부분은 학업 경험이나 경제적 상황, 정치적 입장에 상관없이 인간은 궁지에 빠지면 진정한 이기적인 본성을 드러내고 생존을 위해서 필요하다면 양심의 가책 없이 어떤 수단도 이용할 수 있다고 믿는다.

이러한 방식으로 포스트메스의 학생들은 '인간은 본질적으로 이기적이므로 먼저 개화되어야 하며 공동체 의식을 갖도록 교육받아야 한다'라는 뿌리 깊게 박혀 있는 신념을 따른다. 말하자면 토마스 홉스Thomas Hobbes부터 니콜로 마키아벨리Niccolò Machiavelli를 거쳐 지크문트 프로이트Sigmund Freud와 리처드 도킨스Richard Dawkins에 이르기까지 수많은 사상가와 학자들이 이러한 신념을 주장했다.

호모 사피엔스가 이기적이라는 생각은 궁극적으로 자본주의가 인간에게 가장 적합한 경제 형태라는 생각의 근간이 된다. 왜냐하면, 인간은 천성적으로 끊임없이 이기심과 개인의 이익을 위해 노력하기 때문이다.

하지만 이것이 사실일까? 누구나 정말로 우선 자신부터 생각할까? 재난이 발생했을 때 우리는 자기 자신만 살필까?

포스트메스는 "사실 대부분 우리는 이타적인 행성에 살고 있다."라고 말한다. 사람들은 보통 위기나 재난 상황에서 서로 돕고 배려하는 방식으로 행동한다. 즉, 사람들은 그럴 때일수록 자기만 생각하는 이기주의자가 되기보다는 오히려 공동체 의식을 발휘하려고 한다. 그는 이렇게 설명한다.

"항공기 비상착륙의 97%에서 탑승객은 침착하고 질서 있게 기내에서 내린다."

패닉이나 짓밟힌 흔적을 찾아볼 수가 없다. 타이타닉이 침몰했을 때도 놀라울 정도로 상황은 질서정연했다. 물론 몇몇 반대 사례도 있다. 2010년 뒤스부르크에서 열린 러브 퍼레이드에서 출입구가 너무 좁은 탓에 인파가 몰리면서 혼란에 빠졌고 그 결과 20명 이상이 사망한 참사가 발생했다. 하지만 이러한 사례는 "대부분의 사람이 생각하는 것보다 훨씬 드물다."라고 말한다.[2]

그래서 포스트메스는 순전히 자기중심적인 호모 사피엔스라는 명제가 순전히 이타적인 인간의 본성이라는 반명제만큼이나 과장된 것이라고 간주한다. 이를테면 역사학자 뤼트허르 브레흐만Rutger Bregman은 자신의 베스트셀러 《휴먼카인드: 감춰진 인간 본성에서 찾은 희망의 연대기》에서 인간을 (포스트메스의 연구 결과를 참조하여) 시종일관 친절하고 도움을 베풀고자 하는 존재라고 설명하면서 인간의 이타적 본성을 내세웠다.[3]

포스트메스는 이와 같은 장밋빛 견해를 같이하지는 않는다. 그는 인간이 기본적으로 선하다는 브레흐만의 사상에 대해 그 앞에 '대부분의 경우'라는 말을 추가해야 한다고 생각한다. 그러나 그는 이러한 미묘한 메시지가 책 판매에 거의 도움이 되지 않는다는 사실도 분명히 알고 있다. 포스트메스는 "내가 왜 베스트셀러 작가가 아닌지 알 수 있을 겁니다."라고 조소적으로 말한다.

이기심에 대한 오해

사실상 인간은 하나의 인격 안에 여러 가지 모순이 결합된 복합적인 존재다. 말하자면 인간은 이기적인 성향과 공동체 의식을 동시에 지니고 있다. 상황에 따라서 때로는 파렴치한 자기중심적 괴물처럼 행동할 수도 있고 때로는 공감적 존재로 행동할 수도 있다. 놀라운 점은 인간의 선한 면이 바로 '긴급 상황'에서 활성화된다는 것이다.

이러한 사실은 2021년 7월 14일 독일 서부에서 역사적인 규모의 세기적 홍수가 발생했을 때 드러났다. 이날 저녁, 관련 정치인과 재난관리 당국자들의 모습은 거의 보이지 않았다. 그 대신 사람들은 이웃 연대의 놀라운 사례를 접하게 된다.

메르키셔 지구의 랑겐홀트하우젠 마을에서 그로테 씨 가족이 운영하는 빵집이 침수될 위기에 처했다. 그로테 씨 가족은 친구와 이웃, 축구 동호회, 지역 청소년 단체 등 모든 연락처를 수소문했다.

그리고 그 반응은 압도적이었다. 후에 볼프강 그로테 씨는 이렇게 말했다.

"마을 곳곳에서 사람들이 모여들었어요. 그중에는 제가 전혀 모르는 사람들도 있었어요."

지역 자동차 정비소의 서비스 매니저인 그 역시 빵집으로 발걸음을 재촉했다. 모두가 양동이나 유리 닦이, 빗자루를 들고 빵집에서 물을 퍼냈다.

"50명의 사람이 빵집의 가장 낮은 곳에서 일렬로 줄을 지어 물이 가득 담긴 양동이를 위로 전달했어요. 30명의 소방관과 100명이 넘는 자원봉사자가 투입되었어요."라고 그로테 씨는 말한다.[4]

봉사자들은 최소한 제빵 공간을 지키기 위해 모래주머니를 쌓으면서 몇 시간이고 노고를 아끼지 않았다. 어느 순간 드디어 비가 그치기 시작했다. 한 시간이 지나자 수위가 낮아지면서 물이 빠졌다. 불행 중에 또 한 번 운이 좋았다. 마지막 봉사자들이 밤까지 남아서 청소를 하는 동안 제빵사들은 오븐을 다시 켰다. 그로테 씨는 이렇게 이야기한다.

"빵을 굽기 위해서죠. 이것이 봉사자들을 위해서 가장 먼저 할 일이니까요."

이와 비슷한 일을 다른 많은 곳에서도 경험했다. 베르기슈-글라트바흐의 박컴퍼니Back-Company 빵집은 〈재난 일지〉에 이렇게 기록했다.

"우리는 (홍수 발생 후) 첫날에 직원과 가족, 친구들로부터 믿을 수 없을 정도로 사심 없는 도움을 받았다. 우리는 이러한 압도적인 관심에 크게 감동했고, 이번 재난에 도움을 준 모든 자원봉사자에게 진심으로 감사의 말씀을 드린다."[5]

이러한 격앙된 어조에서 알 수 있듯이 재난 당시 홍수 피해자들이 겪은 일은 매우 이례적이다. 그들은 상상할 수 없는 규모의 재난에 놀랐을 뿐만 아니라, 사람들이 그토록 즉각적으로 공동체 의식을 보여주리라고는 전혀 예상하지 못했다. 잘 생각해 보면, 이웃이나 완전히 낯선 사람들이 자발적으로 도움을 주는 일은 매일 일어나지는 않는다. 특히 부유한 독일에서는 이러한 자발적 연대가 매우 드물다.

아마도 그 이유는 우리가 누구든지 자신부터 먼저 생각하는 능력주의 국가에 살고 있기 때문이 아닐까 한다. 우리는 자신의 출세에만 관심이 있고 이웃의 근심과 곤경을 전혀 느끼지 못하는 차가운 이기주의자 집단이 아닐까? 이러한 인간상은 사회심리학자 톰 포스트메스의 학생들만의 견해가 아니라 대다수의 독일 인구에게도 널리 퍼져 있는 것으로 보인다.

쾰른과 만하임에 있는 라이프니츠 사회과학연구소^{Leibniz Institut für Sozialwissenschaften}의 연구원들은 몇 년마다 '일반사회조사^{Allbu}'를 실시하여 독일의 공동체 의식 실태를 조사한다.[6] 이 조사에 따르면, 독일 국민 대다수는 공동체적 사고를 거의 하지 않으며 주로 자신의 이익에 관심이 있다.

'대부분은 주변 사람들에게 무슨 일이 일어나는지 별로 신경 쓰지 않는다.'

최근 몇 년 동안 응답자의 거의 4분의 3이 이 문항에 동의했다.[7] 그리고 응답자의 약 절반은 이렇게 생각한다.

"우리 사회에서는 모두가 출세하기 위해 스스로 자신을 살펴야 한다. 대의를 위해 정치적으로 혹은 노조에서 다른 사람들과 힘을 합쳐 싸우는 것은 별로 도움이 되지 않는다."

여기까지는 아주 이기적인 모습으로 보인다.

하지만 사람들에게 그들 '자신의 행동'에 관해 물어보면 갑자기 상황이 달라진다. 즉, 독일이 공동체 의식을 가진 나라로 변모한다. 예를 들면 빌레펠트 대학에서 코로나 팬데믹 기간에 3천 명 이상의 사람들에게 연대감을 보여줄 의향이 있는지 물었을 때 90% 이상이 이웃을 위해 물건을 구매할 의향이 있으며, 80% 이상이 생필품이나 의약품을 이웃과 나눌 의향이 있다고 답했다.[8]

2015년 베를린 재난연구센터[Berliner Katastrophenforschungsstelle]에서 진행한 설문 조사에서도 이와 비슷한 결과가 나타났다. 폭우로 재해가 발생했을 때 다른 사람을 조속히 도울 의향이 있느냐는 질문에 베를린 시민의 67.7%가 긍정적으로 답했으며, 가상의 대형 화재가 발생할 때는 도와줄 의향이 83.6%로 훨씬 더 높게 나타났다.[9]

베를린 사회과학연구센터[WZB]와 응용사회과학연구소[Infas-Institut], 〈디 차이트〉가 함께 실시한 이른바 '유산 연구[Vermächtnis-Studie]'에서도 자기 인식과 타인에 대한 인식 사이의 불일치가 확인되었다.[10] '우리라는 감정'을 묻는 질문에 응답자의 거의 80%가 개인적으로 매우 중요하다고 답했지만, 자신의 주변 사람들도 그렇게 생각할 것이라고 믿는 사람은 25% 미만에 불과했다.

베를린 사회과학연구센터의 사회학자 유타 알멘더[Jutta Allmendinger]와 얀 베첼[Jan Wetzel]은 "그들 자신은 우리라는 감정을 중요하게 여기지만 다른 사람들은 그렇지 않은 것 같다고 생각한다."라고 말하면서 다음과 같이 결과를 요약했다.

"독일은 스스로를 '이기주의자들의 나라'라고 생각하면서도 실제로는 '우리의 나라'라고 생각한다."[11]

재난의 역설적 효과

어떻게 대다수가 다른 모든 사람을 완고한 이기주의자라고 묘사하면서 자신은 전혀 그런 사람이 아니라고 인식할 수 있을까? 인간의 이기심에 대한 우리의 생각에 오해가 깔린 것은 아닐까?

아마도 대부분의 사람이 오래전 연구를 통해 반박된 낡고 진부한 생각에 계속 집착하고 있어서가 아닐까 한다.

인간은 타고난 이기주의자라는 통상적인 이미지가 암시하는 것보다 훨씬 덜 이기적으로 행동하는 경우가 많다. 그뿐만 아니라 특히 위기 상황에서는 대다수 사람들이 자신에게 있다고 생각하지 않았던 자질을 드러낸다. 이를테면 도움을 주려는 마음, 배려, 공동체적 사고 능력과 같은 것들이다. 인간은 곤궁에 처하면 자신이 공동체적 존재라는 사실을 상기하는 것 같다.

이 사실을 처음으로 인식한 사람 중 한 명은 제2차 세계 대전 당시 폭격의 심리적 효과를 연구한 미국 장교 찰스 프리츠Charles Fritz다.

당시 연합군은 공습(이를테면 독일 공군의 런던 공습이나 영국 공군의 드레스덴 공습)이 주민들의 사기를 떨어뜨리고 집단 히스테리를 일으킬 것이라고 예상했다. 하지만 프리츠는 그렇지 않았다는 사실에 매우 놀랐다. 즉, 런던과 드레스덴에서 발생한 폭격이 오히려 주민들의 결속력과 결의를 강화했다(우크라이나 전쟁에서도 이와 매우 유사한 현상이 관찰되었다. 러시아의 공격에 용기를 잃거나 사기가 떨어지기보다는 이를 통해 우크라이나 사람들의 저항력이 오히려 강해진 것처럼 보였다). 물론 여기서 요점은 그러한 재앙을 미화하는 것이 아니다. 하지만 위기 상황에서 사람들이 종종 연대적인 행동을 한다는 것은 충분히 놀라운 일이다.

당시 프리츠는 자신의 연구 결과에 놀라움을 금치 못했다. 그는 제2차 세계 대전 이후 현대의 레질리언스Resilience(회복탄력성) 연구의 선구자가 되어 전쟁이나 자연재해를 비롯한 심각한 불행에 공동체가 어떻게 대처하는지 연구했다. 프리츠는 1961년 자신의 방대한 논문 결과의 요약본을 다음과 같은 질문으로 시작했다.

"대형 참사는 왜 건강한 정신 상태를 유발하는가?"

이 질문에 대해 프리츠는 사람들이 공황이나 무정부 상태에 빠지기보다는 재난 속에서 서로에게 더 가까이 다가간다고 답했다. 일반적인 계급이나 소득 차이가 모호해지고 구성원들에게 위로와 격려를 하는 '운명 공동체'가 생겨나는 것이다.[12]

프리츠의 조교였던 엔리코 콰란텔리Enrico Quarantelli는 연구를 계속 이어나갔고 후에 델라웨어 대학에 재난연구센터를 설립했다. 현재 이 연구센터는 재난 발생 시 인간 행동에 대한 세계 최대 규모의 데이터베이스를 보유하고 있다. 그에 따르면 비상 상황에서 집단 패닉 행동이나 잔인한 이기주의가 거의 발생하지 않는다.[13]

그럼에도 불구하고 이러한 생각은 사회에서 집요하게 지속되고 있다. 이를테면 수많은 할리우드 영화에서도 패닉에 빠진 재난 피해자들이 의지할 데 없는 무력감에 빠지거나 맹목적으로 도망치고, 불우하고 약한 사람들을 무자비하게 짓밟는 진부한 모습을 반복해서 재현하고 있다. 콰란텔리는 다음과 같이 요약한다.

"연구 결과, 이러한 불가사의한 가정과 반대되는 사실이 입증되었다. 재난이 발생하면 당사자는 패닉에 빠지지 않고 수동적이거나 반사회적으로 행동하지 않으며, 모두가 트라우마를 겪는 것은 아니다."[14]

2001년 9월 11일 세계무역센터 테러가 있고 난 뒤 뉴욕은 대규모 패닉에 빠지지 않았다. 많은 사람이 충격을 받고 트라우마를 겪었지만, 전체적으로 뉴욕 시민들은 놀라울 정도로 침착했다.[15] 구조대원들은 공포에 사로잡히기보다는 몰려드는 자원봉사자들을 보고 놀랐다. 테러 발생 당일 뉴욕에서 4만 명의 의사들이 자원봉사에 나섰다.

당시 맨해튼에 살고 있던 작가 아이린 디셰Irene Dische는 "다른 지역에서는 통곡과 애국의 외침이 크게 들렸지만 뉴욕에서는 그와 같은 것을 전혀 느낄 수 없었다."라고 회상한다. 그는 뉴욕 시민들이 평소처럼 각자 자신의 출세를 쫓기보다는 오히려 서로 가까워지고 갑자기 공동체 의식을 발현하는 모습을 경험했다. 디셰는 이렇게 말한다.

"사람들은 서로 돕고 서로에게 친절을 베풀며 해야 할 일을 했어요. 아마 이렇게도 말할 수 있을 것 같아요. 테러 발생 후 2주는 아주 영광스러운 시간이었다고 말입니다."[16]

이러한 맥락에서 스탠퍼드 대학의 심리학자 자밀 자키[Jamil Zaki]도 '재난 공감[Catastrophe Compassion]'에 대해 이야기하며 "재난 생존자들은 공동체를 형성하여 서로 돕고 이타적으로 행동하며 서로 연대감을 느낀다."라고 언급했다.[17]

슈퍼돔에서 실제로 무슨 일이 일어났는가?

그러나 재난 연구가들의 이러한 깨달음은 오늘날까지 아직 대중에게 전달되지 않고 있다. 그 대신 대중들 사이에서는 위기 상황에서 활개를 치는 이기적인 인간 본성에 대한 상투적 이미지가 반복해서 호출된다. 그리고 이러한 이미지는 매우 익숙하기 때문에 미디어에서도 계속해서 이를 다룬다.[18]

2005년 8월 미국 뉴올리언스에서 일어난 일을 예로 들어보겠다. 당시 허리케인 카트리나가 뉴올리언스를 휩쓸고 지나간 자리에 엄청난 피해를 남겼다. 얼마 지나지 않아 일부 언론에서 강도나 강간, 약탈, 구조 헬리콥터 총격 사건 등을 보도하기 시작했다. 특히 이 도시에서 가장 큰 경기장인 '슈퍼돔'에 3만 명이 대피해 있었는데, 이곳에서 끔찍한 일이 벌어졌다고 했다. 즉, 수백 명의 무장 갱단원들이 이곳에서 강간과 살인을 저지르는 등 짐승 같은 행태를 일삼고 있다는 것이었다.

폭스 뉴스Fox News는 '공포와 혼돈, 혼란, 무정부 상태, 폭력, 강간, 살인, 죽은 아기와 죽은 사람들의 현장'이라고 이야기를 지어냈다.[19] 현지 신문인 〈타임즈-피커윤Times-Picayune〉은 30~40구의 부패한 시체가 경기장 냉동고에서 발견되었고 슈퍼돔에서 총 200명이 사망했다고 보도했다.

이러한 공포스러운 보도가 대부분 순전히 조작되었다고 밝혀진 것은 나중 일이다. 미 하원 조사위원회의 최종 보고서는 "수많은 언론 보도, 특히 슈퍼돔에서 폭력이 만연한다는 내용의 보도는 전혀 근거가 없는 것으로 보인다."[20]라고 딱 잘라 발표했다. 슈퍼돔에서는 200명이 아니라 단 6명의 사망자만 나왔을 뿐이며, 그중 누구도 범죄의 피해자가 아니었다. 살인의 흔적이나 냉동고에서 썩은 시체도 없었다.

왜 기자들은 이렇게 오보를 내보냈을까? 분명 유포되는 거친 소문뿐만 아니라 이를 액면 그대로 재빨리 받아들이려는 그들의 태도도 한몫했을 것이다. 마치 신호를 기다렸다는 듯 위기 상황에 부닥친 인간이 야수가 된다는 편견을 확인시켜 주는 것 같았다.

한편 이러한 허위 보도는 많은 사람의 행동에 치명적인 영향을 미친다. 예를 들어 슈퍼돔에 대한 끔찍한 뉴스는 구조 작업을 훨씬 더 어렵게 만들었다. 구조 인력으로 투입된 화물차와 버스 운전자들이 경기장 근처에 갈 엄두를 내지 못했으며, 그곳에 머물고 있던 많은 사람 역시 겁에 질려 있었다.

특히 위기 상황에서 우리가 방향을 설정할 때는 당연히 자기 자신뿐만 아니라 주변 사람들이 어떤 행동을 할지도 고려한다. 다른 모든 사람이 자신만 살핀다고 생각하는 사람은 그 역시 '목숨 걸고 도망치자'라는 태도를 보인다. 약탈이나 심지어 살인이 일어날 것이라고 예상하는 사람은 다른 사람들을 마주할 때 주로 방어적인 자세를 취하고, 두려움과 경계심이 심해진다. 반면 다른 사람들이 협조적이고 공동체적 행동을 보일 것이라고 기대하는 사람은 마찬가지로 공동체적 방식으로 행동하게 된다.

이러한 관점에서 볼 때 그러한 무시무시한 언론 보도는 '자기실현적 예언^{Self-Fulfilling Prophecy}'이라고 볼 수 있다. 즉, 이러한 보도는 무자비하고 이기적인 인간상을 퍼뜨림으로써 점점 더 많은 사람이 실제로 이런 식으로 행동하게 하는 기반을 조성한다. 그러나 반대로 이와 똑같은 원리에 따라 공동체적 행동을 촉진할 수도 있다. 말하자면 인간은 무정하다는 인습적 생각을 바로잡고 톰 포스트메스처럼 긍정적인 이야기를 퍼뜨리는 것이다.

베를린 재난연구센터의 전문가들 또한 "특정 고정관념이 재난 과정을 대하는 생각에 얼마나 많은 영향을 미치는지, 그리고 그런

관념이 만들어 낸 믿음을 인간이 재난 상황에서 실제로 보이는 행동으로 대체해 본다면, 재난 과정에 얼마나 많은 영향을 미칠 수 있는지"[21]에 대해 지적한다.

그럼에도 아직은 패닉에 빠진 이기주의적 행동을 한다는 생각이 뿌리 깊게 자리 잡고 있다. 그러나 현대의 재난 관리 관점에서 볼 때 그러한 믿음은 더 이상 들어설 자리가 없다.

돈의 게토에 들어간 마리아와 요제프

결론적으로 말하면, 인간의 '진정한' 본성에 관해 공식적으로 자주 거론되는 "이타적인가 아니면 이기적인가?"라는 질문은 잘못되었다. 원칙적으로 우리는 어떤 행동도 할 수 있으며, 우리가 어느 쪽을 더 선호할지는 주변 사람들의 예상 행동과 상황에 따라 달라진다.

마찬가지로 인간의 공동체 의식은 하나만 존재하는 것이 아니라 다양한 모습으로 나타난다. 우리는 모두 다른 사람의 입장이 되어 그들의 의도를 파악하고 공통 관심사를 정의하는 데 도움을 주는 '사회적 감각'을 가지고 있기는 하다. 그러나 어떤 형태로 함께 생활하고 함께 일하고 함께 생각하는지는 현재 상황이나 경제적 제약, 지배적인 문화를 비롯한 모든 잠재적 요인에 따라 달라진다. 공동체 의식은 같은 한 사람에게서도 고정된 특성이 아니라 상황에 따라 그때그때 유동적인 모습으로 나타난다.

몇 년 전 미국의 심리학자 캐슬린 보스^{Kathleen Vohs}는 돈과 금융에 대한 단순한 생각만으로도 사람들의 기부 의지를 어떻게 변화시키는지 일련의 실험을 수행했다.

이 실험에서 그는 이른바 '프라이밍^{Priming}(점화)'을 통해 일부 피험자에게 '급여'나 '재산'과 같은 단어가 나오는 퀴즈를 풀게 하는 등, 금융 분야의 용어를 은연중에 주입하여 그들의 무의식에 영향을 미치게 했다. 그런 다음 떨어진 펜을 주워달라는 등의 작은 도움을 요청하여 피험자들이 어떤 사회적 행동을 보이는지 관찰했다.

결과는 놀라웠다. 금융 분야의 단어들을 머릿속에 '새긴' 피험자들은 중립적인 단어들이 등장하는 퀴즈를 푼 피험자들에 비해 도우려는 의지가 약했다. 또한, 스스로 도움을 요청하거나 좋은 일에 기부하려는 의지도 약했다.[22]

이러한 결과는 학계에서 활발한 논의를 불러일으켰다. 그래서 보스는 10년 후 이 문제를 다시 다루었다. 이번에는 그의 연구 제목 〈머니 프라이밍은 사람들의 생각과 감정, 동기, 행동을 변화시킨다〉[23]에서 이미 결과를 알 수 있다. 보스에 따르면 돈을 막연히 생각하는 것만으로도 개인의 독립심에 대한 환상을 불러일으킨다. 이를테면 우리는 지갑에 돈이 가득 있으면 다른 사람이 필요 없다고 생각하거나 그들이 자신의 문제를 스스로 해결할 수 있다고 기대하는 경향이 있다.

이러한 프라이밍 실험들은 오늘날 상당히 논란의 여지가 있다. 그러나 이러한 경제적 질문에 얼마나 폭발적인 힘이 담겨있는지는 전 세계적으로 증가하는 경제적 불평등을 보면 명확해진다(9장 참조). 다른 심리학 연구에서도 자신이 모든 것을 통제할 수 있다고 믿는 사람들은 일반적으로 주변 사람들의 운명에 신경을 덜 쓴다는 결론에 이른다.[24]

반면 불행에 빠지기가 얼마나 쉬운지를 직접 경험한 사람은 타인에게 더 관대하고 잘 베풀게 된다. 예를 들어 심리학자들은 다양한 사회 계층의 피험자들에게 암에 걸린 아이들의 사진을 보여주면서 맥박을 재거나 무심코 펜을 떨어뜨린 후 누가 그 펜을 줍는지를 확인했다. 이런 방식으로 피험자들이 타인에게 보이는 도움 의지를 시험해 보았다.

그 결과 가난한 사람들이 부유한 사람들보다 반복적으로 더 많은 공감 능력을 보였다. 연구책임자 마이클 크라우스^{Michael Kraus}는 낮은 사회 계층에 속하는 사람들이 근심을 스스로 잘 알고 있으므로 주변 사람들의 감정을 더 잘 감지할 수 있다고 보았다.[25] 다른 연구들도 결과는 비슷했다. 통제할 수 없는 상황, 이를테면 새 직장을 구하거나 심각한 의료 검진 결과를 기다리는 경험만으로도 타인을 돕고자 하는 의지와 더 깊은 공감을 하게 된다는 사실을 보여주었다.[26]

이는 또한 일상생활에서 다양하게 관찰되는 모습을 역설적으로 설명해 준다. 즉, 부자가 가난한 사람보다 타인을 도우려는 의지가 더 약하고 더 인색하다는 것이다. 물론 일관적으로 그렇게 볼 수는 없다. 부자 중에는 지극히 관대한 사람들도 있고, 가난한 사람 중에도 매우 인색한 사람들이 있다. 하지만 일반적으로는 그 반대의 경향을 보인다.

〈디 차이트〉의 편집자 헤닝 수세바흐Henning Sußebach는 한 여배우와 함께 자가 실험을 한 적이 있다. 이 실험은 그다지 과학적이지는 않지만 시사점이 많다.

두 사람은 크리스마스 직전에 노숙자 부부로 변장하고 통계상 가장 부유한 독일 사람들이 사는 크론베르크 임 타우누스 곳곳을 거닐었다. 그들은 이 실험을 '돈의 게토Ghetto에 들어간 마리아와 요제프'라고 불렀다.**27** 두 사람은 도이체 방크Deutsche Bank 경영진의 절반을 비롯하여 백만장자 경영인과 기업가들이 살고 있는 그곳에서 기부를 부탁했지만 대부분 매몰차게 거절당했다.

1년 후 그들은 가난한 베를린-노이쾰른 지구에서 똑같은 실험을 반복했는데, 이곳에서 부분적으로 놀라운 연대를 경험했다. 크론베르크에서는 목사조차 두 사람에게 쉴 공간을 내어주지 않았던 반면, 노이쾰른에서는 비슷한 처지에 있는 사람들이 그들에게 잠잘 곳이나 일자리를 마련해 주려고 노력했다.**28**

세계에서 공동체 의식이 가장 뛰어난 민족

다양한 연구에서 밝혀진 바와 같이 문화적 환경 또한 공동체 의식에 영향을 미친다.

이를 보여주는 가장 야심 찬 연구 중 하나는 2001년 미국의 인류학자 조셉 헨리히Joseph Henrich의 연구로, 그는 전 세계 다양한 민족의 아집과 공동체 의식을 측정했다.[29] 이를 위해 헨리히와 그의 연구진은 남미 열대우림 원주민과 몽골 유목민, 아프리카 농부들을 찾아다녔고, 로스앤젤레스, 도쿄, 예루살렘에서도 데이터를 수집했다. 연구진은 각 나라를 다니면서 피험자들에게 이른바 '최후통첩 게임Ultimatum Game'에 참여하도록 했다. 이 게임은 경제학에서 관대함(또는 이기주의)을 테스트하기 위해 즐겨 사용된다.

게임 방식은 다음과 같다. 1명의 피험자에게 상당한 액수의 돈을 제공한다. 그리고 이 피험자는 이 돈을 자기가 모르는 다른 게임 참가자와 나눠 가져야 한다. 첫 번째 게임 참가자는 얼마를 나눠줄지 직접 결정할 수 있지만, 두 번째 게임 참가자가 그 제안을 수락하는 경우에만 두 사람 모두 자신의 몫을 가질 수 있다. 이러한 방식으로 게임 참가자들의 공동체 의식을 전형적으로 측정할 수 있다.

첫 번째 게임 참가자가 완전한 이기주의자라면 가능한 한 적은 금액을 제시한다. 두 번째 게임 참가자로서는 한 푼도 못 받는 것보다 조금이라도 받는 것이 나으니 그가 최소한의 금액이라도 수락할 것이라고 계산하는 것이다. 그러나 실제로는 순수한 경제 논리처럼 냉정하게 행동하는 사람은 거의 없으며, 오히려 정의감이 중요한 역할을 한다.

일반적으로 '받는 사람'은 금액의 4분의 1 미만을 제안받으면 격분하며 거절한다. '나눠주는 사람'은 본능적으로 이를 예감하고 그러한 인색한 제안을 거의 하지 않는다. 오히려 대부분 게임 참가자들은 돈을 사이좋게 나눠 갖는다. 적어도 독일이나 스위스와 같은 나라에서는 그렇다.

헨리히는 최후통첩 게임이 다른 나라에서는 어떻게 진행될지, 몽골에 사는 사람들은 어떻게 반응할지 궁금했다. 만약 한 게임 참가자에게 이틀 치 임금을 모두 주고 자신이 원하는 대로 나눠주라고 하라면 어떻게 될까?

이 게임을 통해 얻은 첫 번째 인식은 정의감이 전 세계 어디에서나 거의 동일하다는 것이다. 즉, 산업국가뿐만 아니라 대부분의 개발도상국에서도 게임 참가자들은 비교적 공평하게 돈을 나눠 가졌다. 물론 소수의 원시 부족의 경우에는 달랐지만 말이다.

그들이 '공평하다'고 생각하는 액수는 상황에 따라 매우 유동적이다. 헨리히의 연구에 따르면, 페루 열대우림 지역에 사는 마치구엔가 부족이 가장 인색한 것으로 나타났다. 이곳에서는 첫 번째 게임 참가자가 일반적으로 전체 금액의 4분의 3을 차지했으며, 다른 게임 참가자들은 이를 불평 없이 받아들였다. 반면 인도네시아 솔로르군도의 작은 마을 라마레라에 사는 고래잡이들이 가장 관대했다. 그들은 동료 게임 참가자들에게 금액의 거의 3분의 2를 나눠주었다.

이러한 결과를 어떻게 설명할 수 있을까? 라마레라 사람들은 왜 그렇게 관대하게 행동하고 마치구엔가 부족은 왜 그렇게 이기적으로 행동하는 것일까?

이를 설명하기 위해 헨리히와 그의 연구진은 정착촌의 주민 수부터 사회 형태, 사람들의 비밀 유지 능력에 이르기까지 모든 가능한 가설을 분석했다. 하지만 그 어떤 가설도 명쾌한 설명을 제시하지 못했다. 연구진은 개별 문화권의 사람들이 서로, 심지어 자기 부족이 아닌 외부의 사람들과 어느 정도로 서로 협력하며 함께 행동하는지를 조사했을 때 비로소 해답을 찾을 수 있었다.

마치구엔가 부족은 개인주의적 성향이 강하다. 각 가정은 개별적으로 생활하며 다른 가정의 기쁨과 걱정에 별로 관여하지 않는다. 다른 부족 사람들을 만나는 경우는 매우 드문데, 그중 하나는 낚시하러 갈 때이다. 그들은 댐을 함께 만들어 강을 막고 물에 독을 탄다. 죽은 물고기가 수면으로 떠 오르면 곧장 모두가 달려가 가능한 한 많은 먹잇감을 손에 넣으려고 노력한다. 사회성이 떨어지는 행동에 신경 쓰는 사람은 아무도 없다.

반면 라마레라 사람들은 함께해야만 생존할 수 있다. 마을 아래의 가파른 화산암에는 경작할 수 있는 땅이 거의 없어서 그들은 모두 함께 고래잡이에 나선다. 그것도 수백 년 전과 같은 전통적인 방법을 사용하여 고래를 잡는다. 남자들은 무리를 지어 작은 나무배를 타고 나가서 간단한 대나무 작살을 들고 지나가는 향유고래를 쫓는다. 고래 사냥은 위험하며, 때로는 배가 뒤집히거나 파손되기도 한다. 사냥에 성공하려면 배에 탄 모두가 매우 긴밀하게 협력해야 한다. 고래가 잡히면 고기는 배에 탄 사람들뿐만 아니라 육지에서 배와 돛을 만든 사람들에게도 정해놓은 기준에 따라 정확하게 분배된다. 이러한 규칙을 위반하는 사람은 사냥에서 제외되며 사냥을 금지하는 동안 굶주려야 한다.

따라서 어떤 사람이 공동체적인 방식으로 행동하는가 아니면 이기적인 방식으로 행동하는가 하는 질문은 생활 방식에 좌우된다고 헨리히는 결론지었다. 일상생활에서 다른 사람에게 의존을 더 많이 하는 사람들일수록 더욱 흔쾌히 나눠 가진다. 그래서 어릴 때부터 협력을 경험한 라마레라 사람들이 특히 잘 베푸는 태도를 보인다. 반면 페루 원시림에서 자급자족하며 살아가는 마치구엔가 부족에게는 자신의 이익이 먼저다.

말하자면 공동체 의식은 상황, 가령 현재의 (긴급) 상황과 자신의 경제적 상태, 주변 사람들의 예상 행동, 물려받은 문화 등에 따라 달라진다고 추론해 볼 수 있다. 그리고 공동체 구성원들이 서로 결속되어 있고 상호 의존적이라고 느끼는 경험을 많이 할수록 대체로 더 연대적으로 행동한다.

이렇게 볼 때 공동체 의식은 모범이 필요하고 실천적 행동을 통해 생겨난다. 즉, 다수가 더 협력적으로 행동할수록 다른 사람들도 그러한 행동을 하도록 자극을 받는다. 이러한 의미에서 보면 공동체 의식은 (이기주의도 마찬가지로) 전염성이 강하다. 공동체적 사고와 행동을 강화하는 가장 효과적인 방법은 스스로 그에 상응하는 행동을 하고 다른 사람들에게 이를 알리는 것이다.

또한, 공동체 의식은 우리가 다른 사람들과 연결되어 있다는 의식과 관련이 있다. 우리가 자기 자신을 완전히 독립적이고 개인주의적이라고 느낄 때도 이런 생각이 더욱 커질 수 있다. 이는 공동체 의식과 개성 사이에 어떤 관련이 있는지를 묻는 질문으로 이어질 수밖에 없다. 존 던의 말을 빌리자면 '인간은 섬이 아니다'라는 질문으로 이어진다. 다음 두 장에서는 이와 관련된 내용을 다루어보려고 한다.

무리 속에서
내 위치는 어디인가?

다음은 자신이 어떤 사람인지 알아보는 테스트이다.

- 나는 공동체 안에서 어떤 위치에 있는가?
- 다른 사람들과의 관계에서 나 자신을 어떻게 보는가?
- 나는 어떤 역할에 편안함을 느끼는가?

물고기가 떼 지어 있는 모습을 양식화한 다음, 그림을 보고 자신이 이 물고기 중 하나라고 상상해 보라. 이 중 어떤 물고기가 자신에게 가장 가깝다고 생각하는가? 자신이 앞쪽이나 뒤쪽, 아니면 중간이나 가장자리에 있는 물고기라고 생각하는가? 아니면 물고기 떼와 반대 방향으로 헤엄치는 물고기에 가까운가?

이 그림은 직장이나 가족, 지인들 사이처럼 다양한 상황에서 자신의 위치에 대입해 볼 수 있다. 상황이 바뀔 경우, 자신의 위치에 변화가 생기는가?

이 테스트는 2015년과 2019년에 베를린 사회과학연구센터와 응용사회과학연구소, <디 차이트>가 함께 실시한 이른바 '유산 연구'에 기인하고 있다. 1차 테스트에서는 그림처럼 군집테스트 Schwarmtest와 같은 특이한 방법을 사용하여 연령대와 소득 수준, 출신에 상관없이 3천 명 이상의 사람들을 대상으로 설문 조사를 했다.[30] 1차 테스트의 목적은 응답자들이 '직장에서 자신이 어떤 역할을 하고 있다고 생각하는지'를 알아보기 위함이었다.

결과는 놀라웠다. 전체 응답자의 4분의 1에 해당하는 25%가 자신이 직장에서 완전히 또는 거의 최전방 위치에 있다고 생각했다. 특히 남성의 경우가 그러했다. 실제로 경영진 위치에 있는 사람이 훨씬 적었음에도 말이다. 응답자의 31%는 자신이 앞쪽에 있고, 33%는 자신이 중간 쪽에 속해 있다고 생각했다.

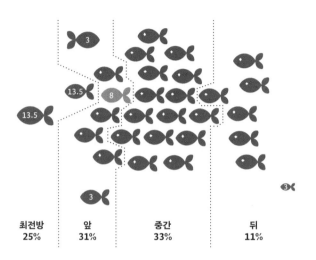

최전방	앞	중간	뒤
25%	31%	33%	11%

물고기 떼의 한가운데에서 헤엄치지만, 곧바로 개체로서 눈에 띄는 다른 색깔의 물고기가 특히 인기가 많았는데, 8%의 응답자가 자신이 그 역할에 속한다고 답했다. 반면 응답자의 3%만이 자신이 물살을 거슬러 헤엄치거나 무리와 떨어져서 헤엄친다고 답했다. 이는 어떻게든 소속감을 느끼고 싶은 욕구가 거리감과 반목의 욕구보다 훨씬 더 크다는 것을 보여준다.

한편 응답자들에게 이 물고기 그림을 가족 상황과 연결해 보라고 한 결과 가중치가 달라졌다. 즉, 응답자들 대부분이 자신이 중간 쪽에 있다고 생각했다.

4장

우리의
초사회적 천성

'너로 인해 내가 되다'

위밍업으로 간단한 생각부터 해 보자. 당신은 얼마나 자립적이고 독립적인가? 커피 한 잔을 마시는 것과 같은 아주 사소한 일에도 다른 사람에게 얼마나 의존하고 있는가?

당신은 아마도 이렇게 말할 것이다. 그게 뭐 대수로운 일인가? 커피는 나 혼자서도 마실 수 있지. 커피를 내리는 데 아무도 필요하지 않아. 커피 머신을 채우고 전원을 켜면 끝이야.

하지만, 잠깐만. 정말로 그게 다일까? 커피는 어디에서 구했는가?

아마도 당신이 커피를 직접 재배하지는 않았을 것이며, 이 세상 어딘가에서 커피 농장을 운영하는 사람, 원두를 돌보는 사람, 수확하는 사람, 커피 운송에 필요한 중개인과 선원, 세관, 항만 직원, 화물 운송업자 등에게 의존하고 있다. 커피를 마실 수 있도록 커피를 로스팅하고 포장하는 사람도 있어야 한다. 그런 다음 커피를 구매할 수 있는 상점을 운영하는 상인, 진열대에 커피를 진열하고 계산대에서 일하는 사람도 있어야 한다. 또한, 직접 상점에 가려면 자동차나 자전거를 이용해 상점으로 이어지는 도로와 차량을 만든 사람들의 노동력을 이용해야 한다.

당신이 직접 만든 것이 아니라면 커피 머신 역시 누가 이것을 발명하고 개발하고 제조하고 광고하고 판매했을지 생각해 볼 수 있다. 커피잔도 마찬가지다. 커피에 넣어 마시는 우유나 설탕에 대해서도 이와 똑같은 생각 놀이를 할 수 있다. 또 물(우물에서 길어온 물이 아니라 수도꼭지에서 나오는 물)도 마찬가지다. 수도꼭지에서 물이 나오려면 다른 누군가가 수도꼭지를 만들어야 하고, 배관공이 파이프를 설치해서 물이 흐르도록 해야 하며, 상수도에서 물을 처리하고 공급해야 하고, 저수지에 물을 모아야 한다. 그 저수지는 또 다른 누군가가 건설했어야 한다.

모든 것을 세심하게 생각하고 내가 커피를 마시기까지 관련된 모든 사람을 한 명 한 명 일일이 떠올리려고 한다면 한도 끝도 없다는 것을 알게 될 것이다. 생각하는 시간이 길어질수록 이 한잔의 커피를 위해 관여하고 있는 더 많은 조건이 떠오를 것이다. 국제 무역 협정, 조선소, 철강 제조업체, 전기 공급업체, 발전소 운영자 등등. 집에서 커피를 마시기 위해서는 보이지 않는 수천 개의 손과 머리가 필요하다. 결과적으로 우리가 커피를 즐기기까지 거의 전 세계가 관여하고 있다.

우주의 중심

물론 이것은 커피에만 해당되는 것이 아니라 우리의 모든 일상생활에 적용된다. 우리가 식탁이나 디자이너 소파에 앉아 과자를 먹거나 캐주얼한 옷을 입거나 고양이 동영상을 즐기거나 이메일을 보낼 수 있는 것은 보이지 않는 수많은 '연결' 덕분이다. 하지만 우리는 보통 얽혀 있는 복잡한 네트워크와 수많은 타인에 대한 의존성을 무시하고 이 모든 것에서 자신이 매우 독립적이라고 느낀다.

우리 우주의 중심은 바로 '나'이기 때문이다. 우리가 어디에 있든, 무엇을 바라보든 자기 인식의 중심에 있는 것은 나다. 자아는 우리 경험이 공전하는 지점이자 우리 주변 사람들이 마치 지구처럼 공전하는 태양이다.

이러한 인식의 착각은 순전히 공간적인 이유에서 비롯된다. 즉, 내가 어디에 있든 항상 '나의 관점'에서 세상을 바라본다. 왼쪽이나 오른쪽, 앞이나 뒤에서 세상을 경험하지만 언제나 내가 중심에 있다. 다른 사람의 생각과 감정은 간접적으로만 경험하는 반면, 내 생각과 감정은 직접적이고 설득력 있고 현실적으로 느껴진다. 우리가 주로 자신에게 집중하고 세상에 대한 자신의 기여를 지나치게 크게 인식하고 다른 사람의 기여를 쉽게 간과하는 것은 놀라운 일이 아니다.

작가 데이비드 포스터 월리스David Foster Wallace는 우리의 통상적인 '초기 설정'은 우리 자신이 '현존하는 가장 온전하고 가장 실제적이고 가장 중요한 인간'이라는 무언의 믿음에 근거하고 있다고 적절히 표현한 바 있다.[1]

안타깝게도 이러한 경험은 현실과 극명한 대조를 이룬다. 주변 사람들이 없다면 커피 한잔을 마시는 것도, 나아가 우리의 생존 자체가 불가능할 수도 있다. 아주 넓은 의미에서 보면, 우리를 지금의 우리로 만드는 것은 바로 다른 사람들이다.

"인간은 너로 인해 내가 된다."[2]

종교철학자 마르틴 부버Bartin Buber가 말한 이 유명한 문장은 현대 발달심리학에서 다방면으로 입증되었다.

'우리'라고 말하는 동물

"사회적 접촉 없이 섬에서 자란 아이는 어른이 되었을 때 유인원과 다를 바 없는 정신을 갖게 될 것이며, 우리 인간은 머리를 맞대고 살도록 만들어졌다."[3]

발달심리학자이자 막스 플랑크 진화인류학연구소의 소장을 오랜 기간 맡고 있는 마이클 토마셀로Michael Tomasello는 위와 같이 가정했다. 그리고 그는 자신의 연구팀과 함께 호모 사피엔스가 그와 가장 가까운 종에 비해 정확히 어떤 점에서 앞서 있는지를 알아내기 위해 어린 아동과 유인원을 대상으로 수많은 실험을 했다.

토마셀로는 이렇게 말한다. 인간은 순전히 지능이나 공간, 수양, 인간관계에 대한 이해 능력으로 구분되지 않는다(실제로 이 분야에서 침팬지와 두 살짜리 아이의 수행 능력은 비슷하다). 오히려 인간을 결정 짓는 것은 '사회적 인식Social Cognition', 즉 타인과 공감하고 소통하며 함께 행동하는 능력이다.

이 사실은 실험 참가대상이 보상을 얻기 위해 함께 협력해야 하는 실험을 통해 확인할 수 있다.

두 마리의 침팬지가 먹이를 얻기 위해 실험 장치를 함께 작동시켜야 하는 경우, 기술적인 이해 측면에서는 완벽하게 수행하지만, 사회적 과제에서는 실패한다. 즉, 먹이를 나누어 먹어야 하는 과제에서는 더 빠른 침팬지가 상대 침팬지에게 술책을 쓰며, 그 결과 느린 침팬지는 얼마 후 더 이상 협력하지 않는다.

반면, 두 살짜리 아이들은 비슷한 과제를 아무런 문제 없이 해결한다. 빠른 쪽이 느린 쪽을 도우면 양쪽 모두에게 득이 된다는 것을 된다는 것을 이해하기 때문이다.

또한, 인간은 다른 영장류와 달리 '공동 관심[Joint Attention]' 기술을 터득했다.

아이들이 흥미로운 물건을 가리키는 이유는 그 물건을 가지고 싶어서 뿐만 아니라 다른 아이들에게 무언가를 알려주어 그들을 어느 정도 자기 생각의 세계로 데려가기 위해서이다. 그러면 다른 아이들은 그 아이가 가리키는 것만 보는 것이 아니라 고개를 돌려 아이의 얼굴을 보면서 그가 어떤 생각이나 감정을 품고 있는지 확인한다.

토마셀로가 알아낸 바에 따르면 원숭이는 그렇게 하지 않는다.[4] 그는 "원숭이는 다른 원숭이를 가리키지 않는다."라고 말한다. 침팬지는 본능적으로 다른 침팬지의 머리 움직임을 보고 상대가 무엇에 관심이 있는지를 파악한다. 또한, 침팬지는 놀라운 언어 능력이 있고 무리 안에서 자신들만의 미숙한 문화 같은 것을 발전시키기도 한다. 하지만 다른 침팬지들을 향해 손가락으로 무언가를 가리키지도 않고 표정을 주의 깊게 관찰하지도 않는다.

반면, 아이들의 공동 관심은 인간이라는 종을 다른 모든 종과 구분해 준다. 이러한 이유에서 호모 사피엔스는 180여 종의 영장류 중 유일하게 동공 외에 눈의 흰자위가 가장 발달한 종이다. 그 이유는 무엇일까? 눈의 흰자위는 다른 사람의 시선을 더욱 자세히 따라갈 수 있게 하여 다른 사람이 무엇을 보고 있는지 혹은 무엇을 하려고 하는지를 더 잘 인식하게 해주기 때문이다.

따라서 토마셀로는 인간의 자의식이 개인의 정신적 능력의 표현이라기보다는 타인과의 상호작용의 산물이라고 본다. 즉, 인간은 '우리'라고 말하는 동물이라는 것이다. 인간은 다른 사람들과 협력하고 공동의 의도와 목표를 추구하는 능력, 궁극적으로 개인이 할 수 있는 것보다 더 많은 것을 성취하기 위해 단기적인 이기심을 제쳐두는 능력을 터득했다.

토마셀로는 이러한 능력이 인간의 소통과 문화뿐만 아니라 궁극적으로 우리의 모든 제도와 윤리적 원칙, 사회 시스템의 기초라고 생각한다.[5]

유인원은 왜 요리를 하지 않는가?

물론 다른 동물들도 협력하는 행위를 한다. 이를테면 늑대는 무리를 지어 사냥하고, 원숭이도 무리 생활을 하며 서로를 보호하며, 개미는 정교한 사회 구조를 가진 제국을 건설한다. 하지만 인간은 이러한 사회적 지능이 매우 발달하여 한 번도 본 적 없고 앞으로도 만날 일 없을 지구 반대편 사람들(하지만 이들 덕분에 우리가 커피를 마실 수 있다)과도 협력할 수 있는 규칙과 제도를 만들었다. 또한, 인간은 자신의 사회적 행동을 되돌아볼 수 있고, 그 과정에서 상대방의 생각과 감정에 공감할 수 있다.

'우리가 이 탑을 함께 쌓고 싶다는 것을 나도 알고 있고 당신도 알고 있다. 그리고 우리 모두 이 사실을 알고 있다.'

이러한 공감 능력은 협력을 완전히 다른 차원으로 끌어올린다.

'유인원은 왜 요리를 하지 않는가?'

이 질문은 인간의 특별함을 보여주는 특이하면서도 확실한 예다. 왜냐하면, 적어도 침팬지는 지적 능력 면에서 볼 때 전적으로 요리를 할 수 있기 때문이다. 이 사실은 세계에서 가장 똑똑한 유인원으로 불리는 보노보 침팬지 칸지(미국 아이오와주의 그레이트 에이프 트러스트에 살고 있다)에 의해 증명되었다.

2014년 칸지가 모닥불을 피우고 마시멜로를 굽는 동영상이 전 세계에 퍼졌다.[6] 심지어 달걀프라이까지 만들었다. 칸지는 보호구역에서 보호자들이 보여준 영화를 통해 이러한 능력을 어깨너머로 배운 것으로 보인다. 그렇다면 칸지로부터 다른 유인원에 대한 결론을 도출할 수 있을까? 이것은 순전한 모방이었을까 아니면 야생의 침팬지에게도 요리할 수 있는 능력이 있는 것일까?

심리학자 알렉산드라 로사티[Alexandra Rosati](예일대)와 펠릭스 바르네켄[Felix Warneken](이전에 토마셀로와 함께 연구했으며 현재 하버드 대학에서 가르치고 있다)은 이 질문을 탐구하기 위해 콩고 공화국의 침풍가 자연보호구역으로 향했다. 그곳에서 그들은 여러 가지 까다로운 실험을 하여 그곳에 사는 침팬지들의 요리 능력을 검사했다. 결과는 다음과 같았다.

적어도 이론적으로는 인간과 가장 가까운 침팬지들이 익힘 요리를 완벽하게 수행할 수 있는 것으로 보였다.

첫째, 침팬지들은 익은 감자에 대한 분명한 선호도를 보였다. 둘째, 그들은 음식을 날것으로 먹지 않고 익을 때까지 기다릴 줄 아는 인내심을 가졌다. 셋째, 그들은 음식이 익을 때 변형이 일어난다는 사실을 이해하는 듯 보였다. 연구진이 침팬지들에게 특수한 '냄비(적절하게 흔들면 생감자 조각을 익은 감자로 바꾸어주는 조리 장치)'를 제시하자 그것을 열정적으로 사용했다. 넷째, 침팬지들은 심지어 적용 능력을 발휘했고 시간이 어느 정도 지나자 당근도 조리 장치에 넣었다. 연구진이 침팬지들에게 당근을 '요리'하는 모습을 보여준 적이 없었는데도 말이다.

이 모든 내용을 토대로 로사티와 바르네켄은 침팬지가 요리를 위한 기본적인 인지적 요건을 갖추고 있다고 결론 내렸다.[7] 그렇다면 침팬지가 왜 야생에서는 요리하지 않는가 하는 질문이 남는다.

바르네켄은 이를 두 가지 이유로 설명한다.

첫째, 유인원은 불을 통제하는 데 어려움을 겪기 때문이다. 둘째, 더 근본적인 이유는 필요한 사회적 결속력이 유인원에게 부족하기 때문이다. 극도로 위계적 조직인 유인원 무리에서는 일반적으로 알파Alpha가 모든 먹이를 가장 먼저 차지한다. 그래서 다른 침팬지들은 먹이를 발견하면 가능한 한 빨리 이빨 사이로 밀어 넣는 데 능숙하다. 혹시라도 장시간에 걸친 요리 실험을 계획하고 있다면 조리된 먹이를 빼앗길 수 있다는 사실을 항상 염두에 두어야 할 것이다.[8]

말하자면 침팬지는 결과적으로 기술적 능력이 부족해서가 아니라 공동체 의식이 너무 약해서 요리를 하지 못한다. 역으로 결과를 도출해 보면, 호모 사피엔스가 성공적으로 진화할 수 있었던 것은 기술적 재능이 아니라 무엇보다 다른 사람과의 협력 능력과 이례적으로 강한 사회적 결속에 기반하고 있다. 그래야만 요리와 같은 까다로운 과정을 비롯하여 다른 고도의 문화적 기술을 배울 수 있기 때문이다.

이러한 (그리고 다른 많은) 결과로부터 오늘날 행동과학자들은 인간을 '초사회적 존재'로 정의한다. 즉, 호모 사피엔스가 진화의 성공 모델이 될 수 있었던 것은 독특한 문화적 지능과 협동적 사고력 때문이다. 동시에 인간의 사고와 의식은 이러한 끊임없는 사회적 교류를 통해 형성된다. 다른 사람과의 상호작용이 비로소 우리를 지금의 인격체로 만들어 준 것이다.[9]

카스파 하우저의 형제자매

주변 사람들과의 교류가 얼마나 중요한지는 무엇보다 그것이 부족할 때 분명하게 드러난다. 특히 우리의 정신 발달이 시작되는 생애 초기에 가장 과격하고 급진적으로 나타난다. 다른 사람과의 상호작용이나 공동 관심이 없으면 사고 능력은 미숙한 단계에 머물게 된다. 개인은 발전하지 못하고 완전히 위축된다.

이러한 사실은 19세기 카스파 하우저^{Kaspar Hauser}라는 이름의 괴소년(사회적 접촉 없이 자라서 정신적으로 극심하게 지체되어 있었으며 사회에서 오래 살아남지 못했다)의 운명에서도 입증되었다. 그뿐만 아니라 이 역사 속 실화를 숙명적으로 연상시키는 현대 드라마, 즉 독재자 니콜라에 차우셰스쿠^{Nicolae Ceaușescu} 집권 당시 루마니아 고아들의 슬픈 이야기를 통해서도 확인되었다. 〈슈피겔〉은 이들을 '카스파 하우저의 형제자매'라고 불렀다.[10]

1965년부터 1989년까지 루마니아를 통치한 차우셰스쿠는 기괴한 가족 정책을 추구했다. 즉, 과대망상에 빠진 이 독재자는 가능한 한 많은 출산을 통해 루마니아 인구의 규모를 확대하고자 했다. 그래서 피임을 금지했고, '어머니 메달'과 표창으로 여성들의 출산을 독려했다. 국가에서 지정한 다자녀 정책을 경제적으로 감당할 수 없는 사람들은 어쩔 수 없이 낳은 아기들을 국가의 보살핌에 맡겼고, 국가는 이들을 고아원에 수용했다.

그래서 수천 명의 아동이 부모와 떨어져 고아원에서 지내야 했다. 이곳에서 아이들은 가장 기본적인 생필품을 받기는 했지만, 정서적 보살핌이나 '공동 관심'을 경험하지 못했다. 한때 루마니아 고아원에는 10만 명이 훨씬 넘는 아이들이 열악한 환경에서 간신히 자랐다. 우는 아기들은 달램을 받지 못했고 나이가 어느 정도 있는 아이들은 진정제로 배를 채웠으며, '공포의 성'이라 불리는 시히드^{Cighid}와 같은 곳에서는 자신의 배설물 속에서 죽음을 맞이한 아이들도 있었다.[11]

이러한 실태는 차우셰스쿠 정권이 몰락한 후인 1989년에야 비로소 세상에 알려졌다. 전 세계적으로 분노의 목소리가 터져 나오면서 구호 프로그램이 시작되었고, 무엇보다도 이와 같은 사회적 박탈의 결과를 조사하기 위한 과학 프로젝트도 함께 이루어졌다. 미국의 의사와 뇌 연구가, 발달심리학자들은 부쿠레슈티 초기 개입 프로젝트^{Bucharest Early Intervention Project(BEIP)}에서 부쿠레슈티 최대 고아원인 성 캐서린^{St. Catherine}에서 생활했던 136명의 아이를 동행하며 관찰했다.[12]

연구프로젝트 책임자인 하버드 대학의 찰스 넬슨^{Charles Nelson}은 큰 충격을 받았다고 말했다. 그에게 가장 끔찍했던 것은 갓난아기들이 벙어리처럼 가만히 침대에 누워 천장만 바라보는 침실의 적막감이었다.

"아이들이 소리를 지를 이유가 있었겠는가? 어차피 아무도 그들에게 신경 쓰지 않았으니까. 한편 우리는 우는 모습을 아이들에게 보이지 않으려고 종종 방을 나가야 했다."[13]

연구진은 최종 보고서에서 정서적 애착의 결여가 얼마나 심각한 발육 부진을 초래하는지 객관적으로 공식화했다. 즉, 부쿠레슈티의 고아들은 정상적인 또래보다 훨씬 왜소했고(먹을 것을 충분히 받았지만), 지능 지수는 평균 73으로 지적장애의 경계선 지능 수준을 보였으며, 정상적인 언어 발달을 보인 아동은 아무도 없었다. 많은 아동이 불안이나 우울증을 앓았으며, 과잉 행동 장애나 적대적 반항 장애를 비롯하여 다른 행동 장애를 보이는 아동들도 있었다.[14]

아이들을 고아원에서 위탁 가정으로 옮기자 많은 아이가 눈에 띄게 활력을 되찾았다. 특히 2세 이하 어린아이들은 발육이 시작되었고 지능 지수가 향상되었으며, 불안과 우울증이 감소하고 말하기 능력이 향상되었다. 이와 달리 보다 큰 아이(3세 이상)의 경우에는 그러한 진전을 보이지 않았다.

이 사실은 생애 초기의 애착 관계가 한 사람의 행동 발달에 얼마나 극적인 결과를 가져오는지를 보여준다. 다른 한편으로 이러한 결과를 적어도 부분적으로는 사람 간의 정서적 연대를 통해 바꿀 수 있음을 보여준다.

루마니아 고아들의 운명은 특히 생애 초기에 사회적 접촉이 우리의 능력 발달에 얼마나 중요한지를 드러냈다. 말하자면 아이는 타인의 피드백을 통해서 비로소 자신의 지적, 정서적 레퍼토리를 시험해 보고 발달시킬 수 있다. 예를 들어 갓난아기가 배가 고파서 울고 그 반응으로 젖을 먹게 되면, 아기는 이러한 식으로 자신의 표현과 그로 인한 성공적인 결과 사이에 어떤 연관성이 있으며 자신이 직접 무언가를 성취할 수 있다는 것을 배우게 된다. 어머니(또는 다른 보호자)의 적절한 반응이 없으면 아기는 이러한 발달 단계를 거칠 수 없다.

인간은 타인이라는 거울 속에서 비로소 자기 자신을 발견할 수 있다. 신경심리학자 볼프강 프린츠Wolfgang Prinz는 의식과 자기 이해가 생겨나는 원리를 이러한 원칙 속에서 찾는다.[15] 라이프치히의 막스 플랑크 인지·신경과학연구소에서 오랜 기간 소장을 맡고 있는 그는 자신의 저서 《거울 속의 자아Selbst im Spiegel》에서 인간의 주체성은 우리가 타인을 주체로 인식하고, 우리 자신도 결국 타인과 똑같은 존재임을 이해할 때 비로소 생겨난다고 주장한다.

우리 인간성의 핵심은 궁극적으로 환경과의 사회적 교류라는 것이다.[16]

격리가 가져오는 결과

심리학자들의 생각은 이 모든 것이 생애 초기에만 해당된다는 주장에 오랫동안 기울어있었다. 아동의 정서는 변화의 여지가 매우 크지만, 성인의 경우에는 성격이 이미 굳어져서 사회 환경에 의해 크게 변하지 않는다는 것이 일반적인 생각이었다. 오늘날 우리는 이것이 착각임을 알고 있다. 성인이 되어서도 우리의 사고와 감정, 행동은 주변 사람들의 영향을 크게 받는다. 나아가 우리는 환경의 피드백에 매우 의존하기 때문에 이러한 피드백이 갑자기 멈추면 심리적으로 극적인 결과를 초래한다.

이러한 사실은 1장에서 설명한 수많은 의학 연구에서만 확인되는 것이 아니다. 심리학 연구에서 가장 암울한 한 장에 속하는 실험에서도 입증되었다.

심리학자들은 CIA(미국중앙정보국)의 의뢰를 받아 1950년대부터 캐나다 맥길 대학에서 다양한 '세뇌'[17] 방법의 효과를 시험했다. 그중 하나는 피험자를 격리해 감각 자극을 완전히 박탈하는 이른바 '감각 박탈Sensory Deprivation 실험'이었다.

처음에 피험자들은 단 하루만 격리된 방에 앉아있으면 되었다. 그런데 결국 연구진은 (자원한) 피험자들을 최대 2주 동안 외부 세계와 차단했다. 이 기간에 피험자들에게 안대와 두꺼운 장갑(촉각도 제거하기 위해)을 착용하게 하고 소리도 못 듣게 했으며, 심지어 관 모양의 상자에 들어가 몸을 움직이지 못하도록 했다.[18]

오늘날이었다면 공립대학에서 이러한 실험을 하는 것이 불가능했겠지만 당시는 다른 윤리적 기준이 지배하던 시대였다. CIA는 인간에게 심리적으로 '균열을 일으켜서' 수감자의 입을 열게 만드는 방법을 알아내기 위해 이러한 연구에 아낌없이 자금을 지원했다. 실제로 감각 박탈은 '도움이 된다'는 것이 입증되었다.

피험자들은 단기간의 격리에도 방향 감각을 상실하고 인지 능력이 저하되었다. 무엇보다도 뇌파 활동이 둔화하고 피부 전도도, 시간 감각과 신체 인지에 변화가 생겼으며, 환각이 발생하고 복잡한 작업을 해결하는 능력이 감소했다. 그 외에도 피험자들이 온갖 유형의 선전을 더 잘 받아들인다는 사실이 확인되었는데, 이 점은 특히 CIA의 관심을 끌었다.

한 실험에서 캐나다의 심리학자 도널드 헵Donald Hebb은 학생들을 온종일 밀폐된 방에 앉게 하고 비과학적이거나 창조론에 입각한 사상(말하자면 대학생들이 일반적으로 거부하는 이념)을 말하는 목소리만 들려주었다. 그런데 단 하루 동안의 감각 박탈이었음에도 학생들은 그러한 내용을 받아들이기 시작했다. 즉, 이전에는 말도 안 된다고 생각했던 것이 갑자기 그럴듯하게 느껴지기 시작한 것이다. 연구진 중 한 명은 이러한 효과에 대해 "피험자들의 정체성이 무너지기 시작했다."라고 설명했다.[19]

헵은 CIA를 위한 실험을 즉시 중단하고 나중에 학습과 기억의 신경 기반에 대한 획기적인 연구를 수행했는데, 이러한 그의 공로는 높이 살만하다. 그러나 다른 연구가들은 격리 연구를 계속했다. 특히 헵의 전 연구 동료였던 존 주벡John Zubek은 매니토바 대학에서 수년간 박탈의 영향 문제를 실험했다.[20]

한편 이러한 실험은 훗날 관타나모를 비롯한 다른 곳에서 부분적으로 사용된 고문 방법, 즉 흉터나 눈에 보이는 흔적을 남기지는 않지만 심리와 정신적 안정에 그만큼 더 해로운 고문 방법으로 이어졌다.

1963년 CIA 심문 매뉴얼에는 박탈 연구의 결과에 대해 다음과 같이 요약되어 있다.

"감각 자극을 더 광범위하게 제거하는 감금 장소일수록 수감자는 더 빠르고 심도 있게 영향을 받는다. 일반 감방에서 몇 주 또는 몇 달이 걸리는 결과를 빛이 없고 소리가 들리지 않으며 냄새가 배제된 감방에서는 몇 시간 또는 며칠 만에 얻을 수 있다."[21]

그래서 대부분의 수감자는 독방 수감을 고문으로 인식한다.

단절의 두려움

1970년대에 정신분석학자 호르스트 에버하르트 리히터Horst-Eberhard Richter 역시 감각 박탈의 결과를 연구했다. 그에 따르면, 고립을 견디는 일은 너무 힘들어서 우리의 최대 약점이 된다. 그러므로 사람을 조종하기 위해 이런 방법은 언제든지 악용될 수 있다. 왜냐하면, 행복뿐만 아니라 우리의 기초적인 사고력과 인지력조차도 다른 사람이나 외부 세계와의 접촉에 좌우되기 때문이다.

"우리가 더는 주변 환경과 관계를 맺을 수 없다면 우리의 심리적 균형은 즉시 위험에 처하게 되고, 우리는 알려진 모든 신경증적 변화의 정도를 넘어서는 증상에 시달릴 수 있다."[22]

일상생활에서는 이러한 극단적인 고립 경험이 드물지만, 간혹 병원 같은 곳에서 그러한 상황을 마주하기도 한다. 이를테면 환자가 중환자실에 혼자 누워 있거나 (여러 코로나 환자가 경험한 것처럼) 백내장 수술 후 양쪽 눈을 가리고 있는 경우처럼 말이다. 이러한 상황에서 사람과의 접촉이나 기타 자극이 없으면 심리적으로 상당히 불안정해질 수 있다.

건강한 사람들도 갑자기 완전히 새로운 환경에 혼자 처했을 때 단절된 느낌을 받을 수 있다. 예를 들면 한 아이가 다른 아이들은 이미 모두 서로를 알고 있는 학급에 들어가거나, 신입사원이 회사에 처음 입사하거나, 여행자가 문화도 언어도 전혀 이해하지 못하는 낯선 나라로 여행할 때처럼 말이다. 이런 경우, 환경적 자극은 부족하지 않지만 친숙한 접촉과 익숙한 자극은 부족해 심리적으로 매우 불안해진다.

호르스트 에버하르트 리히터는 낯선 지역으로 여행이나 이사할 때 어떤 일이 일어나는지에 대해 다음과 같이 설명한다.

집 모양도 다르고 사람들은 낯선 사투리를 쓰거나 익숙하지 않은 방식으로 행동한다. 그러면 자신에게 익숙했던 사람과 물건, 소리, 냄새가 갑자기 그리워진다. 그제야 비로소 사소하고 진부하다고 여겼던 옛 장소의 특성들이 안정감을 주는 데 얼마나 중요한지를 깨닫게 된다. 고향의 생물, 무생물과 끊임없이 나누었던 일종의 대화에서 비롯된 안정감[23]이 갑자기 사라진 것이다.

이렇듯 외부 세계에 대한 신뢰성과 예측 가능성은 사람들이 스스로 안정감을 느끼는 데 도움이 된다.

열린 순환

이러한 급작스러운 변화가 일어나면, 대부분 무의식적이기는 하나 우리 인간이 환경과의 대화에 얼마나 의존하는지를 느끼게 된다. 박탈 연구가 보여주듯이 모든 사회적 접촉으로부터 갑자기 고립되면 우리 존재의 핵심까지 흔들릴 수 있다.

물론 긍정적인 형태의 고독도 있다. 이를테면 업무에 집중하기 위해 혼자 있거나, 산을 혼자서 오르거나, 수도원에서 혼자서 시간을 보내거나, 혼자서 명상을 하는 경우처럼 말이다. 그러나 이러한 고독의 시간은 일반적으로 적절한 준비와 도움이 되는 환경이 필요하다. 인간은 혼자서도 충분한 소라게가 아니라 환경과 규칙적인 교류와 공감을 통해 살아가는 존재다.

이러한 이유에서 여러 연구가는 인간을 '열린 순환Open Loop', 즉 외부 영향에 민감하게 반응하고 그에 의해 제어되는 시스템으로 설명한다. 예를 들어 혈액 순환은 닫힌 순환에 해당한다. 말하자면 다른 사람의 혈액 순환으로부터 영향을 받지 않는다. 반면 인간의 신경계는 외부의 입력과 교류에 전적으로 의존하는 열린 순환이다. 우리는 우리를 둘러싼 주변 환경과 끊임없이 정신적, 감정적 상호작용을 하고 있으며, 이러한 역동성을 통해 비로소 살아있는 존재, 감정을 느끼는 존재가 된다.

정신의학과 전문의 토마스 루이스Thomas Lewis와 패리 아미니Fari Amini, 리처드 래넌Richard Lannon은 열린 순환에 대해 이렇게 설명한다.

"인간은 성인이 되어서도 사회적 동물로 남는다. 그들은 여전히 안정의 원천을 자신의 외부에서 찾는다."[24]

호르몬 수치, 수면 리듬, 면역 기능 등 수많은 생물학적 과정은 개인이 자신의 몸 안에서 조절할 뿐만 아니라 자신이 처한 사회적 환경으로부터 영향을 받는다는 것이다. 따라서 내적 안정을 위한 최고의 비결은 '자신을 능숙하게 조절해 주는 사람을 찾아 그들 곁에 머무르는 것'이다.

함께 사는 여성들은 시간이 지나면서 월경 주기가 점점 같아진다는 연구 결과도 많다.[25] 아마도 함께 살면서 무의식적으로 생물학적 행동에 영향을 미치는 화학 전달물질인 페로몬이 상호작용하는 것으로 추정된다. 그러나 40여 년 전 이 현상을 처음으로 발견한 심리학자 마사 맥클린톡Martha McClinock은 이러한 월경 동기화Menstrual Synchrony 현상이 "사람들 사이 페로몬 상호작용의 작은 일부일 뿐"이라고 말한다.[26]

다른 실험에 따르면, 같은 방에 앉아있는 연인들의 심박수와 호흡 주기가 자동으로 같아진다.[27] 또한, 사람들이 서로 손을 잡을 때 심지어 뇌파까지 같아진다.[28]

사회적 통증과 이에 대처하는 방법

나아가 고통의 느낌도 사회적 접촉과 소속감에 따라 달라진다. 이를테면 사랑하는 사람이 손을 잡아주는 것만으로 이미 고통이 완화된다. 반면 외로움과 소외감을 느끼면 고통이 더 크게 느껴진다. 부모는 이를 알고 있기에 자녀가 아파할 때 자연스레 품에 안아준다.

이러한 사실은 과학적으로도 입증되었다.[29] 영국의 학자들은 함께 웃는 것만으로도 통증 역치가 높아진다는 사실을 보여주었다.[30] 이는 쾌활한 사회적 분위기가 척수의 통각을 둔화시키는 전달 물질(엔도르핀)을 체내에서 자연적으로 생성하여 방출하기 때문으로 추정된다.

반면 외로움이나 대인 관계의 긴장감은 정반대의 효과를 초래할 수 있다. 즉, 이러한 상황에서는 통증이 더 강하게 자각된다. 공동체에서 소외되면 신체적 고통과 매우 유사한 뇌 활동 패턴이 유발된다. 신경심리학자들은 이를 '사회적 통증'이라고 부른다.[31] 그리고 이 통증은 신체적 통증만큼이나 고통스러울 수 있다.

과학 저널리스트 하로 알브레히트Harro Albrecht는 자신의 저서《고통 Schmerz》에서 이별, 비자발적 외로움, 사회적 거부는 "망치로 엄지손가락을 내리칠 때처럼 뇌 중추의 경고 신호를 활성화한다."라고 설명한다.[32]

시중에서 구할 수 있는 아세트아미노펜과 같은 진통제가 거부로 인한 사회적 통증을 (적어도 일시적으로) 완화할 수 있다는 사실에서 우리는 정신적 고통과 육체적 고통 사이에 밀접한 연관성이 있다는 것을 알 수 있다.[33] 그렇지만 이러한 '외로움 치료' 방법은 강력히 권장되지 않는다. 왜냐하면, 이러한 진통제는 장기적으로 중독성이 있기 때문이다.

그러므로 다른 방법에 의존하는 것이 좋다. 이를테면 호감 어린 손길과 가벼운 어루만짐은 기분 좋은 느낌을 담당하는 뇌 영역을 활성화하고 통증 경보시스템을 약화한다.[34] 이러한 긍정적인 효과는 상대가 우리와 더 가깝고 친숙할수록 더욱 강력해진다. 결국, 좋은 인간관계는 진정한 만병통치약이라고 할 수 있다.

장기적인 연구에 따르면, 부모와 진심 어린 관계를 유지하는 사람들은 일반적으로 부모로부터 냉정함과 거부를 경험한 사람들보다 병에 덜 걸리는 것으로 나타났다.[35]

우리는 사회 속의 개인이다

이 모든 것은 태어날 때부터 노년기에 이르기까지 다른 사람들과의 긍정적인 관계와 호감 어린 접촉이 우리에게 얼마나 필수적인지를 보여준다. 살아있다는 것은 교류한다는 것을 의미하기 때문이다. 주변과 담을 쌓아 자신을 고립시키는 사람은 장기적으로 살아남을 수 없다. 교류는 호흡에서 시작하여 신진대사와 정신적, 감정적 수준까지 확장된다. 즉, 다른 사람의 생각과 아이디어, 감정이 없으면 자기 생각과 아이디어, 감정도 발전할 수 없다. 그리고 최소한의 인정과 공감을 받지 못하면 우리는 완전히 위축된다.

그런데 이러한 사실은 개인은 자율적인 존재라는 우리의 통상적인 인식뿐만 아니라 할리우드 서부 영화에서 흔히 보이는 진부한 주제, 즉 '많은 영웅의 힘은 외로움에서 나온다'는 주제와 크게 대조된다. 그래서 어떤 사람들은 우리의 사회적 의존성을 언급하는 것을 매우 불쾌하게 느낀다. 호르스트 에버하르트 리히터는 이미 이러한 점을 지적한 바 있다.

"우리 삶의 가능성이 외부 현실에 의해 물질적으로 제한된다는 사실이 기분 좋은 일은 아니지만 인정해야 한다. 그러므로 우리가 적어도 정신적으로는 자율적이며 외부 압력에 맞서 충분히 저항할 수 있다는 사실을 시급히 알 필요가 있다. 우리의 생각과 감정, 행동이 외부로부터 무의식적으로 영향을 받는다고 생각하면 견디기 힘들 것 같다."[36]

이러한 점에서 볼 때 우리 인간에게 주어진 과제는 두 양극 사이, 즉 한편으로는 자율성에 대한 욕구를, 다른 한편으로는 인정과 사회적 안정에 대한 욕구 사이에서 중도를 찾는 것이다. 그리고 이 길은 이 두 개의 영혼이 항상 우리 가슴 속에 살고 있다는 인식, 양쪽 중 어느 하나를 선호하거나 부정하는 것이 아니라 균형을 맞추는 것이 중요하다는 깨달음에서 시작된다.

몇 년 전 열성적인 바이커[Biker]가 된 나의 한 친구를 통해서도 이러한 사실을 확인할 수 있다. 그 친구는 봄이 오자마자 오토바이를 단장하고 긴 여행을 떠난다. 오토바이를 탈 때 그의 마음을 끄는 것은 오토바이를 타고 커브를 돌 때의 즐거움, 오토바이를 마음대로 제어하고 아름다운 풍경을 즐기는 것뿐만이 아니라 무엇보다 오토바이를 탈 때 주어지는 자유와 자율성의 감정이라고 말한다.

여행을 하다 보면 다른 오토바이 애호가들을 아주 자연스럽게 만나게 되고 곧바로 공통 관심사인 오토바이를 주제로 대화를 이어나갈 수 있어서 수십 명이 커피를 마시며 이야기하는 바이크 모임이 유명하다. 저녁에는 바이커 캠프장의 모닥불 주위에 모여 앉아 서로 최고의 여행을 이야기한다.

"바이커는 결코 혼자가 아니야."

이 친구의 이야기만큼 독립성과 소속감을 동시에 추구하려는 모순적인 욕구를 더 잘 설명하는 예는 없을 것이다. 다시 말해 바이커에게 행복은 개인적 자유를 맘껏 누리는 것을 의미하면서도 저녁에는 다른 개인주의자들과 함께 모임을 즐기는 것이다.

이 일화는 우리가 개인이나 공동체적 존재 둘 중 하나가 아니라 언제나 둘 다라는 사실, 그리고 이 둘은 상호 의존의 관계임을 보여준다. 말하자면 우리는 '공동체적 개인'이라는 것이다. 그렇다면 이것은 우리의 정체성에 어떤 의미가 있을까?

고전적인 질문을 던져보자면,

"나는 누구인가?"

"우리가 공동체적 개인이라면 나는 몇 명인가?"

이 질문에 대해서는 다음 장에서 다루려고 한다. 우리 자신, 우리의 욕구와 한계를 깊이 이해해야만 개성과 집단성의 균형을 맞추는 데 도움이 되기 때문이다. 그래야만 진정한 공동체 의식이 생겨날 수 있다.

혼자 있음의
행복에 대하여

"무엇이 잘못될 수 있는지 알아야 가족 관계를 제대로 유지할 수 있어요."

가족생활의 모든 우여곡절을 겪고 아흔을 훌쩍 넘긴 어느 노부인이 나에게 한 말이다. 수많은 힘든 시기를 거친 후 노년기인 지금, 그는 결속이 주는 행복을 누리고 있다. 그를 소중히 여기고 늘 곁에 있어 주는 자식들과 손주들이 있다. "하지만 적당한 거리를 유지해야 합니다." 그는 미소를 지으면서 이렇게 이야기한다. "자식들, 손주들과 너무 가까워지는 것은 연락을 너무 안 하는 것만큼이나 나쁜 일이에요." 그래서 그는 따로 살면서 친구들을 만나고, 열정적으로 그림을 그리는 자신만의 일을 하고 있다. 주말에는 가족들이 모두 모여 식사를 하며 시간을 보낸다.

이 노부인은 올바른 균형을 찾는 기술의 본보기를 보여준다. 왜냐하면, 아무리 공동체와 공존의 가치가 높이 평가되더라도 때로는 뒤로 물러나

거나 혼자 있는 시간도 필요하기 때문이다. 모든 가정에서 알고 있듯이, 이해관계를 함께 조율하기 위해서는 노력이 필요하다. 또한, 어떤 관계든 서로에게 자유의 여지를 주는 것이 필수적이다. 이러한 관점에서 볼 때 혼자 있는 것과 함께 있는 것은 숨을 들이마시고 내쉬는 것과 비슷하다. 즉, 둘 다 서로 의존하며 상호작용을 통해서만 작동한다.

그래서 가족 중에 가장 헌신적인 사람도 저녁에 자녀가 잠들고 자신만의 평온한 시간을 가질 때 행복해한다. 또한, 아무리 바쁜 경영자들도 가끔 정신적 재충전을 위한 시간이 필요하다. 이를 위해 큰 노력이 필요한 것은 아니다. 일과 가정에 매우 얽매여 있던 한 지인은 자신의 생일을 맞아 멋진 호텔에서 하루를 쉬면서 훌륭한 호텔 서비스를 받으며 방해받지 않고 여유로운 시간을 보냈다. 또 다른 바쁜 가장은 자신의 60세 생일에 성대한 파티를 여는 대신, 젊은 시절 자주 그랬던 것처럼 혼자서 일주일 동안 등산을 했다. 그는 이렇게 말했다. "제 주변에는 항상 사람들이 있습니다. 제게 필요한 것은 혼자 있는 것입니다."

우리는 초사회적 존재이며 타인을 강하게 지향하는 삶을 살고 있으므로 공동체 안에서 자신을 잃어버릴 위험에 처할 수 있다. 다른 사람들의 견해와 소망, 조언에 끊임없이 직면하다 보면 어느 순간 우리의 행동이 정말로 자발적인 의지인지, 아니면 주변 환경의 기대 때문인지 더 이상 분간할 수 없게 된다. 그러므로 내면의 나침반을 재정비하기 위해서는 모든 외부 영향으로부터 일단 자신을 분리하고 선입견 없이 자신을 마주하는 것이 좋다. 철학자 발터 벤야민Walter Benjamin의 말처럼 "행복하다는 것은 놀라워하지 않고 자기 자신으로 되돌아오는 것이다."

이러한 행복은 우리가 다른 사람에게 끊임없이 반응할 필요가 없을 때만 경험할 수 있다. 호의조차도 우리를 의존적으로 만들 수 있기 때문이다. 항상 주변 사람들의 박수갈채에 맞춰 행동하는 사람은 시간이 지날수록 자유를 점점 더 느끼지 못할 위험이 있다. 그렇게 되면 언젠가는 고통스러운 불화의 감정에서 벗어나는 방법으로 갑작스러운 이별이나 단절만을 택할 수밖에 없게 된다. 반대로 우리가 공동체에 무언가 제공할 것이 있거나 공동체에 강박적으로 의존하지 않을 때는 공동체를 풍요롭게 할 수 있다. 그것도 우리가 혼자서도 잘 지낼 수 있는 능력을 갖출 때만 가능하다.

그러나 혼자 있는 것은 그렇게 쉬운 일이 아니다. 혼자 있는 것에 익숙하지 않은 사람은 금세 불편하거나 외롭고, 지루하거나 길을 잃은 것처럼 느낄 수 있으며, 얼마 지나지 않아 공동체로 되돌아가기만을 바란다. 그래서 사람들은 보통 혼자 있을 때 주의를 분산시키는 행동을 한다. 이를테면 휴대전화를 꺼내 뉴스를 확인하거나 넷플릭스를 재생한다. 그저 지루하지만 않으면 된다. 내용이 형편없더라도 화면에서 일어나는 일은 우리의 사고에 어떤 구조를 제공해 불쾌한 생각과 감정을 막아준다.

하지만 수동적인 미디어 소비는 벤야민이 말한 '자기 자신으로 되돌아오는 것'이 주는 행복감을 거의 전달하지 못한다. 이러한 행복감은 우리가 능동적인 존재로서 자기 자신과 조화를 느끼는 상태에서 경험할 수 있다. 고대 그리스 철학자들은 이러한 상태를 '느긋함'이라고 불렀는데, 아무것도 할 필요가 없고 자신의 성향을 오롯이 따를 수 있는, 행복한 무목적의 시간을 의미한다.●

느긋함은 빈둥빈둥 지내며 게으름 피우는 것을 꼭 의미하지는 않는다. 조화로운 느낌은 주로 우리가 스스로 원해서 하는 활동에서(그것이 단순히 즐거움을 주기 때문에) 생겨나는 경우가 많다. 어떤 사람은 정원을 가꾸면서 느긋함을 경험하고, 어떤 사람은 악기를 연주하거나 시를 쓰거나 산책을 하거나 손으로 무언가를 만들면서 느긋함을 경험한다. 무아지경이 될 때까지 놀이에 몰입하는 아이들은 느긋함의 본보기이다. 다시 말해 갑자기 다른 모든 것이 부차적인 것이 되고 자기가 하는 행위에 완전

● 이러한 훌륭한 상태에 대해 자세히 알고 싶다면 나의 책《아무것도 하지 않는 시간의 힘》을 읽어볼 것을 추천한다.

히 몰두하는 것이다. 이를 통해 재미를 느낄 뿐만 아니라 자신의 재능과 상상력, 능력을 시험해 보고 마음 편한 상태에서 자신을 집중적으로 알아갈 수 있다.

덧붙여 말하자면 느긋함으로 가득 찬 혼자 있음은 쓸쓸한 외로움의 감정과는 완전히 다르다. 혼자라고 해서 반드시 외롭다는 것을 의미하지는 않으며, 그 반대도 마찬가지다. 아무리 많은 인파 속에 있더라도 다른 사람들로부터 배제되면 외로움을 느낄 수 있다. 중요한 것은 주변에 있는 사람들의 수가 아니라 그들과 함께 공감한다는 느낌이 드는지, 공통된 파장을 찾고 있다는 느낌이 드는지 아닌지다.[37] 반대로 자연과 접촉하거나 예술에 몰두하거나 책을 읽으면서 저자와 친밀감을 느낄 때는 혼자 있어도 전적으로 공감할 수 있다.

종교에도 삶의 다른 차원과 공감을 위해 의도적으로 후퇴하는 의식이 존재한다. 이를 보여주는 많은 본보기가 있다. 성경에 따르면 예수는 40일 동안 사막으로 물러나 금식하며 사탄의 유혹을 물리쳤고, 선불교의 전설적인 창시자 보디다르마[Bodhidharma]는 9년 동안 동굴에 홀로 앉아 명상했다고 한다. 그리고 수[Soiux] 족의 마지막 전통 의술가 중 한 명인 타카 우쉬테[Tacha Ushte]는 자신의 회고록에 열여섯 살에 외딴 언덕의 땅굴에서 나흘 동안 홀로 인내하며 자신의 위대한 비전, 즉 자신을 의술가로

만든 힘을 발견한 이야기를 들려준다.[38]

이러한 이야기대로라면 혼자 있는 것은 자아를 초월하는 힘과 만나기 위한 전제 조건이다. 하지만 혼자 있는 것을 시도해 보고 싶은 사람은 땅굴에 혼자 앉아있거나 사막을 헤매는 것만으로는 충분하지 않다는 경고를 받아들여야 한다. 신이나 깨달음, 위대한 정신에 더 가까이 다가가려면 현명하게 대비하고 정신적으로 의지할 것이 필요하다.

예를 들어 타카 우쉬테는 수행 명령을 받고 나서 조상들이 피우던 평화의 담뱃대Peace Pipe와 할머니가 면도날로 팔에서 잘라낸 작은 살덩이로 채워진 호박 딸랑이 같은 상징적인 물건을 지니고 갔다. 그는 이러한 물건들 덕분에 땅굴에서 혼자가 아니라 최고의 사람들과 함께 있는 것처럼 느꼈다고 한다. "산 사람, 죽은 사람 할 것 없이 많은 사람이 제 곁에 있는데 제가 두려움을 느낄 리가 있었겠어요?"

이러한 경험을 말로는 설명할 수 있지만, 실제로 이를 이해하고 실감할 수 있는 사람은 많지 않을 것이다. 왜냐하면, 이 경험의 핵심은 일상적인 이성을 뛰어넘는 의식 상태를 경험하는 것이기 때문이다. 어떤 사람들은 신의 은총이나 불교의 무상, 위대한 비전과 만남을 환상이나 꿈, 허황된 소망으로 치부할 수도 있다. 그러나 그러한 경험을 한 사람들에게는 이러한 것들이 매우 높은 가치가 있다. 자신을 훨씬 뛰어넘는 더 큰 삶의 맥락과 닿아있는 느낌을 경험했기 때문이다. 종교의 역사는 그러한 경험을 다른 사람에게 계속해서 전달해 주는 것이 공동체를 형성하는 고차원적인 요인임을 보여준다.

5장

나와
타인

'왜 모두가 정체성을 갖기 위해 노력하는가?'

얼마 전 아버지가 94세의 연세로 돌아가셨다. 우리는 아버지가 바라던 바대로 집에서 가족들이 함께 둘러앉아 아버지의 삶을 돌아보는 시간을 가졌다.

어머니는 오래된 사진첩을 꺼내셨는데, 그중에는 내가 한 번도 본 적이 없는 사진첩도 있었다. 일부 사진은 제1차 세계 대전 이전에 찍은 것이었다. 나는 그 사진들에 푹 빠져서 한참을 훑어보면서 우리 가족의 역사뿐만 아니라 격동의 20세기의 모든 과정이 사진 속에 담겨있음을 깨달았다.

초기 사진에는 카이저 빌헬름^{Kaiser-Wilhelm} 황제의 수염 스타일을 한 남성들이 근엄하고 진지하게 카메라를 응시하는 모습이 담겨있었다. 당시만 해도 사진을 찍는 것은 남성의 전유물이었다. 나중에는 여성과 어린이도 사진 속에 등장했는데, 이들의 사진은 노출 시간이 긴 탓에 매우 정적이었다. 그들은 아주 좋은 옷을 입고 고심해서 포즈를 취했다.

기술이 점차 발전하면서 사진 속에 움직임이 포착되기 시작했다. 1933년부터는 나치의 영향을 받아 갑자기 모든 사진 속 인물들이 아리안 민족의 전형적인 모습을 보여주었다. 즉, 소녀들은 단정하게 땋은 머리와 무릎까지 올라오는 흰 양말을 신고 있었고, 소년들은 히틀러 청소년단Hitlerjugend이 야전 훈련을 할 때 입는 짧은 반바지 차림이었다. 몇 년 후 성년이 된 아버지는 제복을 입고 자랑스럽게 포즈를 취하고 있었다.

그 후로는 가족사진에 큰 공백이 생겼다. 전쟁 기간이었던 1939~1945년 사이에는 아무도 사진 찍기를 원하지 않았기 때문이다. 또한, 전쟁이 끝나기 직전 아버지가 몇 년간 소련에서 포로가 되었던 기간의 사진도 없었다.

1950년대 중반이 되어서야 가족사진이 다시 많아지기 시작했다. 이때부터 사진들은 경제 기적 속에서의 새로운 삶을 보여주었다. 아버지는 처음 산 자동차 앞에서 당당하게 서 있었고, 어머니는 올림머리를 하고 깔끔하게 차려입은 아이들 사이에 있었다. 이러한 모습은 전형적인 독일 연방공화국의 풍경이었다.

다시 20년이 흘러 1970년대에는 장발 머리를 한 장성한 아들들이 까칠한 시선으로 카메라를 바라보고 있었다. 이 사진들에는 긴장감이 감돌았고, 나치와 적군파RAF 테러리스트, 과거의 실수와 미래의 유토피아 등에 대해 식탁에서 거친 토론을 하는 사진들도 있었다.

말하자면 사회학적 관점에서 볼 때 우리 가족의 사진첩은 20세기 독일 역사를 어느 정도 대표하는 초상이라고 할 수 있다. 그러나 신기한 사실은 사진을 찍는 사람도, 찍히는 사람도 이를 의식하지 못했다는 점이다. 그 누구도 그때의 시간을 기록해야 한다고 주장하지 않았다. 오히려 이 사진들은 결혼식이나 약혼식, 학교 졸업식 등 순전히 개인적인 사건을 보여주기 위한 것이었고, 역사적 배경은 전혀 중요하지 않은 것처럼 보였다. 사진의 배경 속에서는 세계를 뒤흔든 세기의 사건이 벌어지고 있었지만, 전경에서는 모두가 이에 영향을 받지 않고 소소한 개인의 삶을 영위하려고 애쓰고 있었다.

내면의 우주

그렇다면 나의 아버지는 정말로 누구였을까? 아버지 자신이 원했던 모습인 성공한 경영인이자 자상한 가장? 우리가 가끔 논쟁을 벌이며 비난한 것처럼 나치 정권에 순응했다가 나중에는 독일 연방공화국에 순응한 무비판적 추종자? 노년까지 트라우마에 괴로워하며 수용소 경험에서 벗어나지 못했던 전쟁 포로? 아니면 수학과 음악을 좋아하고 휴가 때는 갑자기 완전히 달라져서 여유롭고 개방적이며 유머가 넘쳤던 온화한 사람?

　가장 적절한 답은 아마도 이 모든 모습이 한데 어우러진 사람, 어쩌면 그 이상의 사람일 것이다. 우리가 아버지에게서 본 것, 아버지에 대해 알고 있는 것은 겉으로 드러난 모습일 뿐이다. 아버지의 내면에서 무슨 일이 벌어지고 있었는지, 어떤 꿈과 생각 혹은 은밀한 환상이 아버지를 이끌고 있었는지는 기껏해야 추측할 수 있을 뿐이다.

경험을 통해 알고 있듯이 인간의 내면세계는 무한히 다면적이기 때문이다. 그리고 나의 아버지에게서 보이는 것처럼 외부 상황에 따라 때로는 이러한 모습이, 때로는 저러한 모습이 전면에 등장한다.

우리는 한 사람을 어떤 공통분모로 묶고 싶어 하지만, 사실상 이는 불가능에 가깝다. 인간의 마음은 명확성이나 논리에 관심을 두지 않으며, 삶 자체만큼이나 다면적이고 다채롭고 모순적이다. 서정시인 두어스 그륀바인Durs Grünbein은 이러한 사실을 다음과 같은 시적인 문장으로 표현한 바 있다.

"인간이 모두 죽으면 지상에 또 다른 우주가 펼쳐진다."[1]

실제로 우리의 개인적인 경험 세계는 무한한 다차원 우주와 닮아있다. 그리고 우리는 모두 개인적인 태양계가 비추고 개인적인 블랙홀에 의해 형성되는 자신만의 우주 속에 살고 있다. 또한, 자기만의 우주에는 외부인이 단편적으로만 경험할 수 있고 우리 자신도 완전히 이해할 수 없는 특별한 원심력과 중력이 흐르고 있다.

이러한 개개인의 독특함이 우리를 풍요롭게 만들며, 다른 사람에게는 결코 온전히 전달될 수 없는 자신의 경험을 만들어 낸다. 우리는 여러 면에서 비슷하긴 하지만 전혀 같지 않으며, 한 인간의 본성을 완전히 파악하기란 불가능하다. 그래서 우리는 다른 사람과의 만남에서 활력과 영감을 얻는다.

우리의 인성은 어떻게 만들어질까?

따라서 한 사람의 '진정한' 인성을 정의하려는 시도는 역사적 시간을 고려하지 않고 가족사진을 평가하기만큼 어렵다.

"나는 누구인가?"

이 질문은 당시의 시대적 상황과 주변 사람들의 행동을 배경으로 삼아야만 대답할 수 있다. 우리는 개인을 다른 사람과 분리되어 독립적으로 존재하는 하나의 원자로 보는 데 익숙해져 있으며, 원자가 모여 분자를 형성하는 것처럼 많은 개인의 합이 사회를 구성한다고 생각한다. 하지만 오히려 그 반대다. 즉, 개인이 각자의 개성을 발전시킬 수 있도록 틀을 만들어주는 것이 바로 공동체.

아버지가 전쟁 후 수학자로서 경력을 쌓을 수 있었던 것은 사회적 필요성이 있었기 때문에 가능했고, 컴퓨터 시대가 열리면서 자신의 재능을 개발할 수 있는 뜻밖의 기회를 얻게 되어서였다. 또한, 이 재능 개발을 위해 대학에서 공부할 수 있어야 했고, 그를 끌어준 스승과 지지해 준 동료들, 특히 모든 일상적인 문제들을 돌봐준 아내가 필요했다(결국, 어머니는 자신의 잠재적인 지적 능력을 제대로 발휘할 수 없었다).

말하자면 우리의 인성은 항상 시대적 상황뿐만 아니라 우리 삶을 제한하거나 펼쳐주는 모든 연결과 얽힘에 의해 형성된다.

예를 들어 소프라노나 체스 천재가 빛을 보려면 음악이나 체스를 높이 평가하는 환경을 비롯하여 역할 모델, 후원자, 동료 연주자나 동료 선수, 훈련 파트너, 콘서트나 체스 대회 등이 필요하다. 이를테면 에다 모저^{Edda Moser}(독일의 소프라노 가수)나 망누스 칼센^{Magnus Carlsen}(노르웨이의 체스 선수)과 같이 재능이 뛰어난 사람들이 오페라나 체스가 없는 세상에서 살았다면 그들은 스타는커녕 하찮은 인물에 불과했을 것이다. 또 자신의 재능을 전혀 알지 못하는 잠재적 천재들은 괴짜라는 오해를 받기 쉽다. 형사 재판을 보면 재능이 뛰어난 사람들이 피고인석에 앉아있는 경우가 드물지 않다. 그들이 자신의 진정한 재능을 개발할 기회를 전혀 얻지 못했기 때문일 것이다.

이러한 관점에서 볼 때 공동체가 비로소 개인을 만들어 내는 것이지 그 반대가 아니라고 말할 수 있다.

나는 어떤 유형인가?

자기 발견부터 현대의 정체성 정치의 혼란에 이르기까지 우리가 개인의 정체성 문제에 관심을 두고 있다는 사실은 이미 하나의 사회적 현상이다.

이전 세대는 자신의 정체성에 대해 거의 생각하지 않았다. 정체성이라는 용어는 19세기 말이 되어서야 브로크하우스^{Brockhaus}와 같은 백과사전에 처음으로 등장했으며[2], 그전에는 전혀 대중적인 주제가 아니었다.

어떻게 그럴 수 있었을까? 수 세기 동안 개인의 정체성은 주로 문화와 전통, 종교에 의해 결정되었다. 예를 들어 중세에는 귀족의 자식으로 태어나면 자동으로 귀족이 되었고, 농부의 농장에서 태어나면 평생 농민 신분에 속했다. 그리고 가톨릭 신자인 사람들은 대체로 죽을 때까지 그대로 가톨릭 신자로 남았다. 말하자면 개인의 정체성에 문제가 생길 여지가 많지 않았다.

반면에 오늘날 우리는 모든 전통적인 제약과 종교적 교리, 다른 관습으로부터 거의 벗어나 있다. '죽음이 우리를 갈라놓을 때까지'라고 서약하던 결혼이 생애 주기에 따라 달라지는 파트너 관계로 대체되었고, 직업부터 종교(또는 무교), 성적 취향에 이르기까지 다른 모든 영역에서도 현대의 개인들은 다양한 선택을 할 수 있다. 그러나 동시에 이러한 자유는 끈질긴 질문을 제기한다.

"이것이 정말 나에게 어울리는가?"

"나는 정말 그럴까?"

결국, 모든 결정에는 잘못된 선택을 하거나 최선의 선택을 놓칠 위험, 그리고 그 책임을 스스로 져야 할 위험이 수반된다.

이러한 관점에서 보면 과거의 경직된 관습은 어느 정도의 안정감과 관리적 측면에서 용이성을 제공하기도 했다. 하지만 그러한 시대는 이제 지나갔다. 지금은 모든 것이 유동적이고 일시적이며 요구에 따라 변한다.

사회학자 하르트무트 로자의 표현대로 현대인은 "이제는 제빵사가 아니라 '현재' 제빵사로 일하고 있는 것이며, 더는 보수나 진보가 아니며, 단지 '가장 최근에' 좌파나 우파에 투표한 것일 뿐이며, 더는 뮌헨 사람이 아니라 '뮌헨에서 3년 산 것'일 뿐이다."[3] 이러한 상황에서 '진정한' 나를 찾기란 지독히도 힘들고 시간이 오래 걸린다.

아마도 이러한 이유에서 자기 발견 테스트들이 인기를 끄는 것으로 보인다. 이러한 테스트들은 엄선된 몇 개의 항목을 제공하여 '진짜' 성격에 대한 까다로운 문제를 해결해 줄 것이라는 기대를 준다. 마이어스-브릭스 유형 지표Myers-Briggs Type Indicator, 줄여서 MBTI가 큰 인기를 끄는 것이 그러한 예다.[4]

MBTI는 인간을 4가지 차원(에너지 방향, 인식 형태, 판단 기준, 생활양식)으로 구성된 16가지 성격으로 나눈다. 각 차원은 문자로 기술되며(예를 들면 내향 I, 외향 E, 감정 F, 인식 P), 이에 따라 사람의 성격을 특징짓는 4자리 코드가 만들어진다. INFP(내향, 직관, 감정, 인식)는 '이상주의자' 또는 '치유자'의 특성을 보이며, ISTP(내향, 감각, 사고, 인식)는 '장인' 기질을 보인다. 실제로 독일 셰어하우스Share House 지원서에 '펠릭스 ENTJ', '피아 ISFP'와 같은 자기소개가 이미 등장하고 있으며, 틴더Tinder 프로필에서도 'I'm INFJ'(무슨 말인지 알 것이다)와 같은 문구를 볼 수 있다.[5]

MBTI는 뭔가 아주 과학적으로 들리고 알고리즘 시대에 적합해 보이는 듯하다. 진지한 심리학자의 관점에서 보면 완전히 말도 안 되는 것이지만 말이다.[6] 다른 많은 성격 테스트와 마찬가지로 MBTI의 문제는 이미 카테고리 선택에서부터 시작하며(왜 하나의 카테고리만 선택해야 하는가?), 분류를 위해서 (종종 어설픈) 질문들이 계속 이어진다는 것이다. 특히 답변이 자신에 대한 자체평가에만 의존하고 있다(이것이 얼마나 신뢰할 수 없는 것인지 우리는 잘 알고 있다). 예를 들어 MBTI 테스트의 질문에 나온 것처럼 나는 '객관적'인가 아니면 '감정적'인가?[7] 나는 '상상력이 풍부하고 창의적'인 사람인가 아니면 '실용적이고 현실적'인 사람인가? 이러한 질문에 대해 일괄적으로 답하기는 어려우며, 상황에 따라 언제든지 달라질 수 있다.

말하자면 저자로서 나는 자신이 때로는 매우 객관적이고 때로는 매우 감정적이라고 느낀다. 새로운 장의 아이디어를 낼 때는 상상력이 풍부하고 창의적이라는 느낌이 들지만, 책을 완성해야 할 때는 오히려 더 실용적이고 현실적이라는 느낌이 든다. 자신을 카테고리에 명확하게 끼워 맞추려면 자기 삶에 대해 두 눈을 질끈 감고 다양하고 다채로운 내면세계를 흑백 패턴으로 급격하게 단순화시켜야 한다.

다른 모든 성격유형 검사도 이와 비슷하다. 예를 들어 우울질, 다혈질, 담즙질, 점액질이라는 아주 오래된 기질 분류를 생각해 보라. 이 분류는 모든 존재가 4가지 기본 요소(흙, 물, 공기, 불)로 구성되어 있다고 믿었던 그리스 철학자 엠페도클레스Empedokles의 4원소 이론으로 거슬러 올라간다.

반면, 고대 중국 심리학에서는 5가지 원소(놀랍게도 공기는 포함되지 않고 금속과 나무가 포함되어 있다)에서 출발하며, 이를 바탕으로 5가지 체질 유형을 도출했다. 예를 들어 '나무 유형'은 골격과 근육 구조가 발달한 강하고 튼튼한 체격, 넓은 어깨와 강한 목이 특징이다.[8]

안타깝지만 4원소 또는 5원소 이론의 전문가들은 한 가지 유형에만 해당되는 사람은 극소수이며, 사람 대부분은 혼합형이라는 사실을 인정해야 한다. 사람을 명확하게 하나의 유형으로 분류하는 시대는 이미 지나갔다. 물론 고대 그리스 철학자 테오프라스토스 Theophrastos 처럼 성격유형을 30개 이상으로 매우 세분화할 수도 있다.[9] 하지만 그가 제시한 문항들은 일목요연하지 않아서 오늘날에는 전혀 맞지 않을 것이다.

오늘날 심리학자들 사이에서는 심리 검사에서 비교적 안정적이라고 입증된 5가지 성격 특성인 이른바 '빅5'로 분류하는 것만 실제로 인정받고 있다. 빅5에는 외향성이나 내향성뿐만 아니라 우호성, 성실성, 개방성, 신경성이 포함되어 있다.

이러한 성향들은 살면서 특정한 발달과 변화를 겪을 수 있지만 다른 사람들과 상대적 차이를 볼 때 대체로 안정적으로 유지된다. 즉, 어렸을 때 또래보다 더 외향적이거나 더 성실했던 사람은 일반적으로 성인이 된 후에도 더 외향적이거나 더 성실하다. 그러나 심리학적으로 입증된 이러한 특성은 매우 일반적이므로 이로부터 일괄적으로 예측 행동을 도출하기는 어렵다.

장교 후보생 적성 검사

인지심리학자이자 노벨상 수상자인 대니얼 카너먼^{Daniel Kahneman} 또한
사람의 복잡한 성격을 단순한 검사로 파악할 수 있다는 생각이 얼
마나 큰 착각인지를 확인했다.

이스라엘 태생의 카너먼은 젊은 시절 군 심리센터에서 군 복무
를 하면서 장교 후보생의 적성을 평가하는 일을 했다. 후보생들은
적성 검사를 위해 '리더가 없는 조별 과제'라는 특수한 테스트를 치
렀다. 8명의 후보생은 바닥에서 긴 통나무를 들어 올려서 약 1.8미
터 높이의 벽으로 가져가야 했다. 통나무는 땅이나 벽에 닿아서도
안 되고, 조원 중 누구도 벽을 건드리지 않고 8명 전원이 벽을 넘어
야 했다.

카너먼과 그의 동료는 후보생들이 고군분투하며 훈련하는 모습
을 관찰했다. 그들은 누가 지휘 역할을 맡는지, 누가 주도적으로 움
직이려고 하며 누가 소극적으로 가만히 있는지, 각 개인이 얼마나
협력적으로 과제에 임하는지를 기록했다. 이 과정에서 통나무 훈련
이 심리학적으로 많은 점을 시사한다는 사실을 확인했다.

카너먼과 그의 동료는 "우리는 누가 고집이 센지, 순종적인지,
오만한지, 인내심이 있는지, 화를 불끈 잘 내는지, 끈기 있는지, 건
성으로 하는지를 지켜보았다."라고 보고했다. 또한, 시행착오가 있
을 때 누가 다른 사람의 탓을 했는지, 녹초가 된 상태에서 조원 전
원이 처음부터 다시 시작해야 할 때 누가 리더로 돋보였는지를 기

록했다. 마지막으로 관찰한 내용을 종합하여 장교 훈련을 받아도 되는 사람과 그렇지 않은 사람을 점수로 환산했다.

카너먼은 "각 후보생의 성격에 대한 우리의 인상은 하늘색처럼 선명하고 명확했다.", "훈련 스트레스 속에서 각자의 본성이 드러나는 것 같았다."라고 설명했다.[10]

하지만 이는 잘못된 생각으로 판명되었다. 카너먼과 그의 동료는 몇 달에 한 번씩 열리는 피드백 세션에서 생도들이 사관학교에서 실제로 어떤 성과를 보여주었고, 지휘관들이 생도들에 대해 어떻게 생각하는지를 들을 수 있었다. 카너먼은 다음과 같이 말했다.

"결과는 항상 같았다. 후보생들이 사관학교에서 보여줄 성과를 예측하는 우리의 능력은 무시할 수 있을 정도로 미미했다."

이러한 사실은 카너먼과 그의 동료를 암울하게 만들었다. 하지만 군인으로서 임무는 계속되어야 했다. "우리는 군 복무를 하고 있었다. 유용하든 그렇지 않든 지켜야 할 절차와 따라야 할 명령이 있었다." 그래서 새로운 후보생들이 도착하면 그들은 후보생들을 장애물 경기장으로 안내하고 통나무 과제를 지시했으며, 불과 몇 분만에 새로운 후보생들의 본성을 파악할 수 있었다. 카너먼과 그의 동료는 "우리의 예측이 맹목적인 추측에 불과하다는 사실을 알면서도 마치 우리의 예측이 모두 맞는 것처럼" 계속했다고 말한다.

이 일화는 두 가지를 증명한다.

첫째, 하나의 상황과 하나의 테스트가 다른 상황에서의 행동(성격 전반에 대해서는 말할 것도 없고)에 대해서 아무것도 말해주지 않는다는 것이다.

둘째, 정반대의 결과가 눈앞에 똑똑히 보여도 우리는 이러한 단순한 예측 모델의 타당성을 매우 완고하게 믿는다는 것이다. 단순한 성격 테스트나 별자리 운세의 타당성이 과학적으로 몇 번이고 반박되었는데도 우리는 여전히 그러한 단순한 방법으로 사람을 파악할 수 있다고 믿으려 한다.●

고슴도치의 공존

그러므로 우리 정체성에 대한 진정한 이해는 사회 환경과 시대 상황, 문화와 분리해서는 우리 각자의 자아를 결코 이해할 수 없다는 인식에서 시작된다. 예를 들어 자아상은 우리가 서구 문화권에서 자랐는지 아시아 문화권에서 자랐는지에 따라 이미 크게 달라진다.

서구 사람들은 자신을 주로 자율적이고 독립적인 주체로 여기는 반면, 아시아 문화에서는 자신을 사회 연결망의 일원으로 여긴다. 그래서 단독으로 결정을 내리는 경우가 드물고 전통이나 가족, 소속된 회사의 방향을 따른다.

● 카너먼은 나중에 훨씬 더 적절한 방법을 개발했다. 즉, 심리 평가에 덜 의존하고 다양한 상황에서 피험자의 구체적인 행동에 대한 정보(예를 들면 업무 행동, 친구와의 접촉 빈도 및 횟수, 스포츠 활동 등)를 수집했다. 이러한 많은 데이터를 토대로 오늘날의 디지털 알고리즘처럼 미래의 행동을 예측할 수 있다.

동서양을 자주 오가는 인도의 정신분석학자 수디르 카카르[Sudhir Kakar]는 문화 간의 차이가 얼마나 큰지를 경험했다. 그는 다음과 같은 이야기를 한 적이 있다.

"인도의 가족들이 유럽에서라면 아주 건강하다고 여겨졌을 한 환자를 나에게 종종 데려왔다. 그 환자는 자신에게 무엇이 좋은지 스스로 알고 있다. 유럽에서 '자율성'이라고 부르는 이 안타까운 증상을 없애기 위해 무엇을 할 수 있을까?"[11]

인도에서는 유럽처럼 개인을 자립적인 존재로 간주하지 않는다고 카카르는 설명한다. "인도인은 현대적인 대도시에서조차 가족의 지원에 의존한다. 가족은 사회를 하나로 결속시킨다."

물론 유럽과 마찬가지로 인도에서도 성인이라면 책임감을 가져야 한다는 기대가 있는 것은 사실이다.

"하지만 인도에서는 개인적으로 무언가를 성취하는 것보다 가족에게 인정받는 일을 하는 것이 진취적이고 동기부여가 된다."라고 그는 말한다.

이처럼 문화적으로 서로 다른 개인과 공동체의 관계는 아르투어 쇼펜하우어[Arthur Schopenhauer]가 이야기한 고슴도치의 공존 우화가 잘 설명해 준다.[12] 추운 겨울날 고슴도치들이 서로를 따뜻하게 해주기 위해 서로에게 다가갔다가 가시 때문에 다시 멀어진다. 그래서 고슴도치들은 적절한 거리를 찾을 때까지 가까워졌다 멀어지기를 반복한다. 그렇다면 '적절한 거리'란 무엇일까?

카카르는 문화마다 이 질문에 대한 대답이 다를 수 있다며 이런 말을 덧붙인다.

"인도에서는 상대방의 따뜻함을 위해 가시에 찔리는 고통을 감수할 것 같고, 유럽에서는 거리감이 주는 냉기를 더 선호하지 않을까 한다."

이는 특히 서구에서 개인의 정체성에 대한 질문이 왜 그토록 중요한지를 설명해 준다. '거리감이 주는 냉기'를 선호하는 사람은 자신과 다른 사람을 구별하는 것이 무엇인지, 자신만의 특별함이 무엇인지, 분주한 사회생활 속에서 그러한 특별함을 어떻게 유지할 수 있는지 끊임없이 확인해야 한다. 다시 말해 자신의 정체성을 외부 사회 구조에 대한 소속감으로 정의하지 않는 사람은 무엇보다 자신의 가치와 신념을 지향해야 한다.

내향형과 외향형

내향형과 외향형은 이미 1950년에 미국의 사회학자 데이비드 리스먼David Riesman이 자신의 저서 《고독한 군중》에서 역사적 발전 모델을 설명하면서 도출한 결론이다.

그에 따르면 기술 발전이 거의 없었던 전통 사회에서는 개인의 행동이 주로 종교적, 도덕적 규범과 전통적 관습을 지향한다. 그러나 인구와 경제가 성장함에 따라 답습된 전통보다는 자신의 내면화된 가치와 신념에 기반을 둔 '내부 지향적' 사회 성격이 형성된다.[13] 말하자면 첫 번째 유형은 전통적인 인도인의 사고방식에 해당하며, 두 번째 유형은 유럽 계몽주의의 이상('자기 자신의 지성을 사용할 용기를 가져라')을 대변한다고 볼 수 있다.

리스먼은 이 두 유형 다음으로 세 번째 유형을 설명했다. 이 세 번째 유형은 (리스먼의 시대에는 상상조차 하지 못했던) 소셜 미디어 시대의 포스트 모던적 개인을 훤하게 들여다보는 듯하다. 즉, 사회 혁신의 속도가 높은 수준에서 정체되고 경제적으로 소비가 생산보다 더 중요해지면 주로 타인의 행동에 초점을 맞추는 '외부 지향적' 사회 성격이 생겨난다는 것이다.

외부 지향형은 내부 지향형처럼 내면의 나침반을 따르는 대신 '레이더 감각'을 사용하여 주변 환경의 행동을 지속해서 관찰하고 (대중) 미디어의 본보기, 유행 스타일, 또래 집단의 행동에 자신을 맞춘다.[14]

이러한 진단에 따르면 오늘날 우리는 무엇보다 '레이더 인간'의 시대에 살고 있다. 즉, 지금의 사회적 환경은 '전통적' 또는 '내부 지향적' 유형을 선호하는 것이 아니라, 오히려 정체성이 덜 확고한 사람들을 만들어 낸다. 이들은 끊임없이 타인과 자신을 비교하고 최신 유행을 따르려고 노력하기 때문에 반복적으로 자신을 새롭게 정의해야 한다. 다른 말로 표현하자면 변화 속에서 끊임없이 자기 자신을 확인해야 한다.

성별 별표^{Genderstern}(독일의 일부 저자들이 성 중립적인 단어를 표현하기 위해 사용하는 별표)나 육류 소비, 기후변화를 둘러싼 사회적 논의가 그토록 격렬한 이유도 이러한 주제가 단순히 내용적인 문제만 다루는 것이 아니라 자신의 정체성을 끊임없이 확인하는 문제와 관련되어 있기 때문이다. 이를테면 남성적인 남성, 동등한 권리를 가진 여성이나 '다양한' 성별의 사람, 고기를 먹는 사람이나 비건, 환경주의자와 진보적 낙관주의자 등. 그리고 자신이 어떤 집단에 속해 있느냐에 따라 해당 주제의 논쟁을 자신의 견해에 대한 공격뿐만 아니라 자신의 정체성에 대한 공격으로 경험할 수 있다.

성별 별표가 양극화되는 이유

정체성 논쟁은 감정적으로 쉽게 확대되는 경향이 있다. 왜냐하면, 자신의 정체성이 공격받았다고 느끼면 객관적이고 합리적인 주장에 접근하기 어렵거나 아예 접근하지 못하기 때문이다. 이러한 사실은 미국의 경제학자 데이비드 메이어David Mayer의 연구에서도 잘 드러난다.[15]

메이어는 도널드 트럼프 지지자의 상당수가 2020년 조 바이든Joe Biden의 승리를 인정하지 않는 이유를 탐구했다. 여론 조사에서 공화당원의 약 4분의 3이 선거 결과를 신뢰할 수 없으며, 부정확하거나 불공정하거나 불법적이라고 응답했다. 총 60건에 가까운 법정 소송이 제기되었지만 모든 소송에서 선거가 올바르게 진행되었다는 결론이 났다.

그런데도 선거 사기라는 동화가 그토록 강력한 힘을 발휘한 이유는 무엇일까?

여러 심리학 실험에서 입증되었듯이 사람들은 자신에게 유리한 결정이 내려지면 그 결과를 공정하다고 간주한다. 예를 들어 일자리에 지원하여 합격하면 자신의 자질이 적절하게 인정받았다고 생각한다. 반면에 불합격한 사람은 자신을 책망할 뿐만 아니라 결정 과정에도 문제가 있지는 않았는지 의문을 제기한다. 이를테면 심사관들이 편견을 가지지는 않았는지, 간과한 부분이 있지는 않았는지, 뭔가 잘못된 것은 없었는지 등을 다시 생각하곤 한다.

그리고 메이어가 밝혀낸 것처럼 이러한 경향은 각각의 결과가 자신의 정체성에 중요할 때 특히 강해진다. 이를 확인하기 위해 메이어는 자신의 연구 중 하나에서 학생들에게 표현의 자유를 제한하는 대학 행정부의 지침을 제시했다. 일부 학생들에게는 공개 포럼에서 이 지침에 대해 이의를 제기하거나 의견을 제시할 수 있다고 말했고, 다른 학생들에게는 그러한 기회를 제공하지 않았다. 동시에 연구진은 심리 테스트를 통해 피험자들이 표현의 자유 제한을 어느 정도로 개인의 정체성 침해로 느끼는지를 알아보았다.

결과는 다음과 같았다. 학생들은 자신의 정체성이 타격받았다고 느꼈을 때 특히 대학의 지침이 불공정하다고 생각했다. 자신의 주장을 자세히 설명할 기회가 주어졌는지 아닌지는 결과에 큰 차이가 없었다. 말하자면 의사 결정 과정의 객관적인 공정성은 학생들의 견해에 거의 영향을 미치지 않았다. 자신의 정체성이 타격받았

다고 느낀 학생들은 절차에 실수가 있었거나 사안이 공정하지 않다고 자동으로 받아들였다.[16]

이는 또한 불안정한 시대에 음모론이 그토록 인기가 높아지는 이유를 설명한다.

전 세계가 동요하고 당연시되던 새로운 사실들이 끊임없이 깨져 나가면 익숙했던 자아상은 강한 압박에 흔들린다. 그러나 자신의 정체성을 외부 변화에 맞추는 것(예를 들면 2020년에 미국인 대다수가 트럼프에게 투표하지 않았다는 사실이나, 팬데믹으로 인해 개인의 자유가 부분적으로 제한되어야 한다는 사실을 받아들이는 것)보다 불행의 책임을 외부에서 찾거나 불쾌한 사실을 부인하거나 그 책임을 다른 사람에게 전가하기가 더 쉽다. 그래서 음모론자들은 은밀하게 움직이는 세력에 대해 속삭이는 것을 좋아한다. 그렇게 하면 내부의 문제가 외부로 옮겨지기 때문이다.

이는 극우 단체가 선전하는 정체성 개념과 유사하다. 그들에게 정체성이란 오로지 국가나 문화유산, 역사적 과거에 속한 것으로만 정의되는 고정되고 변하지 않는 것이다. 그리고 민족 정체성이 외국 문화나 이민자, 생태학적 이념, 성 역할의 변화 등 모든 낯선 것의 부패와 영향으로부터 시급히 보호되어야 한다고 생각한다. 혼란스러운 흐름과 발전, 생활환경이 뒤섞인 현대의 복잡함에 맞서 '좋았던 옛날'을 떠올리게 만드는 것이다. 그리고 정체성은 '나의 것'과 '낯선 것'의 대조라는 아주 단순한 공통분모로 축소된다.[17]

정체성의 발달

특히 이러한 구조의 이면에는 모든 인간은 어떤 대가를 치르더라도 지켜야 하는 고정불변의 존재의 핵심을 가지고 있다는 오래된 관념이 자리 잡고 있다. 이러한 관념은 철학자 르네 데카르트^{René} ^{Descartes}(1596~1650)로 거슬러 올라간다.

그는 모든 사물에는 특정 속성의 전달 역할을 하는 '영구적으로 존재하는 어떤 것'이 있다는 물질론을 통해 이러한 사상을 발전시켰다. 이로부터 모든 인간에게는 평생 자신의 행동과 인성을 결정 짓는 존재의 핵심이 자리 잡고 있다는 사상이 파생되었다. 데카르트는 고정되고 변하지 않는 정체성 같은 것이 존재하며, 적절한 자기 발견 방법을 통해 이를 발견할 수 있다고 생각했다.

그러나 시간이 흐르면서 정체성의 개념이 크게 바뀌었다. 이를테면 지그문트 프로이트^{Sigmund Freud}는 개인의 자아감이 모든 잠재적 (종종 무의식적인) 심리 기제에 의해 얼마나 많은 영향을 받는지, 자아^{Ich}와 이드^{Es}, 초자아^{Über-Ich}가 복잡한 대화 상황에서 어떤 관계에 있는지를 보여주었다.

정체성 이론에 대해 가장 큰 영향을 미친 정신분석학자 에릭 H. 에릭슨^{Erik H. Erikson}은 1950년 자신의 저서 《유년기와 사회》에서 인간의 정체성이 심리 사회적 발달 과정에서 어떻게 형성되는지 상세히 설명하면서 현대의 정체성이 단계적으로 발달한다고 보았다.[18]

에릭슨에 따르면 과거에는 고정된 내면의 핵심으로 이해되었던 정체성이 이제는 장기간에 걸친 '정체성 작업'의 결과로 간주되며, 이러한 정체성 작업은 궁극적으로 전체에 속해 있는 존재로서 '올바른 길을 가고 있다'는 느낌으로 이어진다. 그러나 정체성에 대한 이러한 이해와 동시에 정체성의 위기도 나타났다.

에릭슨은 자아가 "변화하는 운명 속에서도 일관성과 연속성을 유지하는 데 성공해야 한다."라는 정체성의 핵심 문제를 이미 인식하고 있었다. 그가 만든 '정체성 위기'라는 용어는 그 이후로 가장 대중적인 심리학 용어 중 하나가 되었으며, 일상 어휘로도 매우 자주 사용된다.[19]

또한, 정체성은 자기 자신을 어떻게 보는지의 문제만이 아니라 다른 사람들이 나를 어떻게 생각하는지의 문제이기도 하다. 에릭슨은 "자아 정체감이란 다른 사람의 눈에 비친 나의 통일성과 연속성이 자기 내면의 통일성과 연속성을 유지할 수 있는 능력과 일치한다는 축적된 자신감"이라고 정의했다.[20] 다시 말해 정체성에 있어서 내가 생각하는 나의 이미지와 타인이 생각하는 나의 이미지는 실제로 구분되지 않는다.

따라서 소셜 네트워크 활동의 대부분은 다른 사람의 거울에 비친 나의 자아상을 결정하려는 시도로 이해할 수 있다. 나는 어떻게 보이는가, 무엇에 '좋아요'를 받는가, 나는 누구를 팔로우하는가, 누가 나를 팔로우하는가. 특히 젊은 층이 소셜 네트워크 활동에 많은 시간을 할애한다는 사실은 이 시기가 자신의 정체성을 발달시키는 데 필수적인 시기라는 것을 인식한다면 쉽게 수긍이 간다. 즉, 이 시기에는 자신의 재능과 취향을 시험해 보고, 자기 생각과 일치하는 친구, 옷, 상징을 찾는 등 길고 힘겨운 과정을 통해 자신이 어떤 사람이 되고 싶은지를 점차 발전시켜 나간다.

자아 정체감을 지키려는 노력

정체성 발달 과정에서 우리는 끊임없이 주변의 공감에 의존한다. 예를 들어 음악이나 체스에 재능이 있는 청소년들은 같은 재능을 지닌 다른 사람들과 어울리면서 비로소 진정한 음악가나 체스 선수가 된다.

예나 대학의 심리학자 클라우스 로터문트Klaus Rothermund의 설명에 따르면 정체성 발달 과정은 "내 모습이 내가 원하는 사람과 일치한다는 확신을 다른 사람에게 심어줄 때" 비로소 완성된다.[21] 정체성은 주로 직업 생활을 시작할 시기에 완성되기 때문에 학생 때는 정체성을 찾는 데 특히 오랜 시간이 걸린다.

개인의 정체성이 최종적으로 확고해지면 우리는 일반적으로 이 정체성을 안정시키고 외부 공격으로부터 방어하기 위해 모든 노력을 기울인다.

결론적으로 말하면 우리는 자기 이미지에 엄청난 시간과 노력과 노력을 투자한다. 이는 수십 년 동안 공들여 만든, 그래서 가능하면 조금도 바꾸고 싶지 않은 예쁘게 보수된 목조 주택에 비유할 수 있다. 그러므로 우리는 안정적인 자아상에 방해되는 모든 것(예를 들면 노화 과정)을 무시하려고 끈질기게 노력한다. 우리는 머리카락이 빠지고 배가 나오고 얼굴에 주름이 생기더라도 마음은 여전히 20살인 것처럼 느끼고 싶어 한다. 그렇게 함으로써 우리는 신체적 변화뿐만 아니라 정신적 변화도 밀쳐내려고 한다.

무의식적인 심리적 술책은 이를 부추긴다. 즉, 우리는 끊임없이 현재의 선호도를 모든 것의 척도로 간주한다. 하버드 대학 심리학자 대니얼 길버트Daniel Gilbert와 조르디 쿠아드박Jordi Quoidbach은 19,000명 이상의 피험자를 대상으로 대규모 연구를 수행하여 이러한 경향을 입증했다.

18세든 68세든 상관없이 응답자들은 과거에는 많은 변화가 있었다고 말하는 반면, 미래에는 설문 조사 시점과 똑같은 음악을 좋아하고 똑같은 파트너를 사랑하며 똑같은 가치관을 가질 것이라고 확신했다. 말하자면 피험자들은 과거에는 자신의 선호도가 변했다는 사실을 잘 알고 있으면서도 동시에 미래에는 모든 것이 안정적으로 유지될 것이라는 강한 믿음을 가지고 있었다.

길버트와 쿠아드박은 〈역사의 종말 환상The End of History Illusion〉이라는 제목을 붙인 자신들의 연구에 다음과 같이 썼다.

"사람들은 항상 현재를 자기 생애의 전환점으로 간주하며, 이 시점에서 마침내 자신이 남은 생애 동안 살아갈 모습으로 완성된다고 생각한다."[22]

움직이는 자아

이와 비슷한 과정은 노년기에도 일어난다. 노년기는 직업 생활이 끝나가고 자녀들이 독립하며 몸에 질병이 찾아오고 기억력이 떨어지는 시기다. 이러한 상황에서 안정적인 자아 정체감을 유지하기 위해 판단 기준을 점점 이동시킨다. 즉, 더 이상 젊은 사람들을 따라갈 수 없다는 것을 알게 되면 같은 나이의 사람들과 자신을 비교한다. 그래서 70세에도 여전히 자신이 아주 건강하다고 느낄 수 있다. 또는 과거에 몰입하는 사람도 있다.

심리학자 로터문트는 "결국 그 누구도 한 사람이 살아온 삶을 빼앗을 수 없으며, 이러한 사실은 안정적인 자아 정체감을 형성한다."라고 설명한다.

그러므로 궁극적으로 자기 이미지가 삶의 상황과 적합하게 잘 맞는 것이 중요하다. 그리고 이러한 '적합성'은 결코 고정된 것이 아니라 상황이 변함에 따라 끊임없이 바뀔 수 있다. 물론 언제나 행복을 주는 순간들이 존재한다. 예를 들면 사랑에 빠졌을 때 우리는 내적 충만함과 편안함을 느낀다. 이러한 순간들은 결코 동결시킬 수 없으며, 가장 위대한 사랑도 '급속 냉동'시킬 수 없다(사랑 영화에서는 종종 그렇게 하지만 말이다). 그렇게 되면 사랑의 속성을 결정하는 생동감을 잃게 되기 때문이다.

이 모든 것이 의미하는 바는 진정한 자아는 끊임없이 움직이고 변화하는 자아이며, 그때그때의 상황과 주변 사람들에게 자신을 항상 새롭게 맞춤으로써 생동감 있게 살아있는 자아라는 사실이다. 그리고 자기 성격에서 변하지 않는 점은 삶의 흐름을 따르는 바로 이러한 능력에서 드러난다. 심리학자 프란츠 네이어[Franz Neyer]와 유디트 레나르트[Judith Lehnart]는 이와 관련하여 다음과 같이 명쾌하게 표현했다.

"우리가 변화하는 이유는 삶의 요구에 적응하기 위해서다. 그리고 이때 각자 자신만의 방식을 사용하기 때문에 지금의 우리 모습으로 남아있는 것이다."[23]

나만의
나침반 설정하기

자아는 끊임없이 움직이기는 하지만 우리 삶을 이끄는 근본적인 가치와 신념이 분명 존재한다. 이러한 가치와 신념은 무의식적으로 우리가 내리는 모든 결정의 기초가 된다. 이 직업을 선택할지 저 직업을 선택할지, 어떤 파트너를 결정할지, 경력이 더 중요한지 아니면 가족이 더 중요한지, 자녀를 낳을 것인지 독신으로 살아갈지 등. 하지만 우리가 이러한 내면의 가치를 '완전히 인식'하는 경우는 드물다. 게다가 이러한 가치들은 주변 사람들의 견해와 조언, 행동 방식, 우리 환경에서 '정상'으로 간주하는 것, 이맛살을 찌푸리게 하는 것들에 의해 가려져 있다.

그래서 때때로 자신의 우선순위를 명확하게 염두에 두고 외부의 저항이 있더라도 이를 어떻게 실현할 것인지 고민해 보는 것이 좋다. 로마의 철학자 세네카^{Seneca}가 이미 말했듯이 자기가 어느 항구로 가고 있는지 모를 때는 어떤 바람도 순풍이 될 수 없기 때문이다.

따라서 '나만의 나침반'을 설정하는 것이 중요하다. 이를 위해 평범하지는 않지만 아주 간단한 연습이 도움이 될 수 있다. 바로 자신의 추모사를 써보는 것이다. 자기 삶의 (아마도 숨겨진) 가치와 목표를 분명히 알기 위해서는 끝을 생각해 보는 것이 가장 좋은 방법일 것이다. 이러한 방식으로 일상생활의 급박한 상황에 상관없이 자신의 가족과 친구, 지인에게 자신이 어떻게 그리고 무엇으로 기억되기를 원하는지 알아볼 수 있다.[24]

당신의 장례식에서 목사나 친한 친구가 무슨 말을 할지, 당신의 어떤 점을 칭찬하고 어떤 업적과 성공을 특히 강조할 것인지 상상해 보라. 추모사가 너무 섬뜩하게 느껴진다면 90세 생일을 위한 찬사를 생각해 보라. 물론 추모사나 찬사가 모두 그렇듯이 다소 미화할 수 있지만, 너무 많이 꾸미는 것은 바람직하지 않다. 실제로 존재하는 장점과 성품만을 언급하는 것이 좋다.

사무실에서 항상 부지런하고 믿음직스러웠다는 칭찬을 듣고 싶은가? 친구들을 위해 항상 곁에 있어 주었다는 칭찬? 가족의 중심이 되어주었다는 칭찬? 많은 재산을 남겼다거나 인생에서 큰 즐거움을 누렸다는 칭찬? 상상력에는 제한이 없다. 추모사나 찬사를 쓰면서 완전한 자유로움을 느껴보라. 우아한 표현을 찾느라 오랜 시간을 들이지 않는 것이 중요하다. 그보다는 머릿속에 떠오르는 모든 것이 내면의 검열을 거치지 않고 그대로 펜으로 옮겨지도록 하라. 글쓰기가 익숙하지 않다면 말로 하면서 휴대전화로 녹음을 할 수도 있다.

이 연습을 할 때는 방해받지 않고 충분한 시간을 갖는 것이 가장 좋다. 때로는 내면의 가치가 표면으로 떠오르기까지 한참이 걸리기도 한다. 좋아하는 장소를 거닐면서 이런저런 생각을 해보는 것도 좋다(내가 개인적으로 가장 좋아하는 방법이다). 중요한 것은 자기 자신과 내면의 대화를 나누는 것이다.

추모사나 찬사가 완성되었다면 거울을 통해 자신의 모습을 바라보라. 당신의 현재 삶이 당신이 직접 작성한 소망과 가치에 부합하는가? 대략적인 방향은 일치하는가? 아니면 뭔가 빠진 부분이 있는가? 지금은 충분한 관심을 받지 못하고 있지만 사실상 당신에게 중요한 부분이 있는가? 그렇다면 이 부분을 강화하기 위한 계획(때에 따라서는 장기적인 계획)은 무엇일까? 자발적인 이 연습을 통해 어떤 깨달음을 얻을 수 있을 것이다.

6장

공동체의
위험

'타협과 집단 사고, 그리고 이를 마주치는 순간'

잘 알다시피 전쟁과 위기는 인간에게서 최선과 최악을 끄집어낸다. 우크라이나 전쟁도 예외는 아니다. 잔학 행위와 전쟁 범죄에 대한 끔찍한 보도와 더불어 전쟁 속에서도 희망을 전하는 용기와 인류애에 대한 이야기도 언제나 함께했다. 그중 하나는 러시아에 있는 아버지에게 우크라이나의 전쟁 상황을 설명하려고 했던 미샤 카트시우린Misha Katsurin의 이야기일 것이다.

카트시우린은 러시아가 키이우를 폭격하기 시작했을 때 그곳에서 가족과 함께 살고 있었다. 한편 신앙심이 매우 깊은 그의 아버지는 러시아의 니즈니 노브고로드 인근의 숲속 작은 마을에 살면서 수도원에서 일하고 있었다. 카트시우린은 아버지를 '무의미한 살인을 절대로 용납하지 않을 기독교인'이라고 묘사한다.

그러나 전쟁이 시작된 지 며칠 후 두 사람이 처음으로 전화 통화를 했을 때 곧바로 말다툼이 벌어졌다. 카트시우린이 키이우가 폭격당하고 있으며 가족을 도시 밖으로 대피시키려 한다고 말하자 아버지는 그의 말을 들으려 하지 않았다. 오히려 그는 아들에게 러시아는 평화적인 군사 작전을 수행하고 있을 뿐이며, "우크라이나 사람들에게 따뜻한 옷과 음식을 제공해 주고 나치 정권으로부터 우리를 보호할 것"이라고 말했다.

충격을 받은 카트시우린은 이 모든 것이 자신이 지어낸 이야기가 아니며, 도시가 폭격 되는 모습을 자신의 눈으로 직접 보았다는 사실을 아버지에게 이해시키려고 했다. "하지만 아버지와의 통화는 귀가 들리지 않는, 완전히 다른 현실에 살고 있는 사람과 대화하는 것 같았다."라고 그는 어느 인터뷰에서 이야기했다.[1]

카트시우린은 이러한 경험을 한 사람이 자신만이 아니라는 사실을 곧 확인할 수 있었다. 그가 아버지와의 통화 경험을 인스타그램에 올리자 그의 게시글은 순식간에 퍼졌다. 135,000명이 그의 글을 공유했고, 수많은 우크라이나 사람들이 비슷한 경험을 했다고 알려왔다. 러시아에 있는 자신의 친척들도 거짓으로 가득 찬 정보 세계에 살고 있고 우크라이나에서 실제로 전쟁이 벌어지고 있다는 사실을 믿지 않는다고 했다.

카트시우린과 다른 많은 사람들이 경험한 것은 수년에 걸친 허위 조작 정보 정책의 결과일 뿐만 아니라 서로 다른 사회적 영향권이 근본적으로 양립할 수 없음을 보여준다.

많은 러시아인은 자국의 언론 보도를 신뢰할 수 없다는 것을 알고 있거나 어렴풋이 느끼고 있다. 그런데도 일상적으로 사회 깊숙이 스며있는 진실의 이미지에서 벗어나는 일은 지극히 어렵다. 러시아 군인들이 우크라이나를 해방시킨 용감한 영웅이라고 믿고 싶지 않은 사람이 누가 있었을까? 이러한 인식에서 자국의 군인들을 증오스러운 침략자로 관점을 바꾸는 일은 작은 발걸음 그 이상이다. 관점을 바꾸기 위해서는 이제까지의 세계관을 어느 정도 수정해야 할 뿐만 아니라 강력한 사회적 합의에서 벗어나야 한다. 그리고 그것은 엄청나게 어려운 일이다.

'전문적으로 투입되는 선전을 해체하는 것은 아주 긴 여정이다. 전화 몇 통으로 끝날 만한 일이 아니다'라는 것을 카트시우린도 알게 되었다. 하지만 그는 인내심을 갖고 아버지와 오랜 시간 대화를 나누면서 아버지가 갖고 있었던 국가 선전 이미지에 서서히 균열을 만들어 냈다. 몇 주 후 아버지는 적어도 평화적 군사 작전이라는 말을 더는 꺼내지 않고 끔찍한 전쟁에 관해 이야기했다.

그 후 카트시우린은 '아버지, 믿으세요'라는 뜻의 웹사이트 '파파포버^{Papapover}'2를 만들었다. 이 사이트에서 그는 러시아에 친척이 있는 사람들에게 어떻게 하면 그 친척들에게 진실을 확인시켜 줄 수 있으며 관행적인 정보 통제를 무력하게 만들 수 있는지를 조언한다. 카트시우린은 우크라이나에 친척이 있는 러시아인은 약 1,100만 명에 달한다고 주장하며 이렇게 말한다.

이 사람들에게 먼저 다가가고 그 사람들이 다시 또 자신의 친구들에게 이에 관해 이야기한다면 "언젠가 2천만, 3천만, 4천만 명이라는 거대한 힘을 갖게 될 것이다. 그리고 진실을 아는 사람이라면 누구든지 푸틴 정권을 지지하지 못하리라 생각한다."

선량한 시민은 어떻게 살인자가 되는가?

카트시우린의 이야기는 대화의 끈을 놓지 않는 것이 얼마나 중요한지를 보여줄 뿐만 아니라 공동체 의식의 추악한 측면 중 하나를 드러내기도 한다. 즉, 한 사회의 결속력이 진실을 극단적으로 조작하고 왜곡하는 데 악용될 수 있다는 것이다. 1933년부터 1945년 사이에 자국에서 아주 비슷한 경험을 한 독일인보다 이에 대해 더 잘 아는 사람은 없을 것이다. 나치는 언론을 장악하여 반대 목소리를 검열했으며, 공식적으로 퍼진 거짓말에 거의 아무도 반박하지 못하는 순응주의를 조성했다.

전쟁이 끝난 후 많은 사람은 어떻게 이런 상황까지 오게 되었는지, 한때 '시인과 사상가'의 민족으로 알려진 독일이라는 국가 전체가 왜 그토록 오랫동안 나치의 비인간적 정책에 동조했는지, 나치에 반기를 든 사람이 왜 그렇게 소수였는지에 대해 의구심을 품으며 경악했다.

가장 먼저 떠오르는 대답은 나치가 극심한 압력을 가했고 반대자들은 모두 목숨이 위태로웠기 때문이라는 것이다(알렉세이 나발니 Alexei Navalny 같은 러시아 반체제 인사가 목숨의 위협을 느꼈던 것처럼).

그런데 자세히 살펴보면 또 다른 언짢은 대답이 드러난다. 즉, 위협을 받지도 않았고 '아니야'라고 쉽게 말할 수 있었던 많은 사람도 나치에 동조했다는 것이다. 공공연한 외부 압력만이 사람들을 순응적인 행동으로 이끄는 것이 아니라, 공동체의 일원이 되고 싶고 구성원들을 실망시키지 않으려는 단순한 욕구가 이미 사람들을 순응주의자로 만들기 때문이다.

1941년부터 유대인 학살 작전에서 극도로 잔인한 역할을 한 101예비경찰대대의 역사는 그러한 일이 어떻게 일어날 수 있는지를 증명해 준다. 후에 홀로코스트 전문 역사가 크리스토퍼 브라우닝Christopher Browning은 101예비경찰대대를 철저하게 추적했다.[3]

101예비경찰대대의 대원들은 약 38,000명을 살해하고 45,000명을 트레블링카 강제수용소로 추방했다. 이로써 그들은 나치 정권의 가장 능률적인 하수인이 되었다. 하지만 놀랍게도 대원들 모두가 열성적인 나치 신봉자는 아니었다. 대원들은 평균적으로 서른 살이 훨씬 넘었고 나치 시대 이전에 통용됐던 전통적인 부르주아 미덕을 여전히 간직한 성실한 가장들이 많았다.

특히 충격적인 사실은 그들 중 누구도 유대인 학살에 가담하도록 강요받지 않았다는 것이다. 오히려 모두가 좋아하던 그들의 사령관은 여성과 어린이, 노인을 총살하라는 끔찍한 지령을 처음으로 대원들에게 설명하면서 이에 가담할지 아닐지의 선택권을 모두에게 명확하게 부여했다.

하지만 500명 중 15명만이 학살 임무에 가담하지 않았으며, 나머지 485명의 대원은 자신의 역할을 따랐고 이후 냉혈한 살인자가 되었다. 이를 어떻게 설명할 수 있을까? 그리고 이 끔찍한 임무를 거부한 사람은 왜 그렇게 소수였을까?

브라우닝뿐만 아니라 사회심리학자 하랄트 벨처Harald Welzer도 이러한 질문에 대해 탐구했다. 하랄트 벨처는 자신의 저서 《가해자 Täter》에서 선량한 법의 수호자가 대량 학살자로 변모하는 과정을 다루었다. 두 사람은 이 과정에서 사회적 집단 역학이 결정적인 역할을 했다는 결론에 도달했다.[4]

첫 번째는 단순한 심리적 속임수다. 즉, 총살을 거부하겠다는 결정을 내린 모든 사람은 능동적으로 집단에서 물러나야 하지만, 수동적인 사람은 비인간적인 명령에 표면적으로 동의한 것이다. 그리고 압도적 다수는 바로 그렇게 했다. 벨처의 말처럼 "무엇을 해야 할지 모른다면 수동적인 행동이 능동적인 행동보다 훨씬 더 합당하기 때문이다."[5]

두 번째는 소외되는 것에 대한 두려움이다. 명령을 거부한 사람은 자신이 소속된 대대에서 앞으로 아웃사이더로 간주되고 다른 사람들로부터 배척당하게 된다는 것을 예상해야 했다.

셋째, 스스로 자신을 '뒤통수치는 배신자'라고 느낄 수 있다는 것이다. 명령을 거부하는 것은 집단에 대한 충성심, 모두가 좋아하는 사령관을 향한 충성심을 어기는 것일 뿐만 아니라 '나쁜 짓'으로 동료들에게 부담을 주기 때문이다.

결국, 대원 대부분이 살인을 결정하게 된 이유는 어떤 동기나 개인적인 성향이 있어서가 아니라, 벨처의 말처럼 단순히 "사회적 상황이 이러한 결정을 그들에게 요구하는 것"처럼 보였기 때문이다.

애쉬의 동조 실험

제2차 세계 대전 이후 많은 연구자는 이러한 현상을 탐구했다. 그들은 무엇보다 독일인이 순응적인 집단행동에 특히 취약한지, 아니면 그러한 행동이 인간의 일반적인 성향인지 궁금해했다. 솔로몬 애쉬Solomon Asch도 이러한 의문을 가졌다.

폴란드 태생의 심리학자로 13세에 미국으로 이주한 후 펜실베이니아의 스와스모어 대학에서 교수로 재직했던 그는 전쟁 동안 히틀러의 선전이 어떤 결과를 초래했는지 연구했다. 그 후 그는 사회심리학의 선구자가 되었고 인간의 순응성 경향을 탐구했다.

애쉬가 1951년에 처음으로 발표한 실험은 이 분야에 있어 고전으로 일컬어지며 오늘날에도 수많은 방식으로 변형되어 반복되고 있다. 원래의 실험에서는 피험자들에게 두 개의 카드가 화면에 제시된다. 한 카드에는 길이가 다른 세 개의 선이 그려져 있고, 다른 카드에는 선 하나가 그려져 있다. 그리고 다음과 같은 질문이 제시된다.

"길이가 같은 두 선은 어떤 것인가?"

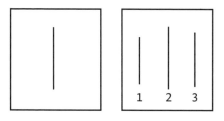

출처: https://www.panarchy.org/asch/social.pressure.1955.html

대단한 질문이 아니라고 생각할 수도 있다. 선 길이의 차이가 비교적 명확하게 보이기 때문이다. 그런데 피험자들 사이에는 실험자로부터 '은밀하게 지시를 받는' 참가자도 있었으며 그들과 함께 집단을 이루어 실험을 수행했다. 이 참가자들은 실험 초반 몇 회차에서만 정답을 제시하며, 그 후에는 고의로 사실에서 벗어나 길이가 다른 선들을 확신 있게 대답했다. 이와 같은 집단 판단의 영향력은 엄청났다.

애쉬의 실험에 참여한 지원자 중 4분의 3은 (잘못된) 다수 의견에 직면했을 때 적어도 한 번은 오답을 따랐고, 약 3분의 1은 아무리 말도 안 되는 대답을 들어도 매번 다수 의견에 동의했다.[6]

집단의 규모와 순응 경향

피험자는 두 번째 카드에 있는 세 개의 선 중에 어떤 선이 첫 번째 카드에 있는 선과 길이가 같은지 대답해야 한다.

유명한 이 동조 실험은 그 이후로 계속해서 반복적으로 수행되었다. 몇 년 전 대규모 메타 분석에 따르면 17개국에서 총 133건의 연구가 시행되었다.[7]

연구 결과는 항상 비슷했지만, 사회적 맥락의 영향도 함께 나타났다. 이를테면 일본이나 홍콩, 브라질처럼 가족이나 집단 구조가 개인적 야망보다 더 중요하게 여겨지는 국가에서는 순응주의 충동이 특히 높았다. 반면 유럽이나 미국과 같이 개인주의 성향이 강한 문화에서는 실험 참가자들이 여전히 다수 의견을 강하게 따르기는 하지만 더욱 독립적으로 판단하는 것으로 나타났다.

이 실험은 그때그때 주류에 합류하려는 인간의 충동을 증명할 뿐만 아니라 명백히 말도 안 되는 주장에 사람들을 동의하게 만들기가 얼마나 쉬운지를 보여준다. 즉, 같은 의견을 가진 다른 사람들만 있으면 충분하다. 비록 그저 실험일지라도 말이다.

애쉬가 입증한 바에 따르면 집단의 규모가 클수록 순응 경향도 증가한다. 말하자면 큰 집단에서는 거의 아무도 반대 의견을 표명할 엄두를 내지 못한다.

집단 사고의 위험성

종파와 정당, 기업, 협회를 비롯한 모든 유형의 인간 집단에서 반복적으로 관찰되는 집단 사고의 치명적인 경향도 이와 마찬가지로 설명할 수 있다. 일반적인 합의에서 벗어나는 모든 것은 의도적으로 묵과되고, 이로 말미암아 집단은 점점 더 비현실적인 가상 세계에 표류하게 된다.

사회심리학자 어빙 재니스Irving Janis는 1972년 자신의 저서 《집단 사고의 희생자들Victims of Groupthink》에서 이 현상을 처음으로 설명했다.[8] 그는 응집력 있는 내집단에 강하게 관여하는 사람들이 집단 사고를 하며, 이 과정에서 만장일치를 위한 구성원들의 노력이 대안적 행동 가능성을 현실적으로 검토하려는 동기를 압도한다고 말했다. 그 이후로 '집단 사고'●라는 언어는 한 집단이 어떤 사안에 대해 집단으로 집착하는 모든 경우를 특징짓는 말로 사용되고 있다.

재니스는 무엇보다도 제2차 세계 대전 당시 일본의 진주만 공격에 놀란 미국 정부의 실수를 이와 연관해 설명했다. 그러나 집단 사고는 우크라이나 전쟁이 시작되기 전에 크렘린궁에서 일어난 일을 설명하는 데에도 사용될 수 있다. 크렘린궁에서 블라디미르 푸틴과 그의 최측근 군 참모들은 잘못된 가정에 함께 빠져들었다.⁹ 크렘린궁 지도부는 분명히 우크라이나에서 빠른 승리를 거둘 것이며 국민의 저항이 거의 없을 것이라고 예상했지만, 이는 완전히 잘못된 가정으로 판명되었다.

이 과정에서 푸틴은 아마도 집단 사고의 전형적인 희생자였을 것이다. (익명의) 미 정보기관 당국자는 "우리가 아는 한 그는 코로나 팬데믹 기간 동안 자신을 스스로 고립시켰고 예스맨들에 둘러싸여 있다."라고 진단했다.¹⁰

이처럼 전쟁 전에는 감히 푸틴에게 반기를 들거나 군사적 오판을 바로잡을 사람이 아무도 없었다. 다수의 독재자와 권력자를 인터뷰한 정치학자 브라이언 클라스Brian Klaas에 따르면 푸틴은 '독재자

● 이 용어는 조지 오웰George Orwell의 대표작 《1984》에 사용된 '이중사고Doublethink'에서 차용한 것이다.

의 함정'에 빠졌고 그들이 권력을 유지하기 위해 사용하는 전략은 결국 몰락을 자초하고 이 함정에는 독재자들이 언젠가 아첨꾼들의 말만 듣고 나쁜 조언을 받는 현상도 포함된다고 말한다.[11]

이는 반대자와 아웃사이더 또한 공동체에 얼마나 중요한지를 보여준다. 즉, 그러한 사람들이 자유롭게 자신의 의견을 표현하고 지배적인 견해를 문제시하거나 의문을 제기할 수 있어야만 집단 사고의 함정을 피할 수 있다. 그렇다고 해서 반대 의견을 가진 사람들이 항상 옳다는 의미는 아니다. 하지만 다수에게 자신의 확신과 신념을 다시 한번 재검토하게 함으로써 집단 전체가 망상에 빠지지 않도록 돕는다.

참고로 이는 독재자뿐만 아니라 자신을 주류에 맞서는 반대자라고 생각하는 집단에도 적용된다. 특히 자신을 '훌륭한 대의'의 선구자로 양식화하여 표현하는 집단에서는 집단 사고의 위험성이 높다. 이는 좌파와 우파 정치 집단이나 종교 종파에만 해당하는 것이 아니라 코로나 팬데믹 기간에 두드러진 이른바 '크베어뎅커' 집단에서도 관찰된다.

그들은 자신을 회의론자라고 불렀지만, 마치 더 잘 아는 체하는 사람처럼 행동했다. 그들은 인터넷 포럼에서 서로의 의견에 힘을 실어주고 자신들이 믿는 내용이 옳다는 것을 입증해 주는 전문가의 정보와 영상을 공유했다. 또한, 다른 견해를 가진 사람들(이들은 허위 정보를 가진 사람들이므로 굳이 그들과 토론할 필요가 없다고 생각하기 때문에)을 철저히 차단하고 공동 시위를 하면서 모든 의심을 뛰어넘는 같은 뜻을 지닌 집단에 자신이 속해 있다는 행복감을 느꼈다.

'크베어뎅커'의 예는 주류에 맞서 반대하는 사람들도 집단 사고의 희생자가 될 수 있음을 보여준다. 특히 자유의 깃발 아래 억압자에 대항하는 집단에서는 그들이 맞서 싸우는 사회에서보다 더 큰 순응 압박을 받는 경우가 많다.

우리가 다른 사람을 따르는 이유

그런데 우리는 왜 그렇게 쉽게 영향을 받을까? 다른 사람들이 특정 입장을 피력하면 우리는 더 나은 자신의 판단을 거스르고 그들의 판단을 따른다. 그 이유는 무엇일까?

이를 규명해 주는 다양한 설명들이 있는데, 우리의 '초사회적' 본성과 관련이 있다.

첫 번째는 인류학적 설명이다. 즉, 인간은 무리 동물이며 누구도 아웃사이더가 되는 것을 좋아하지 않는다는 것이다. 인간은 집단 안에 있을 때 보호받는다고 느끼기 때문이다. 이는 아마도 오랜 진화적 유산이라고 말할 수 있다. 대부분의 인류 역사에서 우리 인간은 집단 속에서만 생존할 수 있었다. 자신이 속한 집단이나 부족에서 배제되는 것은 거의 사형선고나 다름없었다.•

두 번째는 인간의 비겁함에 대한 설명이다. 즉, 공동체에서 배제되는 것이 생명을 위협하지 않더라도 불편함을 느끼게 한다는 것이다. 자신의 견해에 소신이 있는 사람은 무시와 조롱을 예상하고 책임을 받아들여야 한다. 반면 집단의 뜻을 따르는 사람은 책임에서 벗어난다. 즉, 나중에 자기 입장이 잘못된 것으로 드러나도 언제나 다른 사람을 지적할 수 있으므로 책임을 부인할 수 있다. 그래서 주류에 맞서려면 상당한 용기가 필요하다(독재 체제에 살지 않더라도 말이다).

세 번째 설명은 진화적 측면이나 심리학적 측면보다는 단순한 논리와 관련이 있다. 인간은 모든 것을 알지 못한다는 것이다. 그러므로 원칙적으로 다른 사람을 지향하고 그들의 경험으로부터 도움을 얻는 것이 현명한 전략이 될 수 있다. 이렇게 하면 다른 사람이 이전에 저지른 실수를 자동으로 피할 수 있다. 과학적 연구에 따르면, 모든 것을 혼자서 해결하려고 노력하는 것보다 다른 사람의 경험을 신뢰하는 것이 더 성공적인 경우가 많다.[12]

그러므로 우리는 다른 사람들이 입는 유행하는 옷을 따라 입고, 많은 사람이 찾아간 식당을 따라가고, 좋은 평점을 받은 영화나 시리즈를 보고, 베스트셀러라고 광고하는 책을 읽는다. 이처럼 우리는 스스로 많은 고민이나 검색을 하지 않아도 축적된 집단 지성의 혜택을 누릴 수 있다.

● 이에 대해 잘 모르겠다면 벨마 월리스Velma Wallis가 쓴 《두 늙은 여자》라는 훌륭한 이야기를 읽어볼 것을 추천한다. 이 이야기는 알래스카의 한 유목민 부족이 혹독하게 추운 겨울에 부족을 구하기 위해 나이가 가장 많은 두 여자를 '쓸모없이 먹기만 하는 사람'이라며 버리고 떠나는 내용을 담고 있다. 그런데 작은 기적이 일어난다.

감정 전염

그러나 이것만으로 집단의 힘을 완전히 설명하지는 못한다. 우리가 순응적인 행동을 하는 이유는 배제되거나 거절당하는 것이 두려워서, 또는 다른 사람의 지식으로부터 도움을 받고 싶기 때문만은 아니다. 지각의 문턱 아래에서 일어나며 특히 우리 행동에 지속적인 영향을 미치는 메커니즘도 그에 못지않게 효과적이다.

우리는 무의식적으로 주변 사람들의 행동에 자신을 맞추는 경우가 많다. 이는 이미 표정에서부터 시작된다. 누군가가 우리에게 친근한 미소를 지으면 자동으로 광대 근육이 활성화되어 입꼬리가 위로 올라가면서 같이 미소를 짓게 된다.[13] 또한, 누군가가 늘어지게 하품하는 모습을 보면 하품하고 싶은 충동에 사로잡힌다.

이와 비슷한 방식으로 우리는 무의식적으로 상대방의 말 속도나 필체, 표현 방식에 적응한다. 이 모든 것이 상호 이해를 높이는 데 기여하기 때문이다.[14] 심지어 우리는 종종 놀라운 방식으로 다른 사람의 행동을 따라하기도 한다. 예를 들어 술집에 함께 있는 남성들은 술잔을 동시에 드는 경우가 많다.[15] 영화 속에서 배우가 잔을 드는 것을 볼 때도 잔을 따라 들고 싶은 충동이 생겨난다.[16] 심리학자들은 이러한 원리를 '카멜레온 효과Chameleon Effect'라고 부른다.[17]

오늘날 심리학자들은 인간이 주변 환경의 행동을 강력하게 모방한다는 사실에 더 이상 놀라지 않는다. 오히려 우리가 이 사실을 거의 인식하지 못한다는 사실에 더 놀라워한다. 심리학자 일레인 햇필드$^{Elaine\ Hatfield}$는 우리가 "놀라울 정도로 다른 사람의 감정 세계를 공감하는 것은 사실"이라고 말한다.[18] 하지만 놀랍게도 우리는 "이러한 동일화의 중요성을 사회적 만남에서는 간과"하는 경향이 있다는 것이다.

햇필드에 따르면 우리는 다른 사람의 감정과 행동을 얼마나 자동으로 포착하는지, 그리고 그것이 우리에게 얼마나 큰 영향을 미치는지 깨닫지 못한다. 이러한 맥락에서 햇필드는 '감정 전염$^{Emotional\ Contagion}$'이라는 용어를 처음으로 사용했다.[19] 이 개념은 우리가 주변 환경의 기분과 감정에 영향을 받으며 때로는 우리 의지에 반하여 완전히 휩쓸려 따라가는 현상을 설명한다.

오늘날 우리는 다른 사람과 가상으로만 연결되어 있어도 이러한 감정 전염이 발생한다는 사실을 알고 있다. 이는 무엇보다도 페이스북 네트워크 연구를 통해 잘 나타난다. 예를 들면 비가 오는 날에는 비가 오는 도시의 사람들뿐만 아니라 날씨가 좋은 다른 도시에 사는 친구들도 부정적인 상태 메시지를 더 많이 게시하는 것으로 나타났다.[20] 말하자면 우울감은 전염성이 있다.

2014년 여름, 온라인 커뮤니티를 떠들썩하게 했던 또 다른 연구가 시행되었다. 실험을 위해 연구진은 일주일 동안 약 70만 개의 페이스북 계정의 타임라인을 의도적으로 조작했다. 즉, 한 그룹은 친구들로부터 더 많은 긍정적인 메시지를, 다른 그룹은 평균 이상의 부정적인 메시지를 볼 수 있도록 각각 필터링 설정을 변경했다.

그 결과 긍정적인 메시지를 더 자주 읽은 사람들은 자신의 상태 메시지도 더 긍정적으로 작성했지만, 평소보다 부정적인 메시지를 더 많이 접한 사람들은 자신의 상태 메시지에 자신을 다소 부정적으로 표현하는 경향이 있었다. 연구진은 "디지털 소셜 네트워크에서 친구들이 표현하는 감정이 우리 자신의 기분에 영향을 미친다."라고 설명했다. 이 연구는 소셜 네트워크에서 대규모의 감정 전염이 발생한다는 최초의 실험적 증거를 제공했다.[21]

큰할아버지 월터의 수치심

독일계 이스라엘 경제학자이자 행동 연구가인 에얄 빈테르[Eyal Winter]는 자신의 저서 《협상가를 위한 감정 수업》에서 무의식적인 영향을 보여주는 매우 극단적 사례를 설명한다. 그는 이 책에서 1933년 동프로이센의 쾨니히스베르크에서 우연히 나치 행진에 가담한 자신의 큰할아버지 월터의 이야기를 들려준다.

유대인이었던 그의 큰할아버지는 폭동을 일으키는 나치 지지자들의 전형적인 적이었으므로 처음에는 즉시 도망치려고 했다.[22] 하지만 큰할아버지는 '아리아인'처럼 보이는 외모 때문에 자신이 눈에 띄지 않는다는 사실을 깨닫자 호기심이 발동했다. 그래서 그는 도망치는 대신 군중 한가운데로 들어가 가까운 거리에서 그들의 행동을 눈여겨보았다.

바로 그 순간 히틀러가 연단에 올랐다. 히틀러는 평소와 같은 선동적인 연설을 하며 군중을 열광시켰다. 빈테르는 자신의 큰할아버지에 대해 이렇게 이야기한다.

"처음에 큰할아버지는 놀라움과 당혹감을 느끼면서 주변에서 일어나는 사건을 인식했다. 그러나 점차 이상한 느낌이 그를 엄습했다. 모여 있는 군중들이 나치 찬가를 부르기 시작하자 큰할아버지도 따라 부르며 가사를 중얼거렸다."

결국, 큰할아버지는 군중의 감정에 완전히 압도당한 것이다. 주변에 있던 사람들과 함께 '히틀러 만세!'를 크게 외쳤고 히틀러의 입에서 나오는 모든 말에 환호했다. 나중에 돌이켜보니 그는 이러한 행동을 한 자신의 모습에 경악스러운 수치심을 느꼈다. 큰할아버지는 당시 자신의 반응을 '마법'에 걸렸던 것 같다는 말로밖에 설명할 길이 없었다.

나치는 실제로 감정 전염이 대규모 군중에게 어떤 위력을 발휘할 수 있는지 너무나 잘 알고 있었고, 이러한 심리적 메커니즘을 의도적으로 악용했다. 대중심리를 이용한 나치의 유혹이나 나치 전당대회의 과장된 연출, 제국당 집회의 대대적인 무대, 획일적인 '국민 감정Volksempfinden'의 위력이 없었다면 '제3 제국'의 광기는 상상할 수 없었을 것이다.

그러한 수단에 맞서 우리는 무엇을 할 수 있을까? 감정 전염으로부터 자신을 어떻게 보호하고, 우리 안에 깊이 뿌리 박혀 있는 순응주의 성향에 어떻게 저항할 수 있을까?

무엇보다도 우리가 조종당할 수 있다는 것을 알아야 한다. 그래야 자신을 스스로 보호할 수 있다. 우리가 끊임없이, 그리고 종종 무의식적으로 주변의 목소리와 의견에 영향을 받는다는 사실을 인정해야만 이에 대처할 가능성이 열린다.

반면에 자신이 완전히 자율적이고 주변의 영향을 받지 않는다고 착각하는 사람은 타인의 영향력을 매우 효과적이게 만든다. 그렇게 되면 다른 모든 사람이 생각하는 것을 그대로 재현할 뿐만 아니라, 자신이 진실이라고 믿는 것에 대해 한 치의 의심도 허용하지 않는다. 그러고는 확신에 가득 차서 열정적으로 행동한다.

앞에서 언급한 미샤 카트시우린의 아버지도 처음에는 자신이 러시아 선전의 희생자가 되었다는 사실을 전혀 깨닫지 못하고 (조종된) 자신의 견해를 당연한 진리로 받아들였다. 반면에 에얄 빈테르의 큰할아버지 월터는 (적어도 나중에) 자신의 행동이 얼마나 외부에 의해 조종되었는지 깨달았고, 이로 말미암아 이러한 유형의 감정적 영향을 더는 받지 않으려고 노력했다.

주류의 힘

따라서 사회심리학의 연구 지식에 비추어 볼 때 어떤 종류의 도덕적 오만도 금지되어야 한다. 인간이 집단의 압력에 얼마나 쉽게 영향을 받는지 알면 그러한 압력에 매우 많이 노출된 사람들을 판단할 때 더욱 신중해진다. 이는 러시아를 비롯한 다른 독재 정권의 사람들뿐만 아니라 나치 시대 우리 선조와 어머니들의 행동에도 해당된다.

오늘날 확실하게 거리를 두고 바라보면 당시 왜 그렇게 많은 사람이 '제3 제국'의 정신적 광기에 동조했는지 이해하기 어려울 수 있다. 하지만 그러한 정신적 광기가 사회적으로 정상으로 여겨지고 주변 대다수 사람이 공유할 때 이에 저항하는 것은 완전히 다른 문제다.

자신을 냉철하게 바라보면 우리 자신의 판단이 그때그때 지배적인 시대정신에서 벗어날 수 없고 온갖 영향을 받는다는 환멸적인 인식을 거의 피할 수 없다. 또한, 곳곳에 존재하는 광고에 담긴 이미지와 이상은 우리를 끊임없이 현혹하고 '행복한 삶'에 대한 우리의 생각에 무의식적으로 영향을 준다. 이러한 영향을 자각하는 것은 그러한 영향에서 벗어나기 위한 첫걸음이다.

장문의 글로 주류의 힘을 다룬 〈디 차이트〉의 칼럼니스트 하랄트 마르텐슈타인[Harald Martenstein] 또한 이와 같은 결론을 내렸다.[23] 이 과정에서 그는 자신이 아무리 독자적이고 소신 있는 사고를 하더라도 여러 면에서 무리 동물과 같음을 깨달았다.

"내가 태어난 1950년대에는 거의 모든 사람이 독일이 전쟁으로 잃은 동독 영토를 어떤 경우에도 포기해서는 안 되며, 여성은 예외적인 경우에만 직장에 나가야 하고, 동성애는 변태이므로 언급하지 않는 것이 가장 좋으며, 환경 보호보다 더 중요한 것이 수천 가지나 있다고 생각했다. 오늘날에는 거의 모든 사람이 이러한 문제에 대해 대부분 정반대의 생각을 하고 있다. 나 역시 그렇다."

여기서 마르텐슈타인은 이전의 견해가 틀렸고 현재의 견해가 옳다고 생각하는 실수를 범하지 않는다. 그는 그러한 판단이 끊임없이 변화한다는 것을 알고 있기 때문이다.

"나의 증조부모님이 마음속에 품었던 마녀에 대한 두려움이나 황제 숭배가 조부모님에게는 잘못된 것처럼 보였을 것이다. 동독 영토를 포기해서는 안 된다는 생각이 오늘날의 나에게 잘못된 것이라고 여겨지는 것처럼 말이다. 그리고 역사는 계속해서 흐르기 때문에 오늘날 내 생각도 나중에 태어난 사람들에게는 이상하게 보일 수 있다. 미래 사람들의 눈에는 분명 내가 우스꽝스럽게 보일 것이다."

그는 이러한 깨달음이 자신을 겸허하게 만든다고 말한다. 이는 꽤 현명한 일이다. 자신이 '미래 사람들의 눈에 우스꽝스러운 인물'로 비칠 것임을 안다는 것은 이미 그러한 조롱에 대비하는 것이기 때문이다. 이는 자신의 망상을 꿰뚫어 보고 더는 망상의 희생양이 되지 않는 정신질환자의 모습과 비슷하다. 반면 정말로 아픈 사람은 자신의 망상을 진실이라고 믿는 사람이다.

집단의 압력에 어떻게 저항할 수 있을까?

물론 이러한 깨달음만으로는 충분하지 않다. 잘못되었다고 인식한 주류에서 벗어나기 위해서는 다른 것이 더 필요하다. 바로 '동맹'이다. 적어도 정신적인 면에서는 말이다. 이는 이미 솔로몬 애쉬의 동조 실험에서 입증되었다.

그는 이 실험을 통해 무리 본능의 성향이 얼마나 큰지 보여주려고 했을 뿐만 아니라, 순응주의에 어떻게 저항할 수 있는지도 탐구하고자 했다. 이를 위해 그는 동조 실험을 다양한 방식으로 변형하여 반복했다.

예를 들어 하나의 변형 실험에서 애쉬는 '믿을 만한 파트너'를 집단에 잠입시켰다. 이 파트너는 (잘못된) 다수 의견을 따르지 않고 반대되는 판단을 내렸다. 이 한 명만으로도 피험자 대부분은 집단의 압력에 저항하고 원래의 자기 의견을 고수할 수 있었다. 그는 정답을 전혀 제시하지 않았고 그저 다수의 의견에 동의하지 않았을 뿐이었다. 애쉬는 어떤 유형의 반대든 이것이 사람들을 더욱 독립적으로 생각하도록 독려한다는 결론에 도달했다.

나중에 애쉬의 제자 스탠리 밀그램Stanley Milgram이 수행한 유명한 '밀그램 실험Milgram Experiment'에서도 이와 비슷한 결과가 나타났다. 이 실험에서 참가자들은 자신이 학습 실험에 참여하고 있으며 다른 피험자(학생)의 학습 효과를 감독해야 한다고 알고 있다. 그리고 학생 피험자가 문제를 틀릴 때마다 전기 충격을 가해야 하며 점차 강도를 올려야 한다. 피험자들은 전기 충격이 사실은 가짜이며 이 학생이 배우라는 사실을 모른다.

이 실험의 결과는 충격적이었다. 피험자 대부분이 괴기스러운 고문에 기꺼이 동조한 것이다. 학생 피험자가 고통스러운 척 연기하면서 전기 충격을 멈춰달라고 애원했을 때 많은 피험자가 주저함을 보이기는 했다. 하지만 실험자가 엄격한 태도를 유지하며 과학을 위해서는 실험과 전기 충격이 필요하다고 말하자 많은 피험자가 그의 지시를 따랐다. 결국, 피험자의 약 3분의 2가 450볼트(실제로는 치명적인 수준이다)의 전기 충격을 가했다.[24]

밀그램은 충격에 휩싸여 이렇게 말했다.

"예전에 나는 독일이 그랬던 것처럼 잔인한 정부가 국가 강제수용소 시스템에 필요한 인력을 충당하기 위해 미국 전역에서 도덕심이라고는 없는 얼간이들을 찾을 수 있을지 궁금했었다. 그런데 이제는 뉴헤이븐시에서만 전체 인력을 채용할 수 있을지도 모른다는 생각이 서서히 들기 시작했다."[25]

그러나 이 실험은 유혹에 약한 인간 본성이 드러났다는 충격과 함께 인간이 집단의 압력에 저항할 수 있다는 사실도 입증했다.

밀그램 실험에 참여한 지원자 중 3분의 1 이상은 특정 시점 이후부터 전기 충격기의 전압을 올리는 것을 거부했다. 그리고 여러 변형된 실험에서 드러난 것처럼 이러한 저항 행동은 강화되었다. 즉, 피험자들이 사회적으로 지지를 받는다고 느끼는 순간(이를테면 실험에 항의하는 다른 사람들이 같은 공간에 있는 등) 실험자의 지시에 더욱 강하게 저항했다.

교사 역할 피험자들이 학생을 직접 대면하거나 같은 방에 함께 앉아있을 때도 동일한 효과가 나타났다. 반면에 교사 역할 피험자들이 학생과 대면하지 않고 스피커로만 소통할 때는 전압을 최대치로 올리는 데 훨씬 덜 주저했다. 간략히 말하면, 사회적 친밀감과 동맹은 공감과 저항 행동을 촉진한다.

미샤 카트시우린도 아버지와의 전화 통화에서 인간적 친밀감이 얼마나 중요한지를 경험했다. "그러한 상황에서 성공적인 대화의 문을 여는 유일한 방법은 자신의 사랑을 보여주는 것으로 생각한다."라고 그는 설명한다. "내가 설교하듯 말하면서 아버지의 잘못된 믿음을 고집스럽게 가르치려고 한다면, 아버지가 무엇을 잘못 알고 있고, 사실이 무엇인지를 밝히려고 한다면 (…) 말싸움이 시작된다. 그러면 우리는 각자 반대되는 태도만 고수하게 되고, 서로를 향해 선전의 희생자라고 비난한다. 그렇게 되면 아무것도 얻을 수 없다."

그래서 그는 대화를 다른 방식으로 시작했다고 한다. 예를 들면 자신은 아버지의 아들이며, 아들이 아버지를 사랑하는 모든 방식으로 아버지를 사랑한다고 이야기했다는 것이다. 그리고 아버지의 질문에 대답하도록 노력하겠다고 말했다.

이처럼 감정의 다리를 구축해야 비로소 상대방이 지금까지 확실하게 믿고 있던 세계관에서 벗어날 수 있는 기반이 마련된다. 그리고 심리적 방어막에 균열을 만드는 것은 팩트가 아니라 '공감할 수 있는 이야기'다.

카트시우린은 며칠 동안 벙커에서 지내면서 문자 메시지로 도움을 청한 어느 지인의 가족 이야기를 아버지에게 들려주었다. 어린 딸이 5시간 전부터 울음을 그치지 않아서 아동 치료사가 필요했다는 것이다. 이 이야기를 들은 그의 아버지는 큰 충격을 받았다.

또 한 번은 지금은 아버지와 헤어진 어머니와의 대화 내용을 스크린숏으로 찍어서 아버지에게 보냈다. 어머니가 아는 사람 중에 탈출로를 통해 안전한 곳으로 가려다가 러시아 군대의 총에 맞은 사람들이 있다는 내용이었다. 카트시우린은 "이러한 내용에 대해 언쟁하기는 어려웠다."라고 말한다.

그가 내린 결론은 거짓 선전을 반박하려면 '큰 인내심과 사실적 증거'가 필요하며, 특히 '사랑'이 필요하다는 것이다.

우리 중 누구도 집단 사고의 위험에서 벗어날 수 없다. 자신의 세계관이 옳다고 집요하게 주장하고 다른 사람들과 그에 대해 논쟁을 벌이는 것보다는 우리가 공유하는 가치를 먼저 성찰하고 나아가 우리가 가진 다양한 견해 사이에 다리를 놓으려고 노력하는 것이 더 좋다.

그러나 상대방이 이러한 다리를 놓는 것을 전혀 원하지 않고 자신의 견해를 어떻게든 옹호하며 폭력을 개의치 않을 때는 어떻게 해야 할까? 이에 대해 다음의 글에서 설명하려고 한다.

방관자가 아니라
적극적으로 행동하는 사람이 되자

당신은 저항자나 영웅이 되는 데 필요한 자질을 갖추고 있는가? 집단이나 공동체의 사회적 압력에 저항해야 할 때 자신의 도덕적 가치를 따를 수 있는가? 이 질문을 스스로 던지는 것은 이미 긍정적인 대답을 향한 첫걸음이다. 왜냐하면, 우리가 자신의 행동을 주변 환경에 얼마나 맞추는지를 대부분 전혀 모르기 때문이다. 그러므로 자율적 행동의 조건과 전략을 한 번쯤 명확하게 규명하는 것이 필요하다.

첫 번째 인식은 '누구도 영웅으로 태어나지 않는다'는 것이다. 저항자의 뚜렷한 특징(이를테면 나치 시대에 유대인을 숨겨준 사람들에게서 발견되는 특징)을 찾는 연구에 따르면, 이는 종종 우연과 상황에 따라, 가담하는 사람이 있는지에 따라 달라진다. 유대인을 구해준 사람 중에는 그러한 행동이 자신의 윤리적 교육에서 기인했다고 말하는 사람도 있었고 그렇지 않은 사람도 있었다. 인상 깊은 모범적 인물을 언급한 사람도 있고 그렇지 않은 사람도 있었다. 또 어떤 사람들은 예전부터 도덕심이 강한 인성이 눈에 띄는 사람도 있었고 그렇지 않은 사람도 있었다. 심지어 이스라엘의 야드바솀Yad Vashem 기념관에서 유대인을 구한 공로로 추앙되는 '열방의 의인Righteous Among the Nations'들도 평범한 만큼이나 다양한 것으로 밝혀졌다. 다시 말해 영웅을 만드는 요인은 따로 존재하지 않는다. 이 말은 상황에 따라 누구든지 영웅적으로 행동할 수 있다는 뜻이기도 하다.

두 번째 인식은 '극단적인 상황에 부닥쳐야 비로소 우리가 실제로 어떻게 행동하는지가 나타난다'는 것이다. 그러면 이전의 자기평가가 종종 잘못되었음을 알게 된다. 이러한 사실은 철학자 미하엘 파우엔Michael Pauen과 사회심리학자 하랄드 벨처Harald Welzer가 몇 년 전에 시작한 자율적 행동연구 프로젝트에서 밝혀졌다.[26] 이 프로젝트에서 사람들은 먼저 설문지를 통해 자신이 얼마나 독립적이고 자율적으로 행동하는지 답했다. 그다음 (가정된) 다수 의견에 자신이 얼마나 크게 영향을 받는지 테스트했다. 결과는 다음과 같았다. 스스로 자율적이라고 생각하는 사람들은 자율성이 거의 없다고 생각하는 사람들보다 더 나은 성과를 내지 못했다. 벨처는 "피험자의 실제 행동은 자기평가와 엄청나게 모순된다."라고 말하면서 생각과 현실 사이의 간극을 설명한다.

세 번째 인식은 '자율성과 저항적 행동은 훈련될 수 있다'는 것이다. 왜냐하면, 적응과 순응주의가 불안감에서 비롯되는 경우가 많기 때문이다. 이러한 불안감을 직시하고 그에 상응하는 상황을 머릿속에 그려보는 것만으로도 안정감을 얻고 행동할 수 있는 능력을 기를 수 있다. 그리고 일상생활에서 때때로 저항적인 행동을 시험 삼아 해보면 순응주의의 함정에 빠질 가능성이 줄어든다.

아주 작은 훈련부터 시작할 수 있다. 이를테면 서로 다른 두 가지 색의 양말을 신든가 일반적으로 유행하는 옷차림을 따르지 않는 것이 어떤 사람들에게는 용기를 시험해 보는 계기가 되기도 한다.
'사람들이 어떻게 생각할까?'
순응주의에 빠질 수 있는 이러한 반사적 생각을 물리쳐야 한다. 사람들이 많은 곳에서 눈에 띄는 모자를 착용하거나 붐비는 거리에서 팔을 들고 큰 소리로 '뻐꾹 뻐꾹' 외치는 연습을 할 수도 있다.[27] 이는 위험하지 않으면서도 규범에서 벗어나는 훈련이 될 수 있으며, 익숙하지 않은 아웃사이더의 역할에 불편함을 덜 느끼도록 도와준다.[28]

스탠퍼드 대학의 심리학자 필립 짐바르도[Philip Zimbardo]가 창설한[29] '영웅적 상상 프로젝트[Heroic Imagination Project](독일에서는 '영웅협회[Helden e. V.]'에 의해 널리 알려졌다)'와 같은 교육 프로그램도 이와 비슷한 목표를 추구한다.[30]

짐바르도는 1971년에 '스탠퍼드 감옥 실험Stanford Prison Experiment'으로 유명해졌다. 이 실험에서 그는 학생들을 무작위로 죄수와 교도관으로 나누었는데, 불과 며칠 만에 교도관이 가학적인 행위자로 변했다. 오늘날 짐바르도의 메시지는 누구도 천성적으로 악하거나 선하지 않으며 상황이 그렇게 만들 뿐이라는 것이다. 그러므로 사람들에게 불길한 행동뿐만 아니라 영웅적인 행동을 하도록 동기를 부여할 수 있다는 것이다. 그는 '영웅적 상상 프로젝트'를 통해 후자를 달성하고자 한다. 말하자면 이 프로젝트는 사람들이 문제가 있는 상황에서 올바른 행동을 하도록 교육하고 사회에서 긍정적인 도미노 효과를 일으키는 것을 목표로 한다.[31]

예를 들면 사고나 범죄에서 반복적으로 관찰되는 '방관자 효과Bystander Effect(많은 사람이 바라보고 있지만 아무도 피해자를 돕지 않는 현상)'에 대한 훈련들이 있다.[32] 방관자 효과는 위험한 상황에 부닥친 사람들이 주로 주변 사람들의 행동에 초점을 맞추기 때문에 발생한다. 즉, 다른 사람들이 아무런 행동도 하지 않는다면 나도 아무것도 하지 않는다는 것이다. 그래서 역설적이게도 방관자 집단이 클수록 돕고자 하는 개인의 의지가 줄어든다.[33] 짐바르도는 이렇게 말한다. "여러분이 사회적 규범을 깨는 첫 번째 사람이 되어야 한다. 방관자가 되지 말고 적극적으로 행동하는 사람이 되라."

하지만 자신의 한계를 아는 것도 중요하다. 예를 들어 지하철에서 폭력적인 집단이 한 개인을 위협하는 장면을 목격할 경우 (무술 훈련을 받지 않았다면) 혼자서 그들을 상대해서는 안 된다. 이러한 상황에서는 먼저 긴급 전화(당연한 말처럼 들리지만 긴박한 순간에는 종종 잊어버리는 경우가 많다)를 걸어 도와줄 사람을 찾는 것이 더 합리적이다. 그리고 다른 승객들과 이야기하여 공동으로 개입할 무리를 구성하도록 한다.

연구에 따르면, 많은 사람이 무엇을 해야 할지 몰라서 소극적으로 행동하는 경우가 많다. 하지만 구체적인 언급(예를 들면 "거기 빨간 모자 쓴 분, 저 좀 도와주시겠어요?")이 있으면 적극적으로 행동하는 것으로 나타났다. 사건 과정을 기록으로 남겨두는 것도 중요하다. 이를테면 사진을 찍거나, 사진을 찍을 수 없는 경우에는 가해자의 얼굴과 세세한 사항을 잘 기억해 둔다. 경찰에 많은 내용을 상세하게 진술하는 것은 피해자에게 도움이 될 수 있다.

때로는 선견지명으로 상황을 진정시킬 수 있다. 예를 들어 대화 분위기가 점점 불편해지는 것을 목격했다면 상황이 극적으로 치닫지 않도록 하거나 논쟁에서 주의를 돌려보도록 노력해 볼 수 있다. 아무것도 못 들은 척하면서 무례함을 당한 당사자와 다정하게 대화를 나누거나 우연히 그 사람 옆에 서 있는 것이 도움이 될 수 있다. 또한, 유머(적절한 어조를 사용한다면)도 도움이 된다. 어떤 경우에라도 가해자를 모욕하거나 신체적으로 접촉하여 상황을 악화시켜서는 안 된다. 가해자와 대화할 때는 될 수 있으면 정상적인 어조로 말하는 것이 좋다.

독일에서는 학교에서도 '시민의 용기[Zivilcourage]'나 갈등 관리를 위한 다양한 프로그램이 진행되고 있으며 인종차별 반대주의 교육과 같은 세미나도 개최되고 있다.[34] 하지만 이러한 개별적인 세미나나 교육은 계기만을 제공할 뿐이다. 지속하지 않으면 효과를 보지 못한 채 금방 흐지부지되고 만다. 교육학자 롤프-에릭 포셀트[Rolf-Erik Posselt]는 "시민의 용기 개발에 대한 모든 경험은 그것이 필요할 때 실제로 작동할 수 있도록 배우고 시험하고 연습하고 시도해야 한다는 것을 보여준다."라고 말한다.[35]

물론 용기 있는 행동이 장려되는지 아닌지는 결과적으로 사회 구조에 달려있다. 예를 들어 학교가 위계적으로 조직된 기관, 즉 위로부터 모든 지시(교사나 학교 경영진, 교육 당국 등)를 비판 없이 그대로 실행해야 하고 이의 제기가 바람직하지 않은 기관으로 여겨진다면 '시민의 용기'에 대한 교육은 불필요할 것이다. 특히 학교는 집단 사고와 순응주의의 메커니즘을 다루기에 이상적인 장소다. 그러기 위해서는 학교를 순전히 지식을 전달하는 기관으로만 보지 말고 사회적 학습에 훨씬 더 많은 공간을 제공해야 한다.

용기 있는 행동은 실천할 때 비로소 확산될 수 있다. 이는 학교뿐만 아니라 모든 기관과 기업에도 해당된다. 따라서 진정으로 능력 있는 상사는 직원들의 순응을 조장하는 것이 아니라 자율성과 비판적 사고를 장려한다. 제너럴 모터스의 전 회장인 알프레드 P. 슬론Alfred P. Sloan은 이것이 어떻게 가능한지를 보여주었다. 1923년부터 1937년까지 전설적인 이 자동차 회사의 경영을 맡은 슬론은 한 회의에서 중요한 결정에 대해 만장일치가 이루어졌음을 확인했다. 그는 모두가 그 문제에 대해 다 같은 의견인지 다시 한번 물었다. 모두가 고개를 끄덕이자 슬론은 "그렇다면 회의를 여기서 중단하고 다른 다양한 의견이 나올 때까지 시간을 가져볼 것을 제안합니다."라고 말했다.[36]

7장

네트워크의
힘

'우리가 생각보다 더 많은 것을 변화시키는 이유'

현대 대중사회가 우리에게 안겨주는 침울한 결과 중 하나는 아무것도 변화시킬 수 없다는 느낌이다. 자신이 세상이라는 커다란 기계 속의 작은 톱니바퀴에 불과하며 중요하지도 않고 아무것도 아니라는 인식이 널리 퍼져 있다. 내가 하는 일을 다른 사람들도 똑같이 잘 (또는 더 잘) 할 수 있지 않을까? 내 생각이나 감정에 신경을 쓰는 사람이 있을까? 내 행동이 과연 큰 변화를 만들어 낼 수 있을까?

놀랍게도 이러한 감정은 계층 사다리의 맨 아래에 있다고 생각하는 사람들뿐만 아니라 위에 있다고 생각하는 사람들도 느끼고 있다. 일반적으로 통제력을 쥐고 있다고 여겨지는 권력자나 기업 총수도 무력함과 수많은 제약으로 자유로운 의사 결정에 어려움을 토로하는 경우가 많다. 이를테면 앙겔라 메르켈^{Angela Merkel} 총리 재임 시절의 핵심어 중 하나는 '대안 없음^{Alternativlos}'이라는 단어였다. 즉, 우리가 원하는 것이 무엇이든 다른 방법이 없다는 것이었다. 이는 코로나 팬데믹 기간에 대표적으로 관찰되었다.

코로나 기간에 점점 신경이 예민해진 메르켈 총리는 16개 주의 주 총리들의 이기심에 반복적으로 좌절했고, 결국에는 부분적으로 기대에 못 미치는 타협을 공동 전략으로 포장해야 했다. 능력과 의지 사이의 불균형은 기후 정책에서도 드러났다. 2020년 기후활동가 루이자 노이바우어$^{Luisa\ Neuauer}$와 그레타 툰베리$^{Greta\ Thunberg}$는 우르줄라 폰데어라이엔$^{Ursula\ von\ der\ Leyen}$ 유럽연합(EU) 집행위원장과 (당시 재임 중이었던) 메르켈 총리를 여러 차례 만나 시급한 기후 보호 조치의 필요성에 대해 비밀 회담을 했다. 나중에 이 기후 활동가들은 "유력한 정치인들이 자신들도 그렇게 하고 싶지만, 상황이나 국민 때문에 할 수 없다."라고 말한 사실에 매우 절망했다고 한다.[1]

메르켈의 후임자인 올라프 숄츠$^{Olaf\ Scholz}$ 총리도 크게 다르지 않다. 그 역시 온갖 제약과 요구, 외부의 필요성 사이에서 요령껏 움직이느라 매우 분주해 보인다. 그가 가끔 상징적인 느낌표를 사용할 때도 우크라이나 전쟁이 시작되었을 때 그가 했던 '시대 전환' 연설에서처럼[2] 오히려 사건에 휘둘리는 것처럼 보였다.

세상을 바꾼 히피

하지만 모든 위기와 재난 속에서도 장기적인 발전과 같은 긍정적인 변화는 계속해서 일어나고 있다. 그리고 사회 발전을 주도하고 세상의 흐름을 바꾸는 것은 언제나 개인이다.

이를테면 미국의 민권 운동가 로사 파크스$^{Rosa\ Parks}$를 예로 들 수 있다. 그는 1955년 버스에서 백인 승객을 위해 어쩔 수 없이 좌석을 비워두어야 하는 행위를 거부하여 미국 전역에서 흑인 차별에 반대하는 운동을 일으키는 계기를 제공했다.

또는 2018년 여름 스톡홀름의 스웨덴 의회 앞에서 어설픈 골판지 팻말을 들고 더 나은 기후 정책을 촉구하는 시위를 벌인 15세 학생 그레타 툰베리도 있다. 당시 그레타 툰베리의 미래 가능성을 어떻게 평가할 것인지 설문 조사를 했다면 모두가 피곤한 표정으로 손을 내저었을 것이다. 하지만 그의 고독한 행동은 기후 정책 주제를 최우선 어젠다로 삼는 전 세계적인 운동 '미래를 위한 금요일 Fridays for Future'을 시작하게 했다.

1970년대 초 샌프란시스코의 한 코뮌에 살던 특이한 어느 히피의 이야기는 개인이 어떤 변화를 일으킬 수 있는지를 잘 보여준다. 의학을 전공했지만, 대도시에 싫증을 느껴 다른 중퇴생 40명과 함께 인도로 떠난 그는 버스를 타고 터키와 이란, 아프가니스탄을 거쳐 히말라야에 도착한 후 인도 북부에 있는 구루 님 카롤리 바바Neem Karoli Baba의 사원에 도착했다. 그곳에서 그는 요가 수련과 명상, 영송을 하며 시간을 보냈다. 그러던 어느 날 갑자기 구루가 그에게 즉시 뉴델리로 가서 유엔(UN)에서 일하면서 천연두 퇴치를 도우라고 말했다.

'내가? 내가 무엇을 바꿀 수 있단 말이지?'

이 청년은 자신에게 이렇게 물으며 구루가 말도 안 되는 그러한 생각을 얼른 접기만을 바랐다. 하지만 구루의 생각은 완강했고 자신의 제자가 뉴델리로 갈 때까지 고집을 꺾지 않았다.

하지만 그곳에서는 아무도 "덥수룩한 수염에 흰 가운을 걸치고 구루의 예언을 열렬히 외치는 히피를 고용할 생각이 없었다." 그는 지난날을 회상하며 이렇게 이야기했다.[3] 이 청년은 바로 전염병 학자 래리 브릴리언트^{Larry Brilliant}다.

그가 사원으로 돌아오자마자 구루는 그에게 뉴델리로 가서 일손을 보태라고 재차 강요했다. 12번, 13번의 강요에 지친 브릴리언트는 머리를 하나로 질끈 묶고 몸에 맞지 않는 양복을 빌리고 넥타이를 샀다. 그리고 그는 정말로 세계보건기구(WHO)에 채용되었다. 그는 행정 업무부터 시작하여 그다음에는 의사로 일하면서 천연두 박멸을 자신의 평생 과업으로 삼았다. 그는 1975년 방글라데시의 한 마을에서 마지막 천연두 감염 사례를 추적했고, 수백만 명의 사망자와 끔찍한 질병과의 혹독한 싸움 끝에 천연두 전염의 사슬을 끊을 수 있었다.

래리 브릴리언트는 나중에 전염병학 교수가 되었고 스티브 잡스와 친구였으며, 세계 최초의 소셜 네트워크 중 하나인 더웰^{The Well}을 설립하고 구글닷오알지^{Google.org} 재단을 이끌었으며 여러 미국 대통령에게 자문을 제공했다. 이러한 그의 이야기는 완전히 동화처럼 들린다. 물론 오늘날의 관점에서 보면 래리 브릴리언트는 로사 파크스나 그레타 툰베리처럼 역사를 새로 쓴 인물이다. 우리 같은 평범한 사람과는 비교할 수 없는 특별한 사람에 속한다고 말할 수 있다.

하지만 브릴리언트가 1970년대에 사원에 앉아있을 때 그가 특별하다고 생각한 사람은 아무도 없었다. 그 자신도 마찬가지였다. 많은 히피 중 한 명에 불과했다. 그의 구루만이 자신의 제자에게 천연두 퇴치를 도울 수 있는 능력이 있다는 것을 알았을 뿐이다. 님 카롤리 바바가 어떻게 그런 생각을 하게 되었는지 지금도 래리 브릴리언트는 이해하지 못한다. 그는 솔직하게 인정한다.

"나도 이해가 안 된다. 안 믿기겠지만 나는 이 미스터리에 대해 매우 자주 생각한다."

그는 구루의 존재만으로도 자신이 변화했다고 말한다.

"그는 내가 절망에 사로잡혔을 때 그리고 또 어딘가에서 천연두가 발병하여 우리의 모든 작업이 무용지물이 될 위험에 처했을 때 계속 일할 수 있도록 내게 용기를 주었다. 그는 어떻게, 어디에서 천연두에 대해 알게 되었을까? 그리고 그는 왜 이 끔찍한 질병이 박멸될 수 있다는 가능성을 예견했을까?"

브릴리언트는 "이 모든 일이 어떻게 일어났는지를 안다면 인생의 큰 미스터리 중 하나를 풀어낸 것이다."라고 살짝 절망감에 빠진 목소리로 말한다.

작은 불씨는 어떻게 큰불이 되는가?

님 카롤리 바바의 예견은 아마도 영원히 비밀로 남아있을 것이다. 반면 브릴리언트가 어떻게 천연두 박멸에 성공했는지는 비밀이 아니다. 즉, 그는 다른 수천, 수만 명의 사람과 함께 엄청난 공동 노력을 기울여 천연두 퇴치에 성공할 수 있었다.

인도에서만 약 15만 명의 의사와 간호사, 예방접종 전문가가 투입되었고, 현지 지식과 언어 능력을 갖춘 사람들이 천연두로 고통받는 사람들을 찾기 위해 여러 마을을 돌아다녔다.

"협력자들은 50개국에서 왔다. 이들은 불교도, 무슬림, 기독교인, 신도神道 신자, 유대인, 수피교도 등 상상할 수 있는 모든 피부색과 다양한 정치적, 종교적 신념을 가진 사람들이었다. 심지어 러시아인과 미국인도 냉전 시대에는 공통의 미래상에 따라 함께 일했다."라고 브릴리언트는 말한다.

브릴리언트 자신이 원동력 역할을 하기는 했지만, 그는 그저 수많은 자극 중 하나에 불과했다. 다른 모든 추진력과 이를 강화해 주는 힘 덕분에 이러한 자극이 빛을 발할 수 있었다. 로사 파크스나 그레타 툰베리의 경우도 마찬가지다. 그들은 각각 결정적인 계기를 제공했을 뿐이며 다른 사람들이 그것을 받아들이고 지지하고 지속해서 발전시키고 확산시켰기 때문에 성공할 수 있었다. 다시 말해 협력자와 동지, 지지자들로 구성된 전체 네트워크가 없었다면 기후운동도, 시민권 운동도 활발하게 추진되지 못했을 것이다.

그렇다면 작은 불씨를 큰불로 바꾸려면 무엇이 필요할까? 왜 어떤 행위는 즉각적으로 불꽃이 튀지만, 이와 비슷한 또 다른 행위는 빛을 보지 못할까?

그레타 툰베리가 스톡홀름 의회 앞에서 시위를 벌이기 훨씬 전에도 기후 시위가 있었고, 로사 파크스 이전에도 한 흑인 여성이 버스 좌석을 비워두는 것을 거부한 적이 있었다. 하지만 1944년에 그레이하운드 고속버스에서 좌석에 끝내 앉아있었던 아이린 모건Irene Morgan의 이름을 오늘날 알고 있는 사람이 있을까? 아이린 모건 사건은 (당시 잘 알려지지 않았던) 마틴 루서 킹Martin Luther King 목사에 의해 언급되어 큰 사건으로 주목받은 로사 파크스 사건과는 달리 전국적인 파장을 일으키지 못했다.

우리에게는 새로운 것을 처음으로 시도하는 용감한 사람뿐만 아니라 이들을 지지하는 두 번째, 세 번째 그리고 더 많은 사람이 필요하다. 그리고 이러한 사람들은 그에 상응하는 사회적 분위기가 조성되어 있을 때, 즉 변화를 위한 시간이 무르익었을 때만 존재한다. 덧붙여서 말하자면, 이는 사회적 혁신뿐만 아니라 기술적 혁신을 포함한 모든 종류의 혁신에 적용된다. 혁신의 시기가 무르익지 않으면 아무리 좋은 아이디어도 소리 없이 사라진다.

시대정신과 사회적 레짐

이러한 시대적 조건을 보여주는 대표적인 예는 전자레인지다. 1947년 전자기장을 이용해 음식을 데울 수 있는 전자레인지의 원형이 처음으로 시장에 출시되었을 때 이 기기는 제대로 시판되지 못했다. 그 이유는 한편으로는 크기가 매우 컸고(냉장고만한 크기에 무게도 340킬로그램에 달했다), 다른 한편으로는 사회적 관심이 없었기 때문이기도 했다.

그러다가 1970년대에 접어들면서 사회가 변화하고 점점 더 많은 여성이 일하게 되자 전자레인지는 승승장구하기 시작했다. 그 사이에 크기가 작아진 전자레인지는 갑자기 많은 가정에 없어서는 안 될 가전 기기가 되었다. 냉동식품을 해동하고 조리하는 시간을 획기적으로 단축하는 역할을 했다.[4]

태양광 기술이나 전기 자동차도 이와 비슷한 성공 가도를 달렸다. 처음에는 업계에서 조롱받고 오랫동안 무시당했지만, 이제는 '에너지 전환Energy Transition'의 결정적인 구성 요소로 여겨지고 있다. 이는 어떤 일의 성공이 그 일 자체뿐만 아니라 성공을 촉진하거나 방해하는 사회적 틀에 더 많이 좌우된다는 것을 보여준다.

이러한 맥락에서 사회학자와 기술사학자들은 '사회적 레짐Regime'에 대해 말하는데, 이는 정부를 뜻하는 것이 아니라 현재 널리 퍼져 있는 생각과 습관, 기술, 정치적 규칙 전체를 의미한다. 이러한 것들이 바뀌면 '레짐의 변화'가 일어난다.

예를 들어 과거에는 실내에서 담배를 피우거나 술을 마시면서 느슨하게 일하는 것이 일반적인 관행이었다. 나는 〈디 차이트〉에서 편집부 신입으로 일했던 1990년대 초에 열린 편집 회의를 아직도 기억한다. 셰리나 위스키가 놓여 있는 테이블 위로 짙은 담배 연기가 떠다녔다. 오늘날에는 이런 모습을 상상조차 할 수 없다. 이제는 직장에서 담배나 술에 관련된 사회적 레짐이 많이 바뀌었다.

한편 지금 우리는 '에너지 레짐'과 '기후 레짐'의 격변 한가운데에 살고 있다. 이는 에너지 정책과 경제 정책에서부터 개인용 이동

수단, 에너지 절약 기술에 대한 관심에 이르기까지 모든 분야를 아우르고 있다. 레짐의 변화에는 항상 사회 전체가 관여되어 있기 때문이다. 그리고 선지자나 정치인, 연구자, 기술자들이 어떤 아이디어를 내놓든 그 아이디어가 다른 사람들의 충분한 호응을 얻을 때만 사회를 변화시킬 수 있다.

문제는 그러한 사회적 분위기가 어떻게 형성되고 언제, 어떻게 변화하는가 하는 것이다.

독재나 전제정치 체제에서는 이러한 질문에 쉽게 대답할 수 있다. 즉, 한 명의 지도자(사실상 거의 남성)가 명령을 내리면 다른 모든 사람이 이를 따라야 한다. 반면 민주주의에서는 문제가 더 복잡해진다. 각 정부가 국민의 의지로 형성되기도 하고, 반대로 정부가 국민의 의지를 형성하기도 하기 때문이다. 일반적으로 대다수가 거부하는 것을 강제로 실현하게 할 수 없다. 한편 다수는 미디어 보도와 유명한 모범적 인물, 전통과 습관, 세간의 이목을 끄는 개인의 행동에 영향을 받는다. 이 모든 것으로부터 종종 '시대정신'이라고 불리는 것, 즉 파악하기는 어렵지만, 틀림없이 존재하는 사회 분위기가 형성된다.

시대정신은 패션에서 가장 분명하게 드러난다. 한때는 아주 세련돼 보여서 모두가 입었던 옷차림이 불과 몇 년 후에는 완전히 구식이 된다. 또는 그 반대인 경우도 있다. 여기서 흥미로운 점은 파스텔 색상이나 스키니진, 통굽 신발을 착용하는 이유를 다른 많은 사람이 착용해서라고 말하는 사람은 거의 없다는 것이다. 그렇다. 대부분은 실제로 이러한 색상과 바지, 신발이 예쁘다고 생각하며, 몇 년이 지나면 완전히 다른 색상이나 디자인을 예쁘다고 생각한다.

시대정신에는 우리가 그것과 무관하다고 느낄 때조차 영향을 미친다는 특징이 있다. 이를 보여주는 좋은 예는 아기에게 지어주는 이름이다.

아기에게 어떤 이름을 지어줄지 고민하는 모든 부모에게 이름 짓기는 매우 개인적이고 소중한 일이다. 아이 이름은 새로 태어나는 생명이니만큼 독특해야 하며, 엄마와 아빠의 소원과 희망이 모두 담겨있는 것이 가장 이상적이다. 말하자면 두 사람의 매우 특별한 역사의 표현이어야 한다. 하지만 늦어도 아이가 유치원에 입학할 때쯤 되면 부모는 개성적이고 독특하다고 지은 이름이 주류라는 사실을 알게 된다. 노아, 막시밀리안, 에밀리아 등 같은 이름을 가진 아이가 갑자기 5명이나 나타난다. 같은 이름을 가진 다른 아이들의 부모와 상의한 적도 없고, 자기 아이의 이름이 또래에서 가장 인기 많은 이름 중 하나가 될 수 있다는 생각조차 하지 않는데 말이다.

물론 마리, 루이사, 폴과 같은 시대를 초월하여 인기 있는 이름도 있다. 그러나 많은 이름은 분명 특정 시기에 지어졌다(지그리드나 하인츠-헤르베르트라는 이름을 가진 사람은 대부분 밀레니엄 이전에 태어난 사람들이 거의 확실하다). 누군가의 명령이나 어떤 기관의 지시를 따라 이름을 지은 것이 아닌데도 말이다. 말하자면 '이름 시대정신'은 불현듯 나타나서 모든 부모를 무의식중에 신비롭게 사로잡는 듯하다.

아이를 갖는 것은 왜 전염성이 있을까?

자녀를 갖기로 하는 것조차도 우리가 일반적으로 생각하는 것만큼 개인적이고 자유롭지 않다. 연구에 따르면, 자녀를 갖기로 한 결정은 놀랍게도 지인의 임신과 관련이 있으며, 심지어 지인의 친구의 친구, 말하자면 한 번도 만난 적이 없는 사람들의 행동에 따라 좌우될 수 있다.

이는 독일-네덜란드 연구팀이 형제자매와 고용주 정보를 포함하여 수백만 명의 등기부 데이터를 분석한 결과다. 밤베르크 대학의 가족 연구가 헨리에트 엥겔하르트 뵐플러Henriette Engelhardt-Wölfler는 이러한 결과에 대해 다음과 같이 요약한다.

"형제자매나 동료가 아이를 가지면 따라서 아이를 가질 가능성이 더 크다."[5]

연구진은 이를 '전염 효과'라고 이야기한다. 전염 효과는 남성보다 여성에게 더 크게 나타나며, 다른 연구들에서도 보이듯이[6] 동료의 자녀가 태어난 이듬해에 특히 높게 나타난다. "이 기간에 첫 임신의 경향이 거의 두 배나 높았다."라고 뵐플러는 설명한다. 반대로 주변 사람들의 출산을 거의 경험하지 않은 가임기 여성들은 아이를 가질 가능성이 작다.[7]

이러한 현상은 무엇보다 사회적 환경 때문이라고 말할 수 있다. 같은 나이에 같은 지역에 사는 사람들은 비슷한 인생 계획을 갖고 있어서 특정 연령이 되면 모두가 아이를 낳는다. 엥겔하르트 뵐플러 연구팀은 이러한 통계적 상관관계를 확실하게 반영했다.

이와는 별개로 그들은 개인적 접촉에 기인하는 실제 전염 효과를 발견했다. 연구팀에 따르면 임신은 독감 바이러스처럼 생활권의 경계를 넘어서 확산된다. 말하자면 누군가가 아기 운을 동료에게 퍼뜨리고, 그 동료가 다시 자신의 여동생에게 퍼뜨리고, 그 여동생이 시누이에게, 시누이가 자신의 동료에게 퍼뜨리는 등 점프하듯 확산된다.

이 경우 '바이러스'는 생물학적이라기보다 사회학적이다. 다른 사람의 행동이 자동으로 우리 자신의 판단에 영향을 미치기 때문이다. 말하자면 아이를 갖기로 한 친구의 결정을 고무적으로('친구도 하는데 나도 할 수 있어') 받아들일 수도 있고, 경쟁심('나도 뒤처질 수는 없지')을 불러일으킬 수도 있다. 또는 아기 옷이나 육아 활동을 공유하는 것에 대해 실질적으로 고민할 수도 있다.

이와 마찬가지로 결혼식도 전염 효과가 있다. 특히 자신의 형제자매가 결혼하면 자신도 곧 결혼식의 당사자가 될 확률이 높아진다. 이 모든 것은 그냥 하는 말이 아니다. 순전히 통계적으로 입증된 것이다.[8]

행복의 확산

그러나 임신의 전염 효과는 소셜 네트워크의 메커니즘과 법칙을 다루는, 소위 네트워크 연구의 수많은 놀라운 결과 중 하나일 뿐이다. 소셜 네트워크는 우리가 명함을 건네주면서 의도적으로 하는 인맥 관리를 말하는 것이라기보다 훨씬 더 일반적인 의미에서 사람들이 사회적 접촉 전체에서 주고받는 모든 영향과 충동(무의식적인 것을 포함하여)을 의미한다.

소셜 네트워크를 통해 이러한 데이터를 얻기 위해 약 70년 전 한 거주 지역 전체가 연구 대상이 되었다. 바로 미국 매사추세츠주 보스턴 인근의 프레이밍햄 지역이다. 1948년 이곳에서 심장병과 동맥경화의 원인과 위험에 대한 정보를 얻기 위해 '프레이밍햄 심장 연구Framingham Heart Study'가 시작되었다. 5천 명 이상의 사람들이 연구에 참여했고, 그들은 자신의 생활과 건강, 체중, 감정 상태에 대해 정기적으로 정보를 제공하는 데 동의했다. 1971년에는 최초 피험자들의 자녀가 포함되었으며, 현재는 세 번째 세대까지 피험자로 활동하고 있다.

프레이밍햄 심장 연구는 오늘날까지 미국에서 가장 중요한 역학 연구로 꼽히며, 이곳에서 수집된 연구 결과를 토대로 무수한 출판물이 간행되었다.[9] 이 연구 데이터는 의학적 연관성뿐만 아니라 다른 놀라운 상관관계를 밝히고 있다. 예를 들면 정치학자 제임스 파울러James Fowler와 사회의학자 니컬러스 크리스태키스Nicholas Christakis는 프레이밍햄 심장 연구 데이터를 분석하여 행복도 집단적이고 전염성 있는 현상이라는 사실을 도출했다.[10]

그들의 연구에 따르면 "행복한 사람들에게 둘러싸인 사람들은 미래에 자신도 행복해질 확률이 더 높다."

이러한 효과는 심지어 정량화될 수도 있다. 즉, 가까이에 있는 친구가 행복하면 내가 행복해질 확률이 평균 대비 15% 증가하며, 그 친구의 친구가 행복하면 10%, 그 친구의 친구의 친구가 행복하면 6% 증가한다. 파울러는 "당신이 전혀 모르고 한 번도 만난 적 없는 누군가(친구의 친구의 친구)가 당신 주머니에 있는 수백 장의 지폐보다 더 큰 영향을 미칠 수 있다."라고 말한다.

파울러와 크리스태키스는 자신들의 저서 《행복은 전염된다》에서 더 많은 네트워크 효과를 설명한다. 이에 따르면 행복감뿐만 아니라 비만과 두통 및 요통, 피로감, 외로움, 심지어 자살 경향도 환경에 따라 좌우된다.[11]

그렇다고 우울한 사람이 단지 좋은 환경으로 이사한다고 해서 자동으로 행복한 사람이 되는 것은 아니다. 하지만 많은 작은 효과들이 합쳐져 하나의 큰 효과를 낼 수 있으므로 결국 환경은 어떤 특정 경향에 강력하게 영향을 미친다.

성공적인 변화는 어떻게 가능한가

참고로 크리스태키스와 파울러는 주변 사람들의 영향이 행동을 의도적으로 변화시키기 위해서도 유용하게 사용될 수 있다고 말한다. 운동을 더 많이 하길 원하거나 더 건강한 식생활을 하고 싶거나 새로운 언어를 배우고 싶다면 야심 찬 계획을 혼자서 세우는 것은 바람직하지 않다. 같은 뜻을 가진 사람들과 함께 조깅 그룹이나 요리 그룹 또는 언어 스터디 그룹을 만들면 성공 확률을 더욱 높일 수 있다. 다른 사람들로부터 받는 사회적 지지(그리고 자동으로 발생하는 사회적 압박)는 혼자 결심하는 것보다 원하는 행동을 달성하는 데 훨씬 더 효과적이다.

크리스태키스에 따르면, 누군가의 흡연을 그만두게 하고 싶다면 흡연 당사자보다 그와 가까운 사람들에게 담배의 위험성을 설득하는 것이 더 효과적일 수 있다. 그리고 범죄를 억제하려면 잠재적 범죄자 네트워크를 알아야 한다. 네트워크를 이해하는 사람만이 유의미하게 대책을 세울 수 있다는 것이다.[12]

사람들의 행동을 변화시키는 데 이보다 더 효과적인 수단은 거의 없다는 사실은 심리학자 로버트 시알디니^{Robert Cialdini}의 실험에서도 나타난다.[13] 그는 사람들에게 에너지 절약을 장려하는 가장 좋은 방법이 무엇인지 알아보고자 다양한 전략을 시험해 보았다.

이를테면 그는 첫 번째 실험 그룹에는 그들이 얼마나 많은 금액을 절약할 수 있는지 알려 주었고, 두 번째 그룹에는 에너지 절약을 통해 그들이 환경을 보호하고 있다고 설명해 주었으며, 세 번째 그룹에는 다음 세대에 대한 그들의 책임을 다시 한번 생각하게 하였으며, 네 번째 그룹에는 '다수의 이웃'이 이미 에너지를 절약하고 있다는 간결한 메시지를 전했다.

한 달 후 어느 피험자 그룹이 에너지를 가장 적게 사용했을까?

바로 네 번째 피험자 그룹이었다. 이들은 '남들이 그렇게 하면 나도 그렇게 할 수 있다'는 모토에 따라 사회적 규범을 따르고 다른 사람들이 하는 행동을 단순히 따라 했다.

여기서 흥미로운 사실은 피험자 자신도 이 사실을 전혀 인지하지 못했다는 점이다. 그들은 질문을 받았을 때, 다른 사람들의 행동이 자신의 의사 결정에 가장 중요한 요소는 아니었다고 설명했다. 하지만 그들이 실제로 보인 행동은 정반대였다.

기후 관련 행동을 연구하는 오스트리아의 환경심리학자 이자벨라 울-해디케[Isabella Uhl-Hädicke]도 이와 비슷한 경험을 했다.[14] 그는 "예를 들어 호텔 투숙객이 수건을 여러 번 사용하게 하려면 어떻게 해야 할까?"라는 질문을 던진다. 그리고는 이렇게 대답한다. "가장 좋은 방법은 표지판이다. 그러면 투숙객 대부분이 수건을 여러 번 사용한다."

그런데 사람들에게 왜 그렇게 하냐고 물어보면 아무도 '다른 사람들 때문에'라고 대답하지 않는다는 것이다. 그 대신 모두 비용 때문에, 환경 때문에 등 합리적으로 보이는 어떤 이유를 만들어 낸다. 울-해디케는 "그건 모두 가식일 뿐이다."라고 설명한다. "사실은 다수가 그렇게 하는 것 같으니까 따라 하는 것이다."[15]

과격하게 표현하자면 대다수 사람은 고전적인 모방자처럼 행동하며, 깊이 생각하지 않고 다른 사람들이 하는 것을 그대로 따라 한다.

티핑 포인트 이론

따라서 진정한 체인지 메이커나 유토피안, 혁명가는 드물다. 그렇다고 해서 이들이 무력하다는 의미는 아니다. 인간은 다른 사람의 영향을 쉽게 받기 때문에 결단력 있는 개인(이나 소수 집단)이 놀라울 만큼 많은 변화를 일으킬 수 있고 사회 분위기를 완전히 전환할 수 있다.

그라츠 대학에서 시스템 변화의 역학을 연구하는 사회학자 일로나 오토Ilona Otto는 이렇게 말한다.

"한 집단은 그 비율이 보여주는 것보다 더 큰 힘을 가질 수 있다."

"참여의식이 있는 소수는 인적 네트워크가 잘 구축되어 있고 소셜 미디어를 전략적으로 사용한다면 규범을 바꾸고 사회적 지배력을 확보할 수 있다."

오토의 연구에 따르면, 기후 문제에서처럼 사회적 과정에서도 마법의 문턱을 가리키는 티핑 포인트Tipping Point가 존재할 수 있다. 티핑 포인트는 어떤 아이디어나 행동이 갑자기 폭발적으로 증가하여 기존의 질서가 새로운 질서로 대체되는 역사적 순간을 말한다.[16]

처음에는 새로운 아이디어나 행동을 전파하는 사람이 주로 소수에 불과하다. 이들은 자신을 스스로 선구자라고 생각하지만, 사회에서는 그들을 대부분 '괴짜'라고 간주한다. 로사 파크스, 그레타 툰베리, 래리 브릴리언트 같은 사람들처럼 말이다. 그러나 괴짜들이 혼들림 없이 계속해서 자기 생각을 다른 사람들에게 설득하면 그 뜻이 점점 확산하기 시작한다.

그레타 툰베리는 "하나에서 둘로 넘어가는 단계가 항상 가장 어렵고 가장 큰 단계"라고 말했다.[17] "일단 이 단계를 넘으면 머지않아 움직임을 만들어 낼 수 있다. 그러면 점점 더 많은 사람이 와서 참여한다." 그리고 새로운 움직임은 흥미롭기 때문에 언론도 이에 대해 보도하기 시작하며, 이러한 방식으로 추진력이 강화된다. 어느 시점부터는 이것이 미친 것이 아니라 '힙hip'한 것으로 여겨지면서 지금까지 우유부단했던 사람들을 점점 더 많이 끌어들인다.

이러한 식으로 어느 순간 갑자기 티핑 포인트가 나타난다. 즉, 갑자기 모든 사람이 새로운 트렌드에 합류하기를 원하거나 이미 합류하고 있다. 논설위원들은 새로운 이상을 단호하게 전파하고 정치인들은 캠페인을 준비하며 기업은 이를 마케팅하려고 시도한다. 이러한 식으로 지금까지 뒤집을 수 없는 것처럼 보였던 사회적 레짐이 무너진다.

그런데 티핑 포인트를 촉발하려면 얼마나 많은 '동조자'가 필요할까?

이에 대해서는 학자들 사이에서 의견이 분분하다. 어떤 사람들은 전체 집단의 10%라고 말하며, 펜실베이니아 대학의 커뮤니케이션학 연구자인 데이먼 센톨라Damon Centola와 같은 학자들은 25%라고 보고 있다. 센톨라는 이와 관련하여 온라인 실험을 수행했다.[18]

이 실험에서 피험자들은 합의를 통해 다양한 대상에 하나의 이름을 짓도록 요청받았다. 모두가 하나의 이름에 동의할 경우 보상이 주어졌고, 모두가 빠르게 의견을 일치시켰다.

두 번째 단계에서는 소수의 '반대자'가 기존의 합의를 뒤집고 새로운 이름을 부여해야 했다. 이 실험에서 반대자가 최소 25% 이상일 때는 항상 새로운 이름으로 바꾸는 데 성공했다. 이 임곗값에 도달하면 분위기가 확실하게 바뀌었다.

이러한 결과는 분명히 실제 프로세스로 옮겨질 수 있다. 앞 장에서 살인에 동조할지 거부할지 선택의 갈림길에 서 있었던 101예비경찰대대에 관해 언급한 내용을 기억하는가? 당시 500명 중 15명만이 자발적으로 살인 임무를 거부했고, 이 숫자는 다수 의견에 거의 영향을 미치지 못했다. 하지만 25%가 합심하여 비인간적인 임무를 거부했다면 다른 역학 관계가 작용했을 것이다. 다시 말해 나머지 대원들도 고민하기 시작했을 것이며, 임무를 거부했다는 이유로 더 이상 고립되지 않고 다른 많은 대원과 뜻을 함께했을 것이다. 그렇게 되었다면 결국 분위기가 바뀌고 대대 전체가 임무를 거부하기로 결정할 수 있었을 것이다.

우리의 연결망

물론 사회 전체의 변화는 범위가 한정된 집단의 프로세스보다 더 복잡하다. 더 많은 요인과 이해관계가 관여되어 있을수록 결과를 예측하기가 그만큼 더 어려워진다. 하지만 최근 몇 년 동안 네트워크 연구를 통해 대규모 인적 네트워크 안에서의 행동을 설명하고 변화 과정을 이해하는 데 도움이 되는 몇 가지 기본 법칙이 발견되었다.[19]

이 중 첫 번째이자 가장 오래된 법칙은 우리가 지구상의 다른 모든 사람과 얼마나 밀접하게 연결되어 있는지를 보여주는 '작은 세상' 법칙이다.

이 법칙은 주소를 알 수 없는 수신자에게 편지가 전달되는 과정을 보여주는 1960년대의 한 실험에서 유래되었다. 이 실험에서 피험자들은 자신보다 수신자와 더 가까운 관계에 있는 지인들에게 편지를 전달했다. 실험 결과, 편지가 발신자에서 수신자에게 전달되기까지 약 5.4 단계를 거쳤다. 쉽게 말하자면 모두가 최소 여섯 다리를 거치면 다 아는 사람이라는 것이다.[20]

이 실험은 이후 여러 차례 반복되었다.[21] 그 결과 디지털 세상은 특히 '작다'는 것이 입증되었다. 2011년 한 연구팀이 모든 페이스북 사용자의 친구 관계(7억 2천 1백만 명의 690억 친구 관계)를 분석한 결과, 무작위로 선정된 두 사용자 간의 평균 연결단계는 4.74명이었다. 말하자면 인터넷상에서는 4~5명을 거치면 다른 모든 사람과 연결된다.[22]

그러나 네트워크 연구자인 크리스태키스와 파울러가 밝혀낸 것처럼 가장 가까운 관계만이 실제로 영향력을 발휘한다. 행복감과 같은 기분은 기본적으로 처음 세 단계의 인맥에서 전달된다. 4단계를 넘어가는 관계부터는 사회적 영향력이 줄어든다. 이 경우에는 각 수신자가 네트워크에서 서로 너무 멀리 떨어져 있고, 감정이 희미해지며 전달된 정보가 무언의 메시지처럼 불확실해진다. 많은 사람이 2명에서 최대 3명의 중개인을 통해 자신의 파트너를 알게 되는 것도 이와 같은 맥락이다.[23]

우리는 인맥의 영향을 받을 뿐만 아니라 반대로 네트워크에도 그에 상응하는 자극을 준다. 예를 들어 동료에 대해 분노가 폭발하거나 특별하게 큰 호감이 느껴지면 그날 저녁 아내나 아이들에게 화풀이하거나 특별히 친절하게 대함으로써 그러한 자극을 전달할 수 있다. 그러면 아내와 아이들이 다시금 자신의 친구들에게 짜증을 내거나 친절하게 대하게 된다.

이러한 식으로 2~3명의 접촉 수준에서 영향력을 고려하면 일주일에 100명을 접촉할 경우 100의 3거듭제곱, 즉 100만 명에게 해당 자극을 전달할 수 있게 된다.

이는 우리가 작은 톱니바퀴에 불과하다고 느껴지더라도 우리의 영향력은 상상할 수 있는 것보다 크다는 것을 보여준다. 물론 한 번의 분노(또는 친절)의 폭발이 미치는 영향은 제한적이지만, 같은 감정이 매일 반복되고 다른 사람들이 이를 증폭시킨다면 네트워크에도 그러한 감정이 확산된다.

느슨한 유대와 강한 유대

물론 네트워크에서의 모든 관계가 똑같이 중요한 것은 아니다. 우리는 보통 가족이나 친한 친구와 같은 사람에게는 강한 유대 관계를 느끼지만, 그 외의 다른 사람들과는 드문드문 만난다. 그런데 놀랍게도 바로 이러한 '느슨한 유대 관계'가 도움이 더 되는 경우가 많다. 예를 들어 새 직장을 구하는 사람은 가장 가까운 친구들보다 느슨한 인맥을 통해 일자리를 찾을 가능성이 더 크다.

미국의 사회학자 마크 그라노베터^{Mark Granovetter}는 자신의 논문 〈느슨한 연결의 힘^{The Strength of Weak Ties}〉에서 이러한 현상을 처음으로 설명했다.[24]

이것을 어떻게 이해해야 할까? 그라노베터가 설명한 것처럼 '강한 인맥'은 매우 밀접하게 연결되어 있어서 이러한 네트워크 안에서는 원칙적으로 모든 사람이 동일한 정보를 가지고 있다. 이 네트워크에서는 한 사람이 아는 것을 금방 다른 모든 사람이 알게 되며, 한 사람이 새로운 일자리를 모르면 대체로 다른 사람들도 모른다.

반면 '느슨한 인맥'에서는 상황이 다르다. 이 인맥은 자신의 생활 반경에서 매우 멀리 떨어져 있으므로 부분적으로는 전혀 다른 정보(이를테면 전혀 들어본 적이 없는 구인 정보)가 돌아다닌다.

이러한 이유에서 느슨한 유대 관계가 큰 가치를 지닌다. 그러므로 자신의 '패거리' 안에서 움직이는 것뿐만 아니라 더 멀리 떨어진 인맥을 관리하는 것이 유의미하다(이는 앞 장에서 설명한 집단 사고의 위험을 피해갈 수 있는 좋은 방법이기도 하다).

네트워크 연구에서는 '폐쇄형' 네트워크와 '개방형' 네트워크에 관해서도 이야기한다. 성공한 사람들의 특징은 특별히 큰 네트워크를 가지고 있는 것이 아니라 가능한 한 개방적인 네트워크를 관리한다는 것이다. 이러한 인식은 약 700명의 관리자 업무를 분석한 사회학자 로널드 버트[Ronald Burt]에 기인한다.[25] 그는 가장 창의적인 인재들이 다양한 환경에 있는 많은 사람과 접촉하며 다양한 영향력을 흡수한다는 사실을 확인했다.

버트는 "한 집단에서는 진부해 보이는 아이디어가 다른 집단에서는 귀중한 통찰력이 될 수 있다."라고 설명했다.[26]

그 이후로 네트워크 연구에서는 서로 다른 집단을 연결해 주는 '가교자'에 대해 이야기한다. 이들은 좋은 의미에서든, 나쁜 의미에서든 네트워크에서 지름길을 만들어 낸다. 팬데믹이나 전염병이 발생하면 가교자는 손 쓸 수 없는 '슈퍼 전파자'가 될 수도 있지만, 이들은 사회적 과정에서 항상 핵심적인 역할을 한다.

다수가 필요하지 않은 이유

마지막으로 우리가 생각해 봐야 할 가장 중요한 인식은 무언가를 바꾸기 위해 다수가 필요하지 않다는 것이다. 네트워크에서는 모든 사람을 한꺼번에 설득할 필요가 없기 때문이다. 도미노가 하나씩

쓰러지듯이 가장 가까운 블록을 건드리는 것만으로도 충분하다. 그러면 그 블록이 다시 자신과 가장 가까운 블록을 건드리면서 결국 모든 도미노 블록이 쓰러진다.

이러한 메커니즘은 사람들 대부분이 주변 사람들에게 방향을 맞추고 그들의 행동을 모방하는 원리에 의해 수월하게 작동된다. 말하자면 강한 관심사를 가진 사람은 누구나 첫 번째 도미노 블록이 되어 발전을 촉진하게 하고 점점 다른 많은 사람을 동원할 수 있게 된다.

이러한 일이 어떻게 일어날 수 있는지는 로사 파크스나 그레타 툰베리, 래리 브릴리언트뿐만 아니라 설득과 열정(때로는 고집)을 통해 집단 분위기를 전환하는 일상생활의 선구자들도 보여준다. 이를테면 배심원 회의를 비롯한 여러 사회적 의사 결정 과정에서 반복적으로 확인된다.

고전 영화 〈12명의 성난 사람들〉은 법정 재판 과정을 통해 이러한 사실을 인상적으로 보여준다. 이 배심원단은 거의 의견을 한데 모았지만 딱 한 명의 배심원이 그들의 합의에 의문을 제기한다. 이 유일한 반대자가 전혀 흔들림 없이 충분한 논거를 제시하면서 다른 사람들을 조금씩 설득하자 합의가 서서히 무너지고 결국 모든 배심원이 '반대자'의 의견에 동의한다.

네트워크 연구자인 마크 그라노베터는 이러한 티핑 포인트 원리를 보여주는 매우 유익한 사고실험을 수행했다.[27]

그는 모든 사람이 자신의 행동을 바꾸기 전에 특정한 행동 문턱값을 가지고 있다고 생각한다. 어떤 사람들에게는 이 문턱값이 매우 낮고(소위 퍼스트 무버First Mover), 어떤 사람들에게는 매우 높다(보수적인 수호자). 동시에 행동 문턱값은 나머지 사람들의 행동으로부터 영향을 받는다. 즉, 퍼스트 무버는 소수의 동맹자만 있어도 행동할 수 있으며('혁명가'는 심지어 아무런 지원 없이도 즉시 행동을 개시할 수 있다), 반면 보수주의자는 사회 분위기가 전반적으로 이미 기울었을 때만 자신의 행동을 바꾼다.

그라노베터의 사고실험은 불안한 군중 속에서 시위가 일어날 것인가 아닌가 하는 문제를 다룬다. 그는 이렇게 말한다.

"광장에 100명의 사람이 있다고 상상해 보라. 그리고 행동 문턱값이 고르게 분포되어 있다고 가정해 보라."

다시 말해 한 사람은 문턱값이 0(0명의 동맹자가 필요)인 혁명가, 두 번째 사람은 문턱값이 1(1명의 동맹자가 필요), 세 번째 사람은 2명의 동맹자가 필요하며, 이러한 식으로 계속해서 백 번째 사람은 다른 99명이 모두 행동을 취해야 비로소 움직인다고 가정하는 것이다.

그럼 어떤 일이 일어날까?

혁명가가 행동을 개시하면 두 번째 사람(1명의 동맹자가 생긴 사람)이 합류하고, 뒤이어 세 번째 사람이 합류하다 보면 가장 보수적인 마지막 사람까지 합류하게 되고, 결국 100명 모두가 시위에 가담하게 된다.

그러나 이 상황에서 조금의 변화만 있어도 완전히 다른 결과가 나타난다. 예를 들어 두 번째 사람이 약간 주저하고 동맹자가 1명이 아닌 2명이 필요하다고 가정하면 연쇄 효과$^{\text{Cascade Effect}}$가 발생하지 않는다. 그러면 아무도 혁명가의 행동 개시를 따르지 않게 되고, 두 번째 사람이 행동하지 않으므로 세 번째 사람도 아무것도 하지 않는다. 그다음 사람도 마찬가지다. 말하자면 거의 동일한 출발 상황이지만 시위는 일어나지 않고 모든 것이 평화롭게 유지된다(경찰에 의해 끌려가는 한 명의 '미치광이'를 제외하고 말이다).

이러한 그라노베터의 성찰은 "거의 동일한 선호도를 보인 두 군중의 역학 관계가 완전히 다른 결과를 초래할 수 있다."라는 것을 보여준다. 전자의 경우에는 티핑 포인트를 넘었지만, 후자의 경우에는 단 한 사람(또는 1%)의 행동만 바뀌었을 뿐인데도 티핑 포인트를 넘지 못했다.

그라노베터가 설정한 상황은 이론적이고 다소 인위적이기는 하다. 하지만 네트워크에서 개개인의 행동이 얼마나 중요한지를 예시적으로 보여준다. 네트워크에서는 모든 사람이 연결되어 있으므로 아주 미미한 영향이 모여 큰 효과를 낼 수 있다.

궁극적으로 그라노베터의 네트워크 연구는 몇 가지 중요한 교훈을 담고 있다. 즉, 한 사회가 느리고 점진적으로 발전할 것이라고 기대하기보다는 티핑 포인트에 몇 번이고 놀랄 준비를 해야 한다는 것이다.

'결단력 있게 행동하는 소수'는 우리가 일반적으로 생각하는 것보다 더 큰 힘을 가지고 있다. 이와 동시에 그의 연구는 우리가 모두 세상이라는 기계에서 하찮은 톱니바퀴에 불과하다는 믿음을 반박한다. 오히려 우리는 네트워크에서 살아있는 세포처럼 행동한다. 이 세포들은 시스템 전체의 영향을 받기도 하고, 반대로 기존의 역학을 강화하거나 도미노 효과를 방해하는 등 시스템에 영향을 주기도 한다.

그레타 툰베리는 이와 같은 인식을 다음과 같이 요약한 바 있다.

"단 한 사람이 세상을 바꿀 수는 없지만, 한 사람이 다른 사람에게 영향을 주어 함께 세상을 바꿀 수는 있다."

또한, 네트워크 연구자인 니콜라스 크리스태키스는 "우리는 모두 스스로 생각하는 것보다 훨씬 더 많은 영향을 다른 사람에게 미치고 있으며, 이를 위해서 슈퍼스타가 될 필요는 없다."라고 말한다.

아마도 이 연구의 가장 흥미로운 핵심은 우리가 모든 것을 손에 쥐고 있지는 않지만, 그럼에도 강력하다는 것이다.

나의 개인적 네트워크
그려보기

자신의 네트워크가 잘 연결되어 있는지 감을 얻으려면 먼저 자신의 네트워크를 개략적으로 그려보는 것이 좋다. 가능한 한 큰 종이(A3 용지 이상)를 준비하고 종이 한가운데에 자신을 놓고 정기적으로 연락하는 모든 사람을 큰 원 안에 적는다.

주로 디지털로 연결된 사람들을 포함하여 가족과 직장 동료, 친구, 이웃을 비롯하여 자신이 자주 소통하는 다른 사람들(미용사, 자신이 신뢰하는 의사나 치료사, 청과물 가게 주인 등)을 적어 본다.

강한 유대 관계에 있는 사람들은 굵은 선으로 연결하고, 느슨한 유대 관계에 있는 사람들은 가는 선으로 연결한다. 이미 이 인맥만으로도 '원 내부'가 생각했던 것보다 더 크다는 것을 알게 될 것이다.

2단계에서는 각 인맥의 인맥을 아는 한도 내에서 대략 적어본다. 잘 모르는 사람들(이를테면 이웃의 친구)은 점선으로 표시한다. 처음에는 약간 혼란스러울 수도 있지만 세세한 내용은 중요하지 않으며, 간접 인맥을 보여주는 이 두 번째 원이 얼마나 방대한지 시각적으로 파악하는 것만으로도 충분하다.

이제 두 번째 인맥들도 비슷한 정도로 많은 인맥을 가지고 있으며, 이들이 당신의 생각이나 말, 행동에 영향을 받을 수 있다고 상상해 보라(어쩌면 종이가 진즉에 모자랄 수도 있다). 당신의 삶이 얼마나 다른 사람들과 연결되어 있는지, 그리고 '어떤 사람도 그 자체로 온전한 섬이 아니다'라는 시인 존 던의 말이 얼마나 옳았는지 어렴풋이 알 수 있을 것이다.

8장

최소한의
공통분모 찾기

'사회 분열, 그리고 그것을 막는 방법'

코로나 팬데믹이 남긴 가장 충격적인 결과 중 하나는 사회적 합의가 얼마나 빨리 약화되는지 경험했다는 것이다.

이전에는 같은 사고방식을 갖고 있다고 느꼈던 분별력 있는 사람들조차도 갑자기 자극적인 의견을 표출했고, 코로나바이러스나 백신 접종에 대한 논쟁으로 오랜 우정에 금이 간 사람들도 적지 않았다.[1] 단순한 사실을 두고 논쟁해 봤자 대부분 아무 소용이 없었다. 의견 차이는 주로 '어떤 사실이 중요한가'라는 질문에서 시작되었다. 어떤 사람들은 자신이 코로나에 감염되어 집중적으로 산소치료를 받아야 하는 상황에서도 코로나바이러스를 부인했다.[2]

이로써 코로나바이러스를 둘러싼 논쟁은 우리가 같은 현실에 살고 있으며 '핵심이 무엇인지'에 대해 의견을 일치시킬 수 있다는 근본적인 가정을 위태롭게 만들었다.

이는 팬데믹 대응 방식에만 해당하는 것이 아니다. 궁극적으로 어느 사회든 기본 규칙에 대한 동의(이를테면 빨간 신호등은 '정지'를 의미하고 2 더하기 2는 4이다)가 이루어질 때 그 사회가 제대로 된 기능을 할 수 있다. 신호등 색깔이나 산술 규칙을 개별적으로 해석한다면 공통분모를 찾을 수 없을 것이다.•

함께 살아가기 위해서는 적어도 '최소한의 공통된 현실'이 필요하다. 저널리스트이자 TV 진행자인 마이 티 응우옌 킴$^{Mai Thi Nguyen-Kim}$이 자신의 책 제목**으로 선택한 이 현명한 개념[3]은 코로나 동안 우리에게 절실히 필요했던 것을 콕 집어 알려준다.

코로나 팬데믹은 그러한 공통된 현실이 결코 당연한 것이 아니라는 것을 보여주었다. 응우옌 킴이 자신의 책에서 길잡이 별$^{Guide Star}$이라고 묘사한 과학조차도 이제는 현실을 보증하는 것으로 받아들여지지 않는다. 이는 과학이 특히 새로운 현상에 관해서는 항상 명확한 답이 아니라 때로는 상당히 모순적인 답을 제공한다는 사실과도 관련이 있다. 또한, 민감한 주제에 대해서는 의심을 가진 자나 회의론자, 음모론자들이 흔히 내세우는 과학계 아웃사이더들의 의견도 항상 존재한다.

그러므로 공통된 현실을 확립하려면 과학을 언급하는 것만으로는 충분하지 않다. 사회 분열을 막고 모든 공동체 의식의 핵심 요건인 집단적 이해의 기반을 만들기 위해서는 조금 더 깊이 들어갈 필요가 있다.

● 예술가 마렌 크로이만$^{Maren Kroyman}$이 '수학거부자^{Matheleugerin}'라는 영상에서 보여주는 것처럼 말이다. https://www.youtube.com/watch?v=iGTyy3CR4fA
●● 우리나라에서는 《세상은 온통 과학이야》라는 제목으로 출간되었다.

당신은 어떤 경기를 보고 있는가?

말하자면 공통된 현실의 문제는 과학이 개입될 때 비로소 시작되는 것이 아니라 이미 아주 평범한 일상에서 시작된다. 대체로 우리는 세상을 '있는 그대로' 본다고 당연하게 생각한다. '소박실재론Naive Realism'이라고 부르는 이러한 태도는 안타깝게도 너무나도 순진하다.[4]

첫째, 우리는 우리가 생각하는 것보다 세상을 훨씬 덜 객관적으로 인식한다. 둘째, 이는 다른 모든 사람에게도 해당되며, 셋째, 우리는 부분적으로 매우 다른 평행 세계에 살고 있다.

사회심리학자 앨버트 하스토프Albert Hastorf와 해들리 캔트릴Hadley Cantril은 1951년 전설적인 미식축구 경기를 예로 이를 일찍이 입증한 바 있다. 당시 프린스턴 대학팀과 다트머스 대학팀은 시즌 막바지에 만나 극적인 경기를 펼쳤다. 경기 중에 부상 선수들이 여럿 발생하자 양 팀의 팬들은 격분했고, 결국 프린스턴이 13:0으로 압승하면서 경기가 끝났다. 양 팀은 서로 상대 팀의 반칙 행위를 비난했고 경기장 안팎에서 주먹다짐이 벌어졌다.[5]

며칠 후 하스토프와 캔트릴은 프린스턴 대학과 다트머스 대학의 학생들에게 독립적인 심판이 되어달라고 요청했다. 학생들은 같은 경기 장면을 본 후 자신이 본 내용을 냉정하게 기록해야 했다. 그 결과 다트머스 팬들은 주로 프린스턴 팀의 반칙 행위를 보았지만, 프린스턴 팬들은 다트머스 팀의 반칙 행위만을 보았다. 하스토프와 캔트릴은 학생들이 단순히 편향된 태도를 보여주었을 뿐만 아니라 실제로 서로 다른 것을 보았다는 사실을 확인했다.

그들의 연구 결과에 따르면 "인지된 사건의 각 버전이 특정 사람에게는 '사실'이었다. 마찬가지로 다른 사람들에게는 또 다른 버전이 '사실'이었다."[6]

이를 어떻게 설명할 수 있을까?

모든 미식축구 경기는 무수히 많은 움직임과 디테일로 구성되어 있다. 하지만 인간의 인지 능력은 제한되어 있으므로 우리는 무엇보다 중요해 보이는 디테일 위주로 지각한다. 문제의 핵심은 모든 사람이 '같은 것을 중요하다고 생각하지 않는다'라는 점이다. 그래서 관찰자마다 실제로 다른 사건을 보게 된다. 이는 미식축구 경기뿐만 아니라 팬데믹이나 정당, 정치 토론과 같은 모든 복잡한 과정에도 해당된다. 우리는 각자 개인의 '안경'에 따라 무엇보다 자신의 선입견과 일치하는 측면에 초점을 맞춘다.[7]

분열된 집단이나 정치적 견해가 다른 사람들 사이의 공동체 의식이 많은 어려움에 봉착하는 것은 당연한 일이다. 선택적 지각으로 인해 우리는 자신이 진실이라고 믿는 것에 대해서는 충분히 납득할 만하다고 느낀다. 반면 이와 다른 견해를 가진 상대방은 왜 그런 얼토당토않은 말을 믿는지 놀라워하며 고개를 젓는다. 반대로 상대방도 우리를 보면서 똑같은 생각을 한다.

역설적이게도 이러한 유형의 정신적 왜곡은 정보가 많다고 해서 반드시 작아지는 것이 아니다. 오히려 더 커질 수도 있다. 이는 심리학자들이 1970년대 후반 스탠퍼드 대학에서 실시한 한 실험에서 입증되었다.

그들은 사형제도에 찬성하는 학생들과 반대하는 학생들에게 사형제도 찬반에 대한 과학적 논거 자료를 제시했다. 그 결과 모두가 자신의 신념을 뒷받침하는 자료를 더 신뢰할 만하고 설득력 있다고 판단했다. 반면 자신의 신념과 반대되는 주장은 고의로 묵과했으며 중요하지 않거나 설득력이 없는 것으로 인지했다. 두 집단이 동일한 정보를 받았음에도 결국 두 집단 간의 의견 차이는 더욱 벌어졌다.[8]

이러한 연구를 바탕으로 미국의 법학자 캐스 선스타인Cass Sunstein은 1999년에 '집단 양극화 법칙The Law of Group Polarization'을 도출했다.[9] 이 법칙에 따르면, 개인은 일종의 집단 압력을 받아서 자신의 견해를 형성하는 경우가 많다. 그리고 두 집단이 서로 토론하는 순간 양쪽 모두 점점 더 급진화된다. 이 과정에서 추가적인 지식이 기존의 양극화를 더욱 악화시킬 수도 있다.

다른 사람들과 어떤 쟁점에 대해 논의할 때는 이러한 메커니즘을 염두에 두어야 한다. 서로 상대에게 끊임없이 논거와 사실을 던져서 양극화를 악화시키기보다는 먼저 타협의 여지를 만들어놓고 의견이 일치하는 가치나 신념을 확인하는 것이 더 도움이 된다(이때 사실적인 논쟁보다는 감정적 역학 관계가 더 중요하다. 2장에서 본 갈등 조정 전문가 다니엘 아우프 데어 마우어와의 대화를 떠올려 보라). 이러한 최소한의 공통된 현실이 발견되었을 때 비로소 이를 바탕으로 더욱 민감한 주제로 넘어갈 수 있다.

예를 들어 기후변화 대응 방안을 이야기하는 토론이 날카롭게 고조되는 상황이라면 먼저 아이들에게 어떤 미래를 물려주고 싶은지에 대해 상대방과 함께 이야기함으로써 타협의 여지를 만드는 것이 좋다. 아무리 의견의 차이를 보이더라도 자신의 아이들에게 되도록 살 만한 가치가 있는 미래를 물려주고 싶다는 데는 모두 동의할 것이다. 이러한 공통점을 찾는다면 자연스레 토론의 분위기가 조성되어 양극화되지 않고 이해심을 갖고 논쟁할 기회가 생겨난다. 그리고 결과적으로 합의가 이루어지지 않더라도 서로 간의 격차가 깊어지지 않고 오히려 줄어든다. 그리고 이러한 상태에서 다음 토론을 다시 시작할 수 있다.

인포데믹

하지만 세상을 바라보는 서로 다른 우리의 관점만이 의견 차이를 만들고 공동체 의식을 위협하는 것이 아니다. '최소한의 공통된 현실'의 합의를 의도적으로 파괴하려는 가짜 뉴스와 음모론도 존재한다. 거의 모든 위기 상황에서는 이러한 잘못된 정보가 급증하는데, 이는 사람들이 불안해하고 두려움에 떨고 있는 상황이 가짜 뉴스나 음모론 확산에 유리하기 때문이다.

예를 들어 코로나 팬데믹이 발생한 직후 세계보건기구(WHO)는 바이러스만큼이나 빠르게 확산하는 가짜 뉴스로 가득 찬 '인포데 믹Infodemic'에 대해 경고했다. 즉, 가짜 뉴스와 자주 접촉하는 사람은 그에 쉽게 감염되어 잘못된 정보를 전달할 수 있다는 것이다. 그리고 실제 팬데믹과 유사하게 소셜 미디어에서 많은 팔로워를 보유하고 있어서 특히 많은 사람을 감염시키는 인포데믹 '슈퍼 전파자' 가 존재했다. 우크라이나 전쟁에서도 소셜 미디어 채널에서는 디지털 포렌식 전문가의 전문 지식으로만 진위를 판단할 수 있는 해석과 이미지를 둘러싸고 본격적인 '정보전'이 전쟁 초반부터 벌어졌다.[10]

이러한 행동의 가장 큰 문제는 몇몇 허위 정보가 확산한다는 사실이 아니라 신뢰성과 상호 간의 믿음을 일반적으로 공격한다는 것이다. 왜냐하면, 그러한 행동은 불확실성('어떤 뉴스가 진실일까?') 을 조장하여 사회에 이미 존재하는 양극화 현상을 의도적으로 강화하기 때문이다.

종종 상이하고 모순되는 많은 정보를 공론화하는 것만으로 대중을 압도하고 모든 것, 모든 사람에 대한 일반적인 불신을 갖게 하기에 충분하다. 이러한 맥락에서 블로거이자 작가인 사샤 로보Sascha Lobo 는 '생각의 흑사병Denkpest'을 진단한다. 이는 깊은 불안감에서 비롯된 불분명한 의심이 전염되는 정신 상태를 의미한다.[11]

중요한 것은 사람들이 특정 음모론을 믿는다는 것이 아니라 무엇보다 '어딘지 모르게 뭔가 잘못되고 있다'는 생각을 하게 된다는 것이다. 그러므로 사람들은 공식적인 정보보다는 직감을 더 믿는다. 그러나 이러한 '직감'은 특히 쉽게 속일 수 있어서 교묘한 조작자들이 의심스러운 목적을 위해 자주 사용한다.

허위 사실 효과와 사고의 오류

이를 이해하기 위해서는 우리 사고의 메커니즘에 대해 조금 알아두는 것이 도움이 된다.

뇌는 일반적으로 최소 노력의 원칙에 따라 작동하며 외부의 인상에 주로 직관적이고 자동으로 반응한다. 인지심리학자 대니얼 카너먼Daniel Kahneman은 이를 '빠른 생각'이라고 부른다.

이와 대조되는 '느린 생각'은 모든 측면에서 철저히 분석하고 검토하는 사고로, 과학적 방법론에 해당한다. 더 정확하지만 훨씬 더 많은 시간이 요구된다. 시간적인 여유가 대부분 부족한 일상생활에서 우리는 거의 전적으로 빠른 생각 모드로 행동한다.[12]

예를 들어 치명적인 전염병이 발생할 때 백신 접종으로 6천 명의 감염자 중 2천 명을 '구할 수 있다'는 정보를 접하면 어떤 생각이 드는가? '훌륭하군!' 그리고 또 다른 백신 접종으로 4천 명이 '죽을 수 있다'는 정보를 접하면 어떻게 말하겠는가? '끔찍하군!' 두 경우 모두 동일한 결과를 설명하고 있는데도 말이다.

카너먼이 즐겨 인용하는 이 예는 언어적 표현만으로도 우리의 평가가 얼마나 달라질 수 있는지를 보여준다. 빠르게 생각할 때는

사실보다는 사실을 어떻게 분류하고 어떤 프레임으로 이야기하는
지가 더 중요하다. '구하다'와 같은 핵심 단어는 뇌가 긍정적인 프
레임을 만들기에 충분하지만, '죽다'라는 동사는 자동으로 부정적
인 신호를 보낸다. 이처럼 단어 하나만으로도 동일한 정황에 대한
평가가 달라진다.

우리는 일상생활에서 늘 이러한 사고의 지름길을 택한다. 예를
들어 많은 사람이 비행기가 자동차보다 더 위험하다고 생각하지
만, 통계적으로 보면 그 반대다. 그러나 비행기 사고가 언론에 더
자주, 더 자세히 보도되기 때문에 우리는 비행기 사고가 더 자주 발
생한다고 믿는다('가용성 휴리스틱Availability Heuristic').

'허위 사실 효과'도 이와 비슷한 방식으로 작동한다. 즉, 허위 정
보가 자주 반복되는 것만으로도 점점 더 그럴듯하게 들린다. 왜냐
하면, 뇌는 이전에 들었던 정보들을 더 쉽게 처리할 수 있기 때문이
다(모든 광고와 정치 선전은 바로 이러한 점을 이용한다).

또한, '확증 편향Confirmation Bias', 즉 기존의 자기 생각을 확인시켜 주
는 정보를 선택하고 해석하는 인간의 경향 또한 과소평가해서는
안 된다.

그리고 가장 널리 퍼져 있는 사고의 오류는 이러한 약점이 타인
에게만 존재하고 자기 생각은 완벽하며 아무것에도 영향을 받지
않는다고 생각한다는 사실이다('편향 맹점Bias Blind Spot').

특히 감정이 충만한 내용들은 '빠른 생각'을 촉발하게 한다. 외계
인이 착륙했는데 CIA가 이 사실을 감추고 있다? 코로나 백신을 접

종하면 칩이 몰래 이식된다? 비밀 엘리트가 세계를 장악하고 지하 비밀 장소에서 아이들의 피를 마신다? 더 황당한 내용일수록 사람들을 더 흥분시키며, 뇌가 발동할 가능성이 그만큼 더 커진다. 바로 이러한 이유에서 충격적이거나 분노를 불러일으키거나 기괴하게 들리는 정보들이 거의 반사적으로 클릭 되고 전달된다. 반면 '느린 생각'에 호소하는 객관적이고 냉정하게 들리는 뉴스는 제대로 전달되지 않는다.

여러 연구 결과를 보면 인터넷에서 가짜 뉴스는 진실보다 훨씬 더 빠르고 효과적으로 퍼진다. 보스턴의 MIT 연구진은 트위터 뉴스 서비스를 예로 들어 이 사실을 조사했다. 연구에 따르면 가짜 뉴스가 공유될 확률은 사실에 근거한 트윗보다 70% 더 높으며, 진짜 뉴스보다 6배 더 빠르게 퍼지는 것으로 나타났다.[13]

연구 논문 저자인 시난 아랄Sinan Aral은 거짓이 진실보다 "훨씬 더 멀리, 더 빠르게, 더 철저하고 더 광범위하게" 퍼지며, 이는 "모든 범주의 정보에 해당되며, 대부분 그 차이는 엄청나게 크다."라고 말한다.[14]

그 이유는 가짜 뉴스가 종종 두려움과 놀라움, 혐오감 등 우리가 즉각적으로 반응하는 뿌리 깊은 감정을 불러일으키기 때문이다. 그리고 다른 사람들에게 이를 알려주고 싶은 욕구가 자동으로 생겨난다. 경고하기 위해서든, 놀라움을 함께 나누기 위해서든, 터무니없는 내용에 대해 분노를 터뜨리기 위해서든 말이다. 거부감 또한 가짜 뉴스를 확산시키는 감정 기계를 작동시키기 때문이다.

몇 년 전 풍자 웹사이트 사이언스 포스트^{Science Post}는 인터넷 사용자들이 기사 내용에는 관심을 두지 않고 얼마나 빨리 흥분을 전달하는지를 입증해 보였다. 사이언스 포스트는 〈페이스북 사용자의 70%는 기사 제목만 보고 댓글을 단다〉라는 제목의 기사를 게시했는데, 기사 본문은 아무 의미 없는 단어로만 채워져 있었다. 그런데도 46,000명의 사람이 본문을 읽지도 않은 채 아무 내용도 없는 이 게시물을 즉시 공유했다.[15]

얼마 후 이 사건은 과학적 연구를 통해 재확인되었다. 이 연구에 따르면 소셜 미디어에 공유된 링크의 59%는 한 번도 클릭 되지 않은 것으로 나타났다.[16] 이 논문의 공동 저자인 아르노 레구^{Arnaud Legout}는 "사람들은 기사를 읽는 것보다 이를 공유하고 싶은 마음이 더 크다."라고 말한다. "이는 현대의 미디어 소비자들이 지닌 전형적인 특성으로, 그들은 깊이 있게 살펴보지 않고 짧은 요약을 바탕으로 자신의 의견을 형성한다."[17]

인쇄술과 인터넷의 공통점

이러한 인식은 이상하게 여겨질 수도 있지만, 사실상 수십억 달러 규모의 비즈니스 기반을 형성한다. 대량 공유, 대량 클릭, 대량 흥분, 대량 검색은 무엇보다 디지털 플랫폼에 도움이 되기 때문이다. 특히 이는 오늘날 세계에서 가치가 가장 큰 기업들이 디지털 기업인 이유이기도 하다.

애플, 아마존, 구글의 모회사 알파벳, 마이크로소프트, 메타(구 페이스북)는 기업 순위에서 상위권을 차지하고 있으며, 중국의 인터넷 기업 알리바바와 텐센트가 그 뒤를 잇고 있다.[18] 이 책을 쓰는 시점을 기준으로 세계에서 가장 가치 있는 10대 기업 중 디지털 기업이 아닌 기업은 세계 최대 석유 기업 사우디 아람코*, 테슬라, 워런 버핏Waren Buffet의 지주회사 버크셔 해서웨이 등 단 세 곳뿐이다. 엑슨 모빌, 제너럴 일렉트릭, 뱅크 오브 아메리카 등 기존 선두 기업들은 디지털 기업에 밀려 뒷전으로 밀려났다. 이만큼 (경제적) 힘의 이동을 가장 명확하게 보여주는 것은 없을 것이다.

이와 함께 우리는 역사적인 변화를 목격하고 있다. 즉, 인터넷 기반 비즈니스 모델(플랫폼 경제라고도 한다)의 부상으로 주식 시장의 순위뿐만 아니라 우리 일상생활에도 변화가 일어나고 있다. 스마트폰과 어디든지 늘 존재하는 인터넷이 없는 삶을 누가 상상할 수 있을까? 아마도 미래 세대들은 스티브 잡스Steve Jobs가 최초의 아이폰을 선보인 2007년을 제임스 와트James Watt가 증기기관을 선보인** 1769년과 비슷한 역사적 전환점으로 여기거나 1991년의 인터넷 발명을 1450년의 인쇄술 발명과 비교하게 될 것이다.

● 우크라이나 전쟁 중 갑자기 석유가 부족해지자 사우디 아람코의 주가가 급등하여 다시 상위권으로 올라섰다. 그러나 이는 일시적인 현상일 가능성이 크다.

●● 사실 와트는 애플이 스마트폰을 발명하지 않은 것처럼 증기기관을 '발명'하지 않았다. 하지만 둘 다 기존의 장치를 결정적인 방식으로 개선하고 한층 더 개발시켰다.

이러한 모든 발명은 새로운 기술 장치를 탄생시켰을 뿐만 아니라 엄청난 사회적, 경제적, 정치적 변화와 함께 새로운 시대를 열었다. 인쇄술은 정보를 저렴하고 대량으로 보급할 수 있게 함으로써 수도원이 지식 전수를 독점하는 체제를 깨고 당시의 종교 권위에 도전했다. 인쇄술이 없었다면 루서[Luther]의 성경도 없었을 것이고 종교개혁도, 계몽주의도, 프랑스 혁명도, 어쩌면 현대 민주주의도 없었을 것이다.

동시에 새로운 기술은 당시에 극적인 변화를 가져왔다. 신기술은 교황의 종교 독점을 약화함으로써 수많은 종파와 흐름이 출현하도록 촉진했다. 계몽가뿐만 아니라 선동가와 종말론자들도 새로운 정보 기술을 사용했다. 이에 대해 역사학자 니얼 퍼거슨[Niall Ferguson]은 다음과 같이 분석한다.

"종교개혁 초기에 마틴 루서는 순진하게 생각했다. 즉, 모든 사람이 집에서 성경을 읽을 수 있다면 누구나 하나님과 직접 연결될 수 있고 일종의 '만인 제사장'이 생겨나리라 생각했다. 그러나 16세기 유럽에서는 '만인 제사장'이 생겨난 것이 아니라 130년에 걸친 종교 갈등이 고조되어 결국 역사상 가장 참혹한 전쟁 중 하나인 30년 전쟁으로 이어졌다."[19]

퍼거슨은 초창기 인쇄술과 오늘날 인터넷이 가져온 결과 사이에 놀라운 유사점을 발견한다.

"16세기와 17세기에도 사회는 양극화되었고 가짜 뉴스와 비슷한 유언비어가 난무했으며, 세계가 점점 더 가까워지면서 유행병과 전염병이 더 빨리 퍼졌다."

퍼거슨은 자신의 저서《광장과 타워》에서 당시의 미디어 혁명이 어떻게 사회 전체의 네트워크 구조를 바꾸고 위계질서에 의문을 던졌는지 설명한다.[20] 이는 오늘날 인터넷이 전통 미디어의 권위를 약화시키는 것과 비슷하다.

전통 미디어의 저널리스트는 콘텐츠 품질에 대해 어느 정도의 통제를 받고 법적 원칙을 준수해야 하는 반면, 인터넷에서는 이러한 제약이 전반적으로 사라지고 누구나 진실에 대한 통제 없이 자유롭게 콘텐츠를 전파할 수 있다. 이로 말미암아 허위 정보가 증가하고 가짜 뉴스가 인터넷에서 더 빨리 퍼진다. 퍼거슨은 이러한 사실 때문에 밤에 잠을 이루지 못한다며 이렇게 말한다.

"나는 역사학자가 아닌 사람보다 걱정이 훨씬 더 크다. 그러한 양극화 과정이 언제나 반복적으로 계속되고 결국 언어적 폭력에 그치지 않을 것을 역사를 통해 알고 있기 때문이다."

인터넷 트롤 부대

실제로 허위 정보는 오늘날 강력한 무기로 사용되고 있다. 에너지 기업들이 기후변화에 대한 의문을 품게 하기 위해 모든 수단을 동원하기도 하고,[21] 전쟁 중인 국가들이 상대국의 국민을 불안하고 지치게 만들려고 하기도 하며,[22] 여론에 영향을 미치려고 인터넷에

댓글을 도배하기도 한다.[23] 또는 일반적으로 민주주의에 대해 의구심을 품게 하여 상대의 결속력을 약화하기도 한다. 영국에서 브렉시트[Brexit] 국민투표를 하는 동안 러시아 인사들이 영국의 유럽연합(EU) 탈퇴를 지지하는 분위기를 조성한 것처럼 말이다.[24]

2016년과 2020년 미국 대선 캠페인에서도 '인터넷 트롤[Troll]•' 부대가 도널드 트럼프 후보를 지지하는 메시지와 가짜 뉴스로 소셜 네트워크를 가득 채웠다. 이러한 행위가 러시아의 이익을 위해 이루어졌다는 것은 의심의 여지가 없다. 2018년 미국 특별조사관 로버트 뮬러[Rebert Mueller]는 다수의 러시아 국적 보유자와 조직이 미국의 민주적 절차를 방해하기 위해 음모를 꾸몄다고 그들을 기소했다.[25] 웹사이트 팩트체크닷오알지[factcheck.org]의 공동 설립자이자 미디어학자인 캐슬린 홀 제이미슨[Kathleen Hall Jamieson]은 자신의 저서 《사이버 전쟁[Cyberwar]》에서 십중팔구 러시아의 영향력이 트럼프의 선거 승리에 (부분적으로) 책임이 있다고 결론을 내렸다.[26]

한편 독일에서는 2017년 연방 선거 전에 러시아 트롤과 극우 동조자들이 AfD(독일을 위한 대안) 당을 지지하는 분위기를 조장했다. 이에 대해서는 영국의 역사학자 앤 애플바움[Anne Applebaum]과 런던 경제학교의 저널리스트 피터 포메란체프[Peter Pomerantsev]가 이끄는 연구팀이 밝힌 바 있다.[27] 러시아 트롤과 극우 동조자들은 지능형 컴퓨터

● 인터넷에서 악성 댓글이나 허위 보도를 통해 의도적으로 싸움을 사람들을 비방하는 교란자를 뜻하는 인터넷 용어다.

프로그램(봇Bot)을 사용하여 이민 문제와 같은 사회적 논란을 증폭시키고 독일의 민주 제도에 대한 불신을 부추겼다.[28]

이 모든 것은 국가에 매우 우려스러운 일임이 틀림없다. 그러나 놀랍게도 영국의 이 연구는 독일에서 큰 파장을 일으키지 못했다. 메르켈 총리가 2013년까지만 해도 '신세계'라고 표현했던 인터넷에 대해 독일 사람들은 오랫동안 아무것도 예감하지 못하는 듯했다.[29] 이제는 디지털 영역도 현실 공간과 마찬가지로 보호되어야 하며, 허위 정보와의 싸움 또한 국가의 과제로 이해해야 한다는 인식이 점차 확산하고 있다. 왜냐하면, 근본적인 정보에 의구심을 부추기고 공통된 사실의 기반을 흔드는 사람은 사회를 하나로 결속시키는 핵심을 공격하는 것이기 때문이다.

이러한 이유에서 스웨덴은 허위 정보와 고의적 루머에 대응하기 위해 정부 기관을 설립했다. 스웨덴 정부는 2022년 초에 심리국방청Psychological Defense Agency을 공식 출범시키고 업무를 개시했다.[30] 스웨덴 내무부 장관은 백신이나 선거 등에 루머와 음모설이 퍼지는 것을 우려하고 있으며, 이러한 위협에 대응하고자 한다고 설명했다.

출범 당시 이 새로운 기관이 정확히 어떤 방법으로 이를 달성할 것인지 모호했지만, 스웨덴이 놀라울 정도로 자주 허위 보도의 표적이 되고 있다는 것은 분명하다. 이를테면 이슬람 활동가들은 스웨덴 당국이 수천 명의 이슬람 어린이를 납치해 아동 포르노 조직에 넘기거나 그들에게 돼지고기를 먹도록 강요하고 있다고 주장하기도 하고,[31] AfD(독일을 위한 대안) 당은 독일에 스웨덴에 대한 여행 경보가 내려졌다고 거짓 주장하기도 했다.[32] 또한, 2017년 도널드 트럼프가 "어제 스웨덴에서 무슨 일이 벌어졌는가!"라고 퍼뜨린 기괴한 발언도 잊을 수 없다. 무슨 일이 일어났는지 아무도 모르는 상태에서 말이다.[33] 그러나 이러한 가짜 뉴스가 쌓일수록 많은 사람이 이 나라가 뭔가 잘못되어가고 있다는 막연한 느낌을 더 많이 갖게 된다.

가짜 뉴스에 대처하는 방법

가짜 뉴스의 공격을 막기 위해서는 물론 가장 먼저 팩트 체크팀을 구성하여 허위 보도를 반박해야 한다. 이를테면 스웨덴 당국은 아동 납치 의혹 루머에 대해 스웨덴 사회복지 기관이 가정폭력으로부터 아동을 보호하기 위해 가정에서 아동을 데려가는 일반적인 개입 행위가 왜곡되고 맥락에서 벗어났으며, 세부적 내용이 거짓으로 꾸며지고 실제 배후 관계가 생략되었다고 지적함으로써 이를 반박했다.

그러나 이러한 반박조차도 가짜 뉴스의 확산을 조장할 수 있다. 왜냐하면, 여기에도 허위 사실 효과의 위협이 항상 존재하기 때문이다. 즉, 특정 뉴스가 여러 번 거짓이라고 표명되면('스웨덴 당국이 아동을 납치하는 것은 사실이 아니다') 그 내용이 청취자나 독자의 뇌에서 자신도 모르게 점점 더 그럴듯하게 들릴 수 있다. 왜냐하면 '아니다'라는 작은 단어는 기억에서 쉽게 사라지지만, '스웨덴'과 '납치'라는 단어의 결합은 자꾸 반복되면서 사람들의 머릿속에 더 굳게 자리 잡기 때문이다.

이러한 효과는 1,800명 이상의 피험자를 대상으로 다양한 거짓 진술(이를테면 '트럼프는 동성애를 다루는 모든 TV 프로그램을 금지하려고 한다' 또는 '볼리비아의 국경은 태평양과 접해있다')을 평가하도록 한 연구에서도 나타났다.

연구진은 이러한 진술이 반복될 때마다(심지어 '거짓'이라고 표시가 되어 있는 진술인 경우에도) 피험자들이 더 신빙성 있게 인식한다는 사실을 발견했다. 연구진은 "거짓이라는 단서의 이점도 진술의 반복 효과로 인해 즉시 사라진다."라고 요지를 설명했다.[34]

따라서 캐슬린 홀 제이미슨과 같은 팩트 체커Fact Checker들은 허위 보도에 대해 최대한 자제하여 보도할 것을 강력히 권고한다.[35] 제이미슨은 사람들에게 단순히 사실이 틀렸다고 말하는 것만으로는 충분하지 않으며, 새로운 증거와 결정적인 반박 메시지를 제시하는 것이 좋다고 설명한다. 또한, 청중을 참여시켜 스스로 비판적인 질문을 던지고 주장과 논거들을 검토할 것을 권장한다.[36] 골수 음모론자에게는 이 방법이 통하지 않겠지만, 신념이나 고집이 아주 강한 사람들 말고도 결심이 서지 않은 사람들이나 대세를 따르는 추종자들도 있기 마련이다. 이러한 사람들에게 올바르게 접근한다면 충분히 가능한 일이다.

한 독일 심리학자 연구진은 상대를 존중하는 대화를 시작하라고

권고한다. 토비아스 로트문트Tobias Rothmund와 마리오 골비처Mario Gollwitzer
가 이끄는 연구진은 "미국에서는 환경을 생각하는 태도가 애국심
으로 비춰질 때 기후변화에 반대하는 사람들이 비판적인 연구 결과
를 더 열린 태도로 받아들이는 것으로 나타났다."라고 말한다. "예
를 들어 열성적인 비디오 게이머들은 자신들이 특별한 역량을 가진
집단으로 여겨졌을 때 미디어 폭력의 유해성을 연구한 결과에 대해
덜 비판적이었다."[37] 이 경우에도 '최소한의 공통된 현실'을 먼저 찾
고 긍정적인 정서적 기반을 조성하는 것이 필수적이다.

많은 연구자는 교육 기관을 향해서도 중요한 권장 사항을 한마
음 한뜻으로 전한다. 학교와 대학에서 정보를 비판적으로 취급하
는 방법을 시급히 더 많이 가르치고 단련해야 한다는 것이다. 이
와 관련된 여러 이니셔티브가 존재한다. 이를테면 가짜 뉴스 인식
에 대한 학교 수업[38], 유럽연합 이니셔티브인 클릭세이프의 '더 안
전한 인터넷의 날Safer Internet Day'[39], 독일 시민대학협회에서 개발한
'청소년을 위한 모듈박스 정치 미디어 교육Modulbox Politische Medienbildung für
Jugendliche'[40], 사용자가 머리기사 제목의 진실성을 평가하는 게임 방
식을 통해 미디어 역량을 전달하는 앱 '뉴스 오더 페이크news.oder.fake'[41]
등 다양한 이니셔티브가 있다.

그러나 교과 과정뿐만 아니라 미래 교사 양성에서도 이 주제를
확고하게 정착시키는 과정이 아직은 부족하다. 드레스덴의 커뮤니
케이션학자 루츠 하겐Lutz Hagen은 "독일 학교 시스템의 어떤 단계에
서도 미디어 역량이 적절하게 고려되지 않고 있다."라고 현 상황을

설명한다.[42] 그러나 특히 디지털 시대에는 정보 주권을 행사하는 능력이 민주주의의 미래를 위해 결정적으로 중요하다. 교육부 장관들이 이에 반응하기까지 얼마나 걸릴지 한번 지켜보도록 하자.

중립적인 여론 주도자

하지만 개인과 교육 기관의 역할만 있는 것은 아니다. 메타(페이스북, 왓츠앱, 인스타그램)나 알파벳(구글, 유튜브 등)과 같은 플랫폼 사업자도 중심적인 역할을 한다. 이들은 주식 시장을 지배할 뿐만 아니라 전 세계 수십억 사용자의 의견과 태도에도 영향을 미친다. 물론 이들의 사업 모델은 표면적으로 중립성을 기반으로 한다. 법적으로 표현하자면 그들은 메시지 제공자가 메시지 내용을 책임지지 않는다는 '제공자 특권Providerprivileg'을 누리고 있다.

그럼에도 불구하고 플랫폼은 여론을 주도한다. 그리고 이는 그 배후에 존재하는 알고리즘과 관련이 있다. 이 알고리즘들은 무엇보다 가능한 한 많은 사람을 오랫동안 각 플랫폼에 머물게 하는 것이 목적이다(광고 수익이 증가하기 때문이다). 이러한 이유에서 플랫폼 기업의 심리학 팀은 사용자의 관심을 유도하여 각 해당 매체로 끌어들이고, 가능한 한 오랫동안 주의를 기울이게 하는 연구를 한다. 이를 위해서는 두려움이나 혐오감, 놀라움 등의 반사 작용을 유발하는 콘텐츠가 특히 적합하다.

이러한 메커니즘은 사실과 일치하지 않는 콘텐츠의 선호로 자연스레 이어지기 마련이다. 이는 2016년 미국 대선 캠페인에서 도널드 트럼프 캠프가 감정적인 메시지로 상대 후보인 힐러리 클린턴의 이미지를 흠집내려 했던 일화를 통해 잘 알 수 있다. 페이스북은 이에 대응하기 위해 숙련된 언론인으로 구성된 '트렌딩 토픽Trending Topics' 부서를 설치하여 페이스북 뉴스피드에 가급적 가짜 뉴스가 게재되지 않도록 했다.[43]

이는 트럼프 캠프를 바짝 긴장시켰다. 이러한 조치로 인해 자신들의 메시지가 뉴스피드에서 강등되고 진보 진영의 뉴스가 위로 올라갈 수 있기 때문이었다. 정치적 불리함을 감지한 공화당 측이 불만을 제기하자 페이스북 본사에서 회의가 열렸고, 이 자리에서 마크 저커버그는 페이스북은 완전히 중립적이며 앞으로도 중립을 지킬 것이라고 공화당 측에 확실히 알렸다. 저커버그는 제공자 특권을 잃을 수 있다는 불안함에 트렌딩 토픽 부서를 다시 폐쇄하고 뉴스피드에서 뉴스를 규제하려는 시도를 포기했다. 이로 말미암아 알고리즘이 분노와 증오, 거짓말을 선호하는 길을 열어주었고, 이는 결국 트럼프 캠프에 특히 유리하게 작용했다.

따라서 플랫폼의 표면적 중립성은 중요한 정치적 문제다. 그 이후로 페이스북이 사업 이익을 진실보다 우선시한다는 사실은 회사 내부자들에 의해 여러 차례 비난받았다. 이를테면 2021년 페이스북에서 제품관리 매니저로 일했던 프랜시스 하우겐Frances Haugen이 페이스북 내부 문건을 폭로했다.[44] 하우겐은 페이스북에서 허위 정보와 비방 발언에 맞서 싸우는 일을 담당했지만, 요구와 현실 사이의 모순에 점점 더 좌절감을 느끼고 있었다. 그래서 그는 공개적으로 나서기로 하고 미국 상원에서 증언하기도 했다.[45]

편파적으로 들리지 않도록 말하자면, 소셜 미디어는 계몽과 민주주의 수호에도 이바지할 수 있다. 이는 특히 우크라이나 전쟁에서 러시아 공격에 대한 반격이 시작되었을 때 분명하게 드러났다. 우크라이나 옹호자들은 비디오 메시지나 트위터 메시지로 전쟁 범죄를 비난하거나 러시아의 피해 상황을 실시간으로 알렸다(러시아 정부는 이 사실을 집요하게 숨기려 했다). 또한, 미 군사 전문가들은 도로 봉쇄 정보를 온라인으로 제공했으며, 해커들은 러시아 국영 텔레비전을 해킹하여 전쟁 영상을 보도하려고 했다. 러시아에서도 모스크바 레스토랑 추천 사이트에 전쟁 내용을 게시하여 인터넷상의 정보 통제를 무력하게 만들었다.

미디어학자 베른하르트 푀르크센Bernhard Pörksen은 이러한 사례들에서 소셜 네트워크가 인간화와 민주화의 도구로 전적으로 사용될 수 있음을 여실히 보여준다고 설명한다. 그러나 이를 위해서는 정치적 의지, 사회적 압력, 세계 여론의 집중, 그리고 사람들의 생각을 근본적으로 바꾸는 전쟁 재앙과 같은 극단적인 상황이 필요하다고 말한다.[46]

디지털 종속을 극복하는 방법

어쨌든 디지털 공간에 대한 규제를 몇몇 대규모 사기업에만 맡겨서는 안 된다는 것은 분명하다. 방대한 데이터와 인공지능 도구에 직결된 정보 기술을 통제하는 사람은 미래의 열쇠를 쥐고 있다. 대부분의 디지털 거대 기업이 기반을 두고 있는 미국에서는 이 사실을 누구나 잘 알고 있다. 이 사실을 잘 파악하고 있는 중국 또한 구글이나 페이스북, 아마존으로부터 독립하기 위해 알리바바, 바이두, 텐센트, 화웨이와 자국 플랫폼을 구축했다. 반면에 유럽은 이에 상응하는 플랫폼이 부족한 탓에 외국 인프라에 의존하고 있으며 많은 사용자 데이터가 자동으로 미국으로 이동한다.

따라서 유럽은 이를테면 인공지능을 포함한 대규모 유럽 투자 이니셔티브를 통해 미국 기업에 대한 디지털 의존도를 시급히 극복해야 한다. 데이터 보호도 마찬가지로 중요하다. 데이터는 21세기 경제를 이끄는 가장 중요한 원자재이기 때문이다(가장 가치 있는 기업 순위에서 볼 수 있듯이 말이다).

유럽연합은 적어도 법적 분야에서는 대응 방안을 내놓고 있는데, 2022년 봄 '마그나 카르타' 또는 '인터넷 기본법'이라고 불리는 디지털 서비스법Digital Services Act이 통과되었다. 이 법은 인터넷상의 시민권 보호를 위해 유럽 전역에 통일된 기준을 마련하고, 소규모 플랫폼을 위해 대기업의 권한을 제한하는 것이 목적이다.[47]

이 법에는 인터넷상의 불법 콘텐츠의 규제 내용도 포함되어 있다. 즉, 플랫폼에서 혐오 발언이나 폭력 선동, 테러 선전을 인지하면 신속하게 이를 삭제해야 한다. 인터넷 사용자는 그러한 콘텐츠를 신고해야 할 뿐만 아니라 플랫폼의 삭제 결정에 이의를 제기하고 보상을 요구할 수 있다. 구글이나 페이스북, 아마존과 같은 '초대형 플랫폼'에서 디지털 서비스법 조항을 조직적으로 위반할 경우 전 세계 매출액의 최대 6%에 달하는 벌금을 물게 되며, 이는 적어도 실질적인 위협이 될 수 있다.[48]

이것이 실제로 어느 정도까지 구현되는지는 또 다른 문제다. 잘 알다시피 디지털 기업은 수단과 방법을 가리지 않고 자신의 이익을 보호하는 데 능숙하다. 게다가 '악마는 디테일에 있다'라는 말이 있듯이 많은 의문점이 있다. 이를테면 '불법 콘텐츠'가 정확히 무엇이냐는 질문이다.

이에 대해서는 유럽연합 회원국마다 상당히 다르게 정의된다. 이 법으로 혐오와 선동에 더 효과적으로 대처할 수 있을지는 아직 지켜봐야 한다. 이러한 이유에서 디지털 서비스 법안이 통과되었을 때 관련 전문가들의 반응은 다소 조심스럽게 낙관적이었다. 인터넷 보도 매체 넷츠폴리틱netzpolitik.org의 마르쿠스 베켄달Markus Beckendal은 "이 법은 아직 제대로 된 플랫폼 기본법이 아니다."라고 말한다. 하지만 적어도 "그 목표를 향해 나아가는 중요한 단계에 있다."라고 설명한다.[49]

이 법은 디지털 플랫폼에 대한 보다 엄격한 규칙만을 다루는 것이 아니라 궁극적으로 미래의 미디어 환경이 어떤 모습일지에 대한 질문과도 관련이 있다. 오스트리아의 저널리스트 코린나 밀보른 Corinna Milborn과 미디어 매니저 마쿠스 브라이테네커Markus Breitenecker는 자신들의 저서 《게임을 바꾸다Change the Game》에서 이에 대해 지적한다. 즉, 페이스북이나 구글과 같은 플랫폼은 오랫동안 전통적인 미디어와 경쟁하고 있으며, 따라서 이들 역시 기존 미디어와 똑같은 취급을 받아야 하며 제공자 특권을 상실해야 한다고 요구한다. 잘 생각해 보면 페이스북의 뉴스피드는 전통 미디어처럼 작동하고, 유튜브는 TV 방송국처럼 동영상을 자동재생 모드로 연결해 주며, 아마존 또한 아마존 프라임을 통해 미디어 프로그램을 제공한다. 따라서 일반적인 미디어 규정을 적용하는 것이 논리적이라는 것이다.

이러한 맥락에서 밀보른과 브라이테네커는 공영 프로그램을 보다 지속할 수 있게 만들자고 주장한다(이를테면 이전의 라디오와 텔레비전 구분을 폐지하고 디지털 채널도 포함하는 등). 그들은 신뢰할 수 있는 뉴스를 기본적으로 공급하고 민주적 토론을 위한 미디어 공간을 조성하는 것이 목표라고 말한다.[50]

신뢰의 등대

가짜 뉴스와 음모론에 대처하는 가장 좋은 해결책은 애초에 가짜 뉴스와 음모론에 휘둘릴 여지를 제공하지 않는 것이다. 이는 신뢰할 수 있는 정보가 가짜 뉴스보다 훨씬 더 널리 퍼져 있을 때 가능하다. 그러기 위해서는 허위 정보의 안개 속에서 시민들의 등대 역할을 하는 신망 받는 기관과 신뢰할 만한 미디어가 필요하다(이를테면 제2차 세계 대전 당시 많은 독일인이 나치 선전을 바로잡는 수단으로써 비밀리에 청취했던 영국 BBC처럼 말이다).

라이프치히 대학의 커뮤니케이션학 연구자 크리스티안 호프만Christian Hoffmann은 "간단히 말하자면 훌륭한 저널리즘은 잘못된 정보에 대처하는 최고의 수단이다."라고 말한다.[51]

결국, 모든 소통에서 마법의 단어는 바로 '신뢰'다. 사람들을 설득하는 것은 팩트나 똑똑한 주장이 아니라 상대방의 신뢰성이다. 그러므로 우리는 일반적으로 정치인이나 과학자의 공식적인 발언보다 우리가 신뢰하는 파트너나 친구의 의견에 더 많은 관심을 기울인다. 이러한 이유에서 음모론과 가짜 뉴스를 다룰 때 지인들과의 (가끔은 고생스러운) 토론이 매우 중요하다(이와 관련된 조언들을 269~273페이지에서 다루고 있다).

또한, 정치는 특히 위기 상황에서 국민의 신뢰에 호소하는 경우가 많다. 그러나 신뢰는 강요할 수 있는 것이 아니라 저절로 생겨나는 것이다. 또한 신뢰는 개방적이고 솔직한 의사소통을 바탕으로 한다. 불편한 진실이 포함된 의사소통이더라도 말이다. 정치권을 비롯한 기타 기관들은 바로 이 부분에 종종 어려움을 겪는다.[52]

덴마크의 정치학자 미카엘 방 페테르센Michael Bang Petersen은 "팬데믹 기간 동안 나타난 많은 두려움 중 특히 치명적이었던 것은 국민에 대한 정부의 두려움이었다."라고 단언했다.[53] 많은 국가의 정부가 분위기를 진정시키면서 나쁜 소식을 자제하고 공황을 피하려고 노력했다. 그러나 '평정심을 유지하면서 하던 일을 계속하라Keep Calm and Carry On'는 이러한 전략은 장기적인 관점에서 치명적인 것으로 드러났다. 왜냐하면, 정치인들은 계속해서 상황을 바로잡아야 했고 진실은 그저 조금씩 밝혀졌을 뿐이며, 이로 인해 불확실함이 제대로 커졌기 때문이다.

코로나 팬데믹 처음부터 페테르센은 국민에게 진실을 숨김없이 말하는 것이 더 낫다고 덴마크 정부에 조언했다. 2020년 3월 메테 프레데릭센Mette Prederiksen 덴마크 총리는 아직 모르는 것이 많으며 실수가 있을 수 있다고 공개적으로 인정했다. 또한, 봉쇄(그 이후에는 백신 접종)로 인해 발생할 수 있는 부작용에 대해서도 공개적으로 언급했는데, 이는 덴마크의 코로나 관리에 대한 신뢰를 높이고 덴마크가 세계에서 가장 높은 백신 접종률을 기록하는 효과를 가져왔다.

반면 독일에서는 의사소통 측면에 많은 것들이 어긋났다. 전문가들은 공개석상에서 서로 다른 주장을 펼쳤고, 이 주장을 한데 묶어서 효과적인 위기 대응 커뮤니케이션을 수행할 기관이 없었다. 게다가 황색 언론은 자극적인 머리기사 제목으로 대중의 불협화음에 불을 지폈다. 이 모든 것이 신뢰를 조성하지 못한 것은 당연한 일이었다.[54]

이러한 상황을 바꾸고 공동선을 위해 더 많은 소통을 하기 위해서는 정부 기관은 물론 언론이나 학계 등 모두가 노력해야 한다. 코로나 팬데믹은 이 모든 분야에서 결함을 드러냈지만, 다른 한편으로는 무엇이 바뀌어야 하는지 문제 인식도 불러일으켰다.[55] 이러한 인식이 구체적인 행동으로 이어졌다면 팬데믹은 좋은 결과를 가져왔을 것이다.

가짜 뉴스와 음모론에
대응하는 방법
허위 정보에 대처하는 10가지 팁

1. 거짓 전달을 중단하라

마틴 루서는 이미 가짜 뉴스의 속성을 잘 알고 있었다. 그는 "거짓말은 눈덩이와 같아서 오래 굴릴수록 더욱 커진다."라고 말했다. 이는 인터넷 시대에 더욱 해당되는 말이다. 더 많은 사람이 가짜 뉴스에 흥분하거나 댓글을 달수록 가짜 뉴스의 도달 범위는 더 커진다. 그러므로 가짜 뉴스에 대처하는 첫 번째 규칙은 먼저 숨을 고르고 자기 자신에게 이렇게 물어보는 것이다. 내가 이걸 정말 전달해야 할까? 이 문제를 더 널리 퍼뜨리고 싶은가? 종종 그냥 무시하는 것이 최선의 해결책이 되기도 한다.

2. 진실을 샌드위치처럼 제공하라

그러나 소문을 꼭 반박하고 싶다면 가능한 한 적게 반복하는 것이 좋다. 샌드위치 방식, 즉 잘못된 주장을 두 겹의 진실로 감싸는 방식이 더 좋다. 이를테면 '아니, 마이어는 소아성애자가 아니야'라고 말하기보다는

먼저 실제 사실을 말한 다음('마이어는 수년간 행복한 결혼 생활을 해왔어')
거짓 소문과 그 출처를 설명한다('그는 현재 중요한 직책을 놓고 다른 사람들
과 경쟁하고 있으며 경쟁자 중 한 명이 그가 소아성애자라는 소문을 퍼뜨리기 시작
했어'). 그리고 마지막으로 사실을 다시 반복해야 한다('이는 아무 증거가
없는 주장이며 마이어는 이에 법적으로 대응하고 있어'). 대체로 반박을 할 때
는 문제가 실제로 어떻게 발생했는지 설명할 수 있는 사람이 유리하다.

3. 압박에 굴하지 말라

잘못된 정보를 접했을 때 즉각적으로 답변을 준비할 필요는 없다. 때로
는 '좀 더 여유를 갖고 살펴보고 싶어요'라고 말하는 것이 더 좋다. 말도
안 되는 소리를 내뱉기는 쉽지만 반박하기는 훨씬 더 어렵기 때문이다.
이 경우 팩트 체크 사이트가 도움을 줄 수 있다.[56]

4. 아는 체하는 것보다 물어보는 것이 낫다

음모론은 구체적인 질문으로 반박할 수 있다. 질문함으로써 한편으로는
상대방에 대한 관심을 나타낼 수 있고, 다른 한편으로는 이를 통해 상대
방 주장의 빈틈과 모순을 드러나게 만들 수 있다.[57] 예를 들어 누군가가
비행기의 비행운이 독성 화학물질(켐트레일Chemtrail)이라고 믿는다면 다
음과 같이 질문할 수 있다. '우리 모두를 독살하는 것으로 누가 이득을
볼 수 있을까?' 또는 '어떤 증거라면 그게 사실이 아니라고 너를 설득할

수 있을까?'라는 질문도 도움이 될 것이다.

5. 표현의 자유 속임수에 걸려들지 말라

음모론 추종자들은 자신들이 의견 독재로부터 억압받고 있다는 불평을 일삼는다. 이때 그들은 종종 표현의 자유와 동의를 혼동한다. 표현의 자유에는 반대 의견도 포함된다는 점을 분명히 알아야 한다.

6. 관계를 구축하라

일반적으로 신뢰 관계에 있는 사람만 설득할 수 있다. 사실에 입각한 주장으로 낯선 사람을 가르치려는 시도는 대체로 실패하는 경우가 많다. 그보다는 대화를 시작하고 신호를 보내는 것이 낫다. 이를테면 나는 왜 네가 다르게 생각하는지, 왜 내 정보의 출처를 신뢰하지 않는지, 왜 내가 신빙성 없다고 생각하는 다른 출처를 신뢰하는지 이해하고 싶다고 말한다. 공통분모가 없으면 어떤 소통도 작동하지 않는다.

7. 말도 안 되는 소리에 절망하지 말라

음모를 만들어내는 신화는 대개 단순한 일반화와 책임 전가로 작동한다. 그러므로 사람들 사이에 널리 퍼져 있는 단순성 욕구를 충족시킨다. 양면성을 다루는 데 서툰 불안정한 사람들은 특히 이에 취약하다. 이들에게는 세상의 복잡성과 모순성을 받아들이는 것보다 어떤 어둠의 세력이 배후에서 조종하고 있다는 사실을 견디기가 더 쉬워 보인다.[58] 이 사실을 분명히 안다면 적어도 막연한 두려움과 생각에 더 많은 이해력을 가지고 접근할 수 있다.

8. 쓸데없이 에너지를 쏟지 말라

완강한 음모론자들과의 토론은 대체로 쓸데없는 일이다. 차라리 확신은 없지만, 논쟁에 열려 있는 사람들과 보다 의미 있는 대화를 위해 신경과 에너지를 아껴두라. 음모론자 한 명이 장황하게 이야기를 늘어놓고 다른 사람들은 조용히 경청하는 상황에서도 반대 의견은 가치가 있다. 이는 말하는 사람을 설득하기 위해서가 아니라 의구심을 품고 있는 사람들을 지지하기 위해서다.

9. 때로는 감정만이 도움이 된다

가짜 뉴스와 음모론이 잘 작동하는 이유는 감정에 극도로 호소하기 때문이기도 하다. 그러므로 객관적인 사실로 이에 대응하기가 어려울 때가 많다. 때로는 감정적인 반박이 더 효과적일 수 있다. 이를테면 백신 접종 반대자들이 확인되지 않은 백신의 부작용을 이야기하면 해당 질병의 결과로 생기는 각종 증상을 생생하게 묘사하는 것이다. 그러면 사실과 수치가 다시 효과를 발휘할 것이다.[59]

10. 게임을 하라

청소년에게 가짜 뉴스에 무장하는 법을 알려주고 싶다면 무료 온라인 게임 '배드 뉴스Bad News'를 권해보라.[60] 이 게임에서 12세 이상 청소년 들은 직접 가짜 뉴스를 만들어보면서 가짜 뉴스의 작동 원리를 배울 수 있다. 이와 같은 목적을 가진 '페이크 뉴스 체크Fake News Check' 앱은 중요 한 질문을 던지고 가짜 뉴스와 진짜 뉴스를 구별하는 방법을 배우도록 안내한다.[61]

남서독일방송(SWR)의 '페이크파인더 키즈Fakefinder Kids'는 8세 이상의 어 린이를 대상으로 한다. 이 게임의 목표는 인터넷상의 채팅과 동영상을 비판적으로 검토하는 것이다. 예를 들면 광고가 어디에 숨어있는지, 화 면에 특정 필터 등의 속임수가 사용되고 있는지, 불쾌한 행운의 편지가 전송되고 있는지[62] 등을 영상을 통해 확인해 볼 수 있다.

학교에서 이 주제를 다룰 때 학생들이 음모론을 믿는 자신의 성향을 직 접 확인해 보도록 할 수 있다(물론 익명으로).[63] 이렇게 하면 즉시 대화를 시작할 수 있다. 심리학자 피아 람베르티Pia Lamberty가 학교를 위해 특별히 고안한 E-러닝 강좌에서 교육자를 위한 이러한 유용한 팁들을 확인할 수 있다.[64]

9장

경제

공동선
경제

'우리는 서로에게 어떤 가치를 지니는가?'

2022년 2월 로테르담의 역사적인 다리가 아마존 창업자이자 당시 세계 부호 2위였던 제프 베이조스$^{Jeff\ Bezos}$를 위해 해체될 것이라는 소식이 전해졌을 때 많은 사람이 격앙했다. 로테르담 조선소에서 건조 중이던 베이조스의 새 슈퍼요트가 1878년에 지어진 드 헤프 다리 밑으로 통과하지 못하기 때문이었다. 물론 당시에는 다리가 정말로 해체될지 명확하지 않았다.[1] 그럼에도 불구하고 분노의 물결은 거세게 일었다.

다양한 캠페인 활동을 벌이는 웹사이트 체인지닷오알지$^{change.org}$는 "제프 베이조스와 같은 슈퍼 부호들은 아무런 제한이 없고 법 위에 존재하는 평행 세계에 살고 있다."라는 메시지를 게재하고 다리 해체를 반대하는 청원을 즉시 시작했다.[2] 한편 페이스북에는 수만 명의 사람이 베이조스의 요트가 다리를 통과하는 동안 요트에 달걀을 투척하겠다는 계획을 밝혔다.

사람들은 이렇게 말할 것이다. 그래봤자 무슨 소용이야? 어쨌든 베이조스의 요트가 다리를 통과하고 나면 다리는 즉시 다시 복원될 것이고, 베이조스가 약 30만 달러에 달하는 비용을 지급하면 그만인데.

하지만 비판자들에게 이는 원칙의 문제였다. 그들을 특히 분노하게 만든 것은 다리가 지닌 관념적 가치였다. 이 다리는 제2차 세계 대전 폭격 이후 로테르담에서 재건된 최초의 건물 중 하나였다. 현재는 문화재 보호 대상으로 지정되어 있고, 로테르담시는 2017년 복원 작업을 마친 후 다시는 다리를 해체하지 않겠다고 선언한 바 있다.

청원서에는 "하지만 이제 이 약속이 깨질 듯하다. 세계 최고의 부호가 개인용 초대형 요트를 로테르담의 강으로 통과시키고 싶어 하기 때문"이라는 비난이 담겼고 "엄청나게 부자가 아니라면 드 헤프 다리는 그 누구를 위해서도 해체되지 않을 듯하다."라고 비판했다.

드 헤프 다리 논란에 대해 어떤 관점을 보이든 비평가들은 한 가지 핵심을 찔렀다. 즉, 실제로 슈퍼 부호들은 자신들만의 세계에 살고 있는 것처럼 보인다는 것이다. 그들은 자신의 재력으로 다리를 해체하거나 복구할 수 있고 법에 영향을 미치며, 필요하다면 중력에서 벗어날 수도 있다. 실제로 2021년 7월 베이조스는 우주여행에 성공했는데, 이는 그의 직원들에게는 불가능한 꿈일 것이다.

국제구호기구 옥스팜Oxfam의 보고서에 따르면, 전 세계 사람 대다수가 소득 감소를 겪은 반면, 세계에서 가장 부유한 억만장자 10명은 팬데믹 기간 동안 소득을 거의 두 배 가까이 늘릴 수 있었다.[3]

가난한 백만장자

다보스에서 열리는 세계경제포럼이 시작될 때 주로 발간되는 옥스팜 연례 보고서도 논란이 끊이지 않고 있다. 비평가들은 옥스팜이 부분적으로 추정과 예측에 근거한 신뢰할 수 없는 수치를 사용한다고 비난한다.[4] 그러나 절대적인 수치에 대해서는 아무리 세세히 비판할 수 있더라도 지구상의 불평등이 엄청나다는 기본 메시지는 반박의 여지가 없다.

제프 베이조스가 뛰어난 기업가이고 자신의 다른 직원들보다 100배나 더 많이 일한다는 사실(의심스럽기는 하지만)을 인정하더라도, 약 2천억 달러에 달하는 그의 재산은 일반 시민의 은행 잔액과는 비교할 수 없을 정도로 많다. 이를 직접 확인하고 싶다면 관련 웹사이트에서 자신의 연봉을 입력하고 베이조스와 같은 최고 소득자가 이 금액을 벌기까지 얼마나 걸리는지 계산해 볼 수 있다(그는 미국 근로자의 평균 연봉에 해당하는 금액을 버는 데 35초가 걸린다고 한다).[5]

그러나 성과나 능률만으로는 이러한 실태를 설명하기 어렵다. 슈퍼 부호들은 이미 부유한 데다 주식이나 부동산, 자산에서 소득이 나오기 때문에 점점 더 부유해지고, 반대로 가난한 사람들은 가진 것이 별로 없고 부의 재분배에 자금을 대고 있어서 더 가난해진다. 예를 들어 팬데믹 기간 동안 많은 정부가 수십억 달러를 경제에 투입하면서 아마존을 비롯한 일부 기업의 주가가 상승했다. 반면 동시에 많은 국가에서 사회복지 지출을 삭감해야 했고, 그 결과 무

엇보다 빈곤층이 타격을 입었다.[6]

이러한 불평등의 심화는 공동체 의식에 치명적인 결과를 초래한다. 한 사람이 다른 사람의 희생으로 살아간다는 인상이 연대감과 협력 의식을 위협하기 때문이다. 일부 부호가 비유적으로나 현실적으로나 자신의 슈퍼 요트를 타고 쏴쏴 물을 가르며 가는 모습은 모두가 '같은 배를 타고 있다'는 공동체 의식의 모토를 코웃음 치게 만든다. 따라서 경제에서도 공동체 의식이라는 주제를 피해갈 수 없다.

이때 결정적인 것은 절대적 수치보다 '상대적 수치'가 더 중요하다는 점이다. 사람들은 항상 다른 사람들과 비교하여 자신의 상황을 평가하기 때문이다.

만약 당신의 급여가 100만 원 인상된다면 만족하겠는가? 물론 그럴 것이다. 하지만 옆자리 동료가 200만 원을 더 받는다는 사실을 알게 된다면 오히려 화가 날 것이다. 다른 영역도 마찬가지다. 예를 들어 내가 살고 있는 100제곱미터의 집은 지인 대부분이 더 작은 집에 살고 있을 때 넓게 느껴진다. 반면에 다른 사람들이 모두 200제곱미터 이상인 집에 살고 있다면 자신의 집이 순식간에 좁다고 느껴진다.

이와 같은 이유에서 부자 중 다수가 자신이 전혀 부자가 아니라고 생각한다. 사회학 연구에 따르면 소득이 높은 사람들은 주로 더 많은 돈을 가진 다른 부자들과 자신을 비교하는 것으로 나타났다.[7] 이로 인해 그들은 자신이 그렇게 많이 가지고 있지 않으며 오히려 평균이라고 생각하게 된다. 이를테면 백만장자이자 CDU(기민당) 정치인 프리드리히 메르츠Friedrich Merz는 개인 비행기 2대를 소유하고 있고 의심할 여지 없이 상류층에 속한다. 하지만 그는 한 인터뷰에서 자신을 '중상류층'에 속한다고 말했다.[8] 이 말은 틀리지는 않다. 제프 베이조스에 비하면 메르츠는 보잘것없는 평범한 수준이니 말이다. 반면 가난한 사람들은 주로 더 적게 가진 사람들과 자신을 비교하여 자신의 상황을 상대화한다.

이 두 가지 상대화 효과로 말미암아 부자는 (실제로 부자이지만) 자신을 부자라고 느끼지 않고, 가난한 사람은 (실제로 가난하지만) 가난하다고 느끼지 않는 경우가 많다.

세계화 과정에서 임금이 전반적으로 상승했으며 이로 인해 발생한 풍요로움이 궁극적으로 모든 사람에게 혜택을 준다는 빈번한 주장도 이러한 상대적 인식 때문에 설득력을 얻지 못하고 있다. 다시 말해 특히 상위 10%의 소득이 가장 많이 상승했고 하위 10%의 소득이 가장 적게 상승하면서 빈부 격차는 더욱 벌어졌다.

1985년에는 일반인의 평균 급여와 최고경영자 급여의 비율이 1:20이었지만, 30년 후 이 비율은 1:200으로 10배나 증가했다. 특히 미국에서는 이러한 차이가 극심하다. 하버드 비즈니스 스쿨의 연구에 따르면, CEO는 일반 근로자보다 약 354배를 더 버는 것으로 나타났다. 흥미로운 점은 직원들에게 상사가 얼마를 버는지 추정해 보라고 했을 때 100배가 넘을 것으로 생각하는 직원은 거의 없었다. 그 정도로 직원들의 생각은 완전히 순진했다. 직원 대부분

은 5배 정도를 '이상적'이라고 답했는데, 이는 실제와 비교하면 완전히 우스운 수치다.⁹

독일에서도 1991년 이후 상위 10%의 소득은 약 40% 증가한 반면, 최하위 10%의 소득은 거의 동일한 수준이다.¹⁰ 독일경제연구소의 데이터에 따르면 독일에서 가장 부유한 10%가 독일 전체 자산의 절반 이상을 소유한 반면, 빈곤층이 소유한 자산은 1.3%에 불과한 것으로 나타났다.¹¹

중국¹²과 다른 많은 나라의 상황도 이와 비슷하다. 매년 업데이트되는 세계 불평등 보고서World Inequality Report는 이를 설명하는 자세한 데이터를 제공한다. 이 보고서에 따르면 현재 전 세계 재산의 75%는 전 세계 인구의 10%가 소유하고 있으며, 최상위 1%에 속하는 슈퍼 부호 제프 베이조스와 같은 사람들이 전 세계 자산의 38%를 소유하는 등 주로 상위 부유층에 자산이 집중되어 있다.¹³

재정 상황은 공적 생활의 참여에 크게 영향을 미친다. 말하자면 가난한 사람들은 병에 더 자주 걸릴 뿐만 아니라 정치에 관심이 적고 극장이나 콘서트, 박물관에 가는 빈도도 낮다. 반면 부유한 사람들은 정치에 더 큰 관심을 보이고 문화 행사에 더 자주 참석하며, 스포츠를 더 규칙적으로 한다. 사회적 접촉이 더 많은 그들은 전반적으로 자신의 삶에 더 만족한다.¹⁴ 즉, 공동체 의식의 참여와 경험은 무엇보다도 은행 잔액에 따라 달라진다.

'저 위에 있는 사람들'을 향한 분노

거의 모든 서구 민주주의 국가들에서 지금까지의 사회적 합의를 버리고 포퓰리스트들의 반란에 의존하는 불만 가득한 사람들이 점점 더 많아지고 있는 것은 놀라운 일이 아니다. 이러한 불만이 미국에서는 도널드 트럼프의 대통령 당선, 독일에서는 AfD(독일을 위한 대안) 당 창당, 영국에서는 브렉시트, 프랑스에서는 극우 성향인 마린 르펜Marine LePen의 지지율 증가로 나타났다. 이러한 전개는 사회적 불평등 증가에 따른 분노 반응으로 이해될 수 있다.

정의에 대한 강의로 유명한 하버드 대학 철학자 마이클 샌델Michael J. Sandel은 적어도 트럼프 당선과 브렉시트라는 결과를 가져온 포퓰리스트들의 반란을 "수십 년간 계속된 불평등과 최상위 계층만을 위한 세계화에 대한 분노 섞인 심판"으로 보고 있다. 이와 관련하여 샌델이 우려하는 것은 민주주의에 대한 위협, 독재자를 향한 지지, 포퓰리즘적 움직임과 손을 잡는 외국인 혐오뿐만 아니라 "중도 정당과 정치인들이 전 세계 정치를 뒤흔들고 있는 불만을 거의 이해하지 못하는 것 같다는 사실"이다.[15]

포퓰리스트들의 반란에서 부분적으로 매우 추악한 감정이 표출되더라도, 이는 동시에 진지하게 받아들여야 하는 '정당한 불만'과 얽혀 있다는 것이다. 그리고 이러한 불만은 경제적 성격뿐만 아니라 도덕적, 문화적 성격도 가지고 있다고 말한다. 샌델은 자신의 저서 《공정하다는 착각》에서 "이것은 임금과 일자리에 대한 문제일 뿐만 아니라 사회적 존중에 대한 문제이기도 하다."라고 말하면서 우리를 일깨운다.

사회적 상승에 대한 지금까지의 약속이 많은 나라에서 거의 지켜지지 않고 있다는 것 또한 '저 위에 있는 사람들을 향한 분노'를 초래한다.

사람들은 규칙을 지키며 열심히 일하면 '능력이 닿는 데까지' 올라갈 수 있다는 원칙을 수십 년 동안 믿었다. 이 말은 능력만 있으면 정상에 오를 수 있다는 현대 능력주의 사회의 진언과도 같다. 그러나 이 약속의 이면에는 성공하지 못하고 저임금 일자리를 전전하며 밑바닥에 머물러 있는 사람들은 이 논리에 따라 자신의 불행한 처지에 대해 스스로 책임을 져야 한다는 의미가 포함되어 있다. 저임금과 고용이 불안정한 처지에 있는 사람들에게 이러한 말들은 한낱 조롱처럼 들릴 뿐이다.

샌델은 "가장 부유한 1%가 전체 인구의 50%보다 더 많이 벌고 있으며, 중위 소득이 40년 동안 줄곧 정체된 상황에서 열심히 일하고 노력하면 성공할 수 있다는 말은 점점 빈말처럼 들리기 시작한다."라고 말한다. 그에 따르면 최근의 금융위기를 겪으면서 세계화가 이와 같은 치명적인 불평등을 점점 더 악화시키고 있다는 사실이 분명해졌다.

그러나 미국 정치권에서는 이 씁쓸한 진실에 주목하는 사람이 거의 없고, 당을 초월하여 사회적 상승 담론을 반사적으로 내뱉는다는 것이다. 샌델은 정치인들이 "아무리 엄숙한 진실이라도 귀가

닳도록 반복한다면 그것이 더는 진실이 아니라는 심증이 생기기 마련이다."라고 씁쓸하게 말한다. 그리고 교육과 일을 통한 사회적 상승에 대한 담론은 "불평등이 위험 수위까지 올라왔을 때 가장 활발하게 제기되었다."라고 지적한다.[16]

불평등 심화는 정치적 담론에서 극도로 꺼리는 주제이며, 이는 독일에서도 마찬가지다. 쾰른의 막스 플랑크 사회연구소를 이끄는 사회학자 엔스 베커르트Jens Beckert는 우리는 이 나라에서 "사회적 차이에 대해 깊이 생각하는 법을 거의 배우지 못했다."라고 진단한다. 그는 이러한 사실이 특히 코로나 팬데믹 기간에 드러났다고 말한다. 즉, 코로나 기간에 독일에서 특정 지역이나 사회 계층의 감염 위험이 다른 지역보다 높다는 사실이 거의 논의되지 않았다는 것이다. 그러한 지역에는 사람들이 밀집되어 있어서 전염병을 피할 가능성이 거의 없으며 어쩌면 교육 수준과 독일어 지식이 부족할 수도 있다. 그런데도 이러한 환경에 있는 사람들을 특별히 보호해야 한다고 생각하지 못했다는 것이다.

베커르트는 "미국에서는 유색인종과 저소득층, 사회적 소외 계층이 팬데믹의 타격을 훨씬 더 크게 받는다는 사실이 즉시 폭넓게 논의되었다."라고 분석한다. 반면 독일에서는 통합을 이루는 사회 이미지가 우세하다. 하지만 이러한 통합은 환상에 불과하며, 이는 독일에서 생활환경의 사회적 다양성에 대한 연구가 충분히 이루어지지 않았기 때문이기도 하다.[17]

세금을 더 내겠다!

따라서 오늘날 모든 정당의 정치인들이 자주 주장하는 공동체 의식과 결속력은 우리가 모두 평등하지 않으며 동일한 기회와 사회적 상승의 가능성을 가지고 있지 않다는 정직한 인식에서 출발해야 할 것이다. 여기에는 또한 정상에 오른 사람들이 일반적으로 자신은 운이 좋은 환경(이를테면 적절한 부모의 배경, 도움이 되는 인맥과 친구들)으로부터 혜택을 받았다고 인정하는 것도 포함될 것이다. 하지만 이러한 인식을 가진 사람은 극소수에 불과하다.

이례적으로 바스프^{BASF}의 설립자 프리드리히 엥겔호른의 자손인 마를레네 엥겔호른^{Marlene Engelhorn}은 가족의 부를 탁 트인 시각에서 바라본다. 엥겔호른은 우리 가족이 부자인 것은 당연한 권리가 아니며, 자수성가한 사람에 대해 흔히 하는 이야기도 거짓이라고 말한다.

"자수성가하는 사람은 없다. 나의 바스프 조상도 자수성가한 사람이 아니다."[18]

그는 자신의 가족이 1865년에 설립한 바스프가 오늘날 세계에서 가장 큰 화학 회사 중 하나가 된 것이 단지 유능함 때문만은 아니라고 말한다. 성공을 위해서는 다른 사람들과의 교류, 회사의 존립을 보장하는 법적 시스템과 인프라, 능력 있는 직원이 필요했으며, 이 모든 것은 일반 대중의 세금을 통해 재정을 충당했다는 것이다. 엥겔호른은 이렇게 말한다.

"말하자면 사회는 창업자들의 기업 상황이 순조롭게 돌아가도록 보살핀다. 그런데 왜 모든 수익이 오로지 그들의 몫이 되어야 할까?"

그래서 할머니로부터 수천만 달러의 유산을 상속받을 예정인 독문학도 마를레네 엥겔호른은 이 돈을 포기하고자 한다. 그는 "거대한 유산 상속은 불평등을 크게 악화시킨다."라고 말한다. 엥겔호른이 살고 있는 오스트리아에는 재산세가 없어서 그가 말한 것처럼 '순전히 출생의 행운'에 기반을 두고 있는 수천만 달러의 재산 중 조금도 사회에 환원할 필요가 없다. 그래서 그는 뜻을 같이하는 사람들과 함께 세금 제도 개혁을 주장하는 이니셔티브 '택스미나우 Taxmenow(나에게 세금을 걷어라!)'를 설립했다.[19]

이와 비슷한 생각에서 투자의 귀재이자 억만장자인 워런 버핏도 수년 전 자신과 같은 슈퍼 부호에게 더 많은 세금을 부과해야 한다고 주장했다. 그는 〈뉴욕 타임스New York Times〉에 기고한 글에서 억만장자 투자자인 자신이 비서보다 낮은 세율을 적용받는다고 설명했다.[20] 버핏은 왜 자본이득에 근로소득보다 적은 세금이 부과되는지 이해할 수 없다고 말한다.

자신의 재능과 노력으로 성공했다는 믿음

그러한 이니셔티브가 많은 어려움에 봉착하는 이유는 부유한 사람들의 이기심 때문만은 아니다. 다시 말해 부자들이 정치에서 적절한 로비를 통해 그러한 세금을 성공적으로 막고 있을 뿐만 아니라, 개인의 자립성에 대해 우리 사회에 깊이 뿌리박혀 있는 생각과도 관련이 있다.

즉, 정상에 오른 사람들은 일반적으로 자기 재능과 노력, 개인적인 인내와 같은 자신의 메리트merit 때문에 성공했다고 생각한다. 그러므로 대체로 자신이 획득한 부를 어떻게 해서든지 지키려고 한다. 말하자면 자신은 그러한 부를 누릴 정당한 자격이 있다는 것이다. 그래서 그중 일부를 내주는 것은 부당한 일이 아닐까 하는 마음을 갖고 있다.

자신의 성공이 다른 사람들 덕분이라는 엥겔호른의 생각에 공감하는 사람은 소수에 불과한 듯하다. 이를테면 자신이 우연히 태어난 나라(독일에서 태어난 사람은 남수단에서 태어난 사람보다 더 나은 출발 기회를 얻는다), 특정 재능과 능력을 물려준 부모와 조상, 그리고 이러한 재능이 인정받고 지원받고 보상되는 사회적 환경 등을 예를 들어 말하자면 리오넬 메시와 같은 축구 스타가 수백만 달러를 벌 수 있는 것은 그의 특별한 재능뿐만 아니라 축구가 유럽에서 엄청난 인기를 끌고 있기 때문이기도 하다. 손가락 레슬링이나 팔씨름 세계 챔피언도 자기 종목에서 뛰어난 실력을 갖추고 있지만, 이 스포츠 종목은 그에 상응하는 보상을 받지 못한다. 대회가 열리는 몇몇 술집의 주인을 제외하고는 말이다. 그리고 이러한 상황에 대해 그들도, 메시도 아무것도 할 수 없다.

다시 말해 어떤 재능은 많은 돈을 벌고 어떤 재능은 돈을 얼마

벌지 못하는 것이 그들의 장점 때문도, 잘못 때문도 아니다.

물론 성공한 사람들은 자신의 커리어에 온갖 노력을 쏟았다는 주장을 펴는 경우가 많다. 결과적으로 그들은 자신의 성공이 한결같은 노력 덕분이라고 말한다. 하지만 많은 축구 선수들이 리오넬 메시만큼 열심히 훈련하지만, 모두가 월드 스타가 되지는 않는다. 그 외에도 메시는 남자라는 단순한 사실에서 이익을 본다. 그가 여자 축구 선수였다면 똑같은 기술을 가지고도 훨씬 적게 벌었을 것이다. 전 세계를 대상으로 한 조사에 따르면, 남성 선수는 같은 등급의 여성 축구 선수보다 50~200배 더 많은 연봉을 받고 있으며, 상위 리그로 올라갈수록 성별에 따른 임금 격차가 더 커진다.[21] 똑같은 문화, 똑같은 축구 재능, 똑같은 노력에도 불구하고 여성은 수백만 달러를 벌 수 있는 이론적 기회조차 얻지 못한다. 말하자면 노력이 결코 전부가 아니다.

독일에서 볼 수 있는 이러한 불공평 중 하나는 동독의 임금이 서독의 임금에 비해 훨씬 뒤처진다는 사실이다. 통일된 지 30년이 넘은 지금도 서독 사람들이 동독 사람들보다 평균 25% 더 많은 돈을 벌고 있다. 가장 큰 격차를 보이는 곳은 섬유업계. 섬유업계에서 서독의 정규 직원은 동독 직원보다 심지어 73%나 더 많이 번다.[22] 그러므로 동독에 만연한 불만의 원인을 찾으려면 경제 문제에서부터 시작해야 할 것이다.

그러나 현대의 능력주의 사회에서는 이렇게 고려해야 할 사항이 대부분 무시된다. 능력주의는 누구나 자신의 성과에 따라 마땅히 받아야 할 것을 받는다는 생각에 기반을 두고 있다. 그러므로 학교에서도 연대보다는 경쟁이 조장되는 경우가 많고, 특히 자신의 이익을 위해 타인의 작업을 무분별하게 착취하는 사람들이 정상에 오르기도 한다. 이를테면 스티브 잡스는 경력 초기에 스티브 워즈니악^{Steve Wozniak}과 함께 컴퓨터게임 브레이크아웃^{Break Out}을 개발한 후 그 대가로 자신이 총 700달러를 받았다고 주장하면서 워즈니악에게 350달러를 주었다. 하지만 잡스가 실제로 받은 돈은 5천 달러였다.[23]

사람들은 자신이 성취한 지위가 전적으로 자신의 노력에 근거한 것이라고 믿는다. 그런 이유로 정상에 있는 사람들은 어느 정도 오만함과 경멸의 눈초리로 덜 성공한 사람들을 경시하는 경향이 있다. 반면 이런 생각을 마찬가지로 내면화한 하위층 사람들은 (실패가 결국 자신의 잘못이라고 생각하기 때문에) 게다가 굴욕감과 수치심을 느낀다. 그리고 어느 순간 겉보기에 '패배자'로 보이는 사람들은 자신의 분노를 표출할 분출구를 찾게 된다.

도널드 트럼프는 대선 당시 이 점을 정확히 인식하고 능력주의 사회의 '승자'를 향한 증오를 정확히 부추겼다. 이 과정에서 그는 분노의 대상을 (자신이 속한) 부유층이 아니라 지적 엘리트로 돌리면서, 그들이 '평범한 사람'을 기만하고 소외시켰다고 주장했다. 이러한 그의 계산은 성과가 있었다. 2016년 대선에서 트럼프는 특히 교육 수준이 낮은 사람들로부터 높은 점수를 얻었다. 대학을 나오지 않은 백인 미국인의 3분의 2가 트럼프에게 투표하고, 고등교육을 받은 유권자의 70%가 힐러리 클린턴에게 투표했다. 평론가들은 학력 격차 문제를 언급했는데, 이는 미국의 심각한 양극화가 좌파와 우파, 민주당과 공화당 간의 양극화가 아니라 상류층과 하류층 간의 양극화라는 것을 보여준 사례이다.

사회적 인정에 대한 갈등

이 모든 것이 공동선^{Common Good}의 위기에 어떤 의미가 있고 이를 극복하는 방법은 무엇일까?

공동선의 위기는 경제적 불평등과 빈부 격차의 확대 문제만이 아니라 자신의 재능과 노력으로 성공을 이루었다는 개인의 메리트에 대한 믿음과도 관련이 있다. 이런 생각으로 다른 사람을 쉽게 무시하게 되고, 따라서 소득의 공정함을 둘러싼 갈등은 언제나 '사회적 인정에 대한 갈등'으로 이해될 수 있다. 즉, 소득이 적은 사람은 스스로 노동 인력으로서도 인정받지 못할 뿐만 아니라 인간으로서도 가치도 낮다고 느낀다.

프랑스의 사회학자 에밀 뒤르켐^{Émile Durkheim}은 100여 년 전에 이에 대해 지적했다. 그에 따르면 현대의 분업은 모든 사람의 기여가 공동체적 가치에 따라 보상받을 때만 사회적 연대의 원천이 될 수 있다.[24] 선견지명을 가졌던 마틴 루서 킹 목사도 자신만의 방식으로 이와 같은 내용을 표현했다. 킹 목사는 1968년 파업 중인 청소 노동자들 앞에서 이렇게 연설했다.

"언젠가 우리 사회가 살아남으려면 청소 노동자들을 존중해야 할 것입니다. 엄밀히 말하면 우리 쓰레기를 수거해 주는 사람들은 의사만큼이나 중요합니다. 그들이 자기 일을 하지 않으면 질병이 퍼지기 때문입니다. 모든 일에는 존엄성이 있습니다."[25]

킹 목사의 생각이 얼마나 옳았는지는 특히 코로나 팬데믹 기간 동안 드러났다. 이 기간에 청소 노동자들에게 초점이 집중된 것은 아니지만 평소에 간과되었던 간호 인력과 병원 인력의 역할이 주목받았다. 우리 사회가 그들에게 얼마나 의존하고 있는지, 그들이 팬데믹 기간 동안 얼마나 과중한 업무 부담을 상당 부분 감당해야 했는지가 분명해졌다. 그런 까닭에 병원 앞에서 자발적인 연대를 표명하고 공개적으로 박수갈채를 보내기도 했다.

이는 분명 좋은 상징이었다. 하지만 근로 조건과 급여에 근본적인 변화가 있었다면 과중한 업무 부담에 시달렸던 간호 종사자에게 더 좋았을 것이다. 이러한 변화가 일어나지 않자 심신이 지친 많은 간호사가 직장을 그만두었고, 나중에는 (특히 더욱 필요했던) 집중 치료 간호사들이 급격히 부족해졌다.

그러므로 노동의 가치와 상호 사회적 존중에 대한 새로운 공적 담론은 더욱 강한 공동체 의식을 발전시키기 위한 중요한 전제 조건이 될 것이다. 이미 1990년대 초 사회철학자 악셀 호네트 Axel Honneth 는 사람들이 자신을 한 집단이나 공동체 일부로써 이해하기 위한 기본 토대가 존경과 상호 존중, 관용의 형태로 나타나는 '인정'임을 기정사실화했다.[26] 이러한 생각을 이어받은 마이클 샌델은 "일을 진지하게 받아들이고 인정의 장으로 다루는 정치 의제"를 요구하고 있다.[27]

샌델이 이미 어떤 완성된 구상을 가진 것은 아니다. 그는 몇 가지 분명한 생각들을 지적하고 있기는 하다. 이를테면 사회적으로 중요한 일(청소 노동자, 간호사, 교육자 등)에 공정한 보수를 지급해야 한다거나 세금을 적절하게 분배해야 한다고 말이다. 그러나 궁극적으로 그는 구체적인 조치보다는 그러한 토론이 열리고 있다는 사실 자체에 더 관심을 가진다. 왜냐하면, 일의 존엄성에 대한 토론은 자유주의자와 보수주의자 모두에게 '똑같이 불편한' 것이기 때문이다. 그래서 모든 정당의 정치인들은 이러한 토론을 피하고 차라리 모든 사람에게 해당되는 사회적 상승의 가능성을 설파한다.

샌델은 지켜질 가능성이 점점 희박해지는 이러한 약속 대신 "공동선을 위해 진정으로 가치 있게 이바지할 수 있는 것이 무엇인지, 시장의 판단이 놓치고 있는 부분이 무엇인지를 구체적이고 민주적으로 생각해 볼 것"을 소망한다. 이에 대해 논의하는 것만으로도 "우리의 당파적 안일함을 깨고, 공적 담론에 도덕적 활기를 불어넣으며, 40년간 이어진 시장에 대한 믿음과 능력주의적 오만이 남긴 양극화된 정치를 넘어서게 할 것"이라는 것이 그의 생각이다. 이러한 샌델의 생각은 주로 미국을 겨냥하고 있지만, 독일을 비롯한 다른 선진국들도 이 충고를 마음에 새길 필요가 있다.

사회 격차를 줄이기 위한 아이디어

워런 버핏이 요구한 것처럼 세금 제도를 변경하는 것도 이러한 논쟁에 대한 충분한 제안이 될 수 있다. 즉, 생산 노동에 세금을 완화하고 자본이득과 금융거래에 더 많은 세금을 부과하는 것이다. 왜냐하면, 미래 가격이나 주가 하락을 예상한 투기 등의 수많은 금융거래는 경제적 부가가치를 가져오지 않기 때문이다. 이러한 금융거래는 투기꾼들에게 때때로 엄청난 이익을 안겨주지만, 사회적 생산성을 보장하지는 못한다. 따라서 공동체 의식에 입각한 진정한 정책은 개인 소득세와 급여세를 인하(급진적 경우에는 완전히 폐지)하고 그 대신 자산과 금융거래에 높은 세율을 적용하는 것일 수 있다.

불평등 심화를 막을 수 있는 또 다른 방법은 최고경영자의 (때로는 엄청난 액수의) 상여금 지급에 상한선을 두는 것이다. 최저 임금 논의와 비슷하게 '최고 임금'을 고려할 수도 있는데, 이는 동시에 각 직업 활동이 공동체에 실제로 어떤 가치가 있는가 하는 질문을 낳을 수도 있다.

마를레네 엥겔호른의 '택스미나우' 이니셔티브가 보여주는 것처럼 상속 방식으로도 접근해 볼 수 있다. 상속인은 일반적으로 (복받은 가정에서 태어나는 것 말고는) 특별히 일하지 않아도 행복을 누릴 수 있다. 하지만 거액의 상속은 사회적 불평등을 더욱 악화시키고 고착시킨다. 이러한 불평등의 모습은 주택 시장에서도 나타난다. 수많은 평범한 직장인은 치솟는 집값을 더 이상 따라잡을 수가 없다. 연구에 따르면 특히 젊은이들은 독일에서 주택을 보유하는 것이 사실상 불가능하다고 한다.[28] 가족이나 친척으로부터 거액을 상속받거나 증여받은 사람이 아니라면 주택 구매에 필요한 자산을 마련하는 것은 많은 사람에게 어려운 일이다.

결과적으로 상속인은 재정적으로 유리한 출발을 할 수 있을 뿐만 아니라, 수년 전부터 가치가 점점 상승하고 있는 인기 지역에 거주함으로써 자동으로 노후 자금을 확보할 수 있게 된다. 〈디 차이트〉의 편집자 엘리자베스 폰 타덴Elisabeth von Thadden은 상속을 통해 일찌감치 안정감을 물려받는다고 말한다.

"한편 제도적으로 중요한 역할을 맡고 있는 간호사와 경찰관들은 상속이나 증여 없이 생계를 이어가며 도시 외곽으로 밀려나 비싼 임대료를 내느라 저축을 하지 못한다. 또한, 노년기까지 수십 년 동안 부담이 줄어든다는 희망도 없이 큰 비용을 지출한다. 이는 상속인이 아닌 사람들의 삶을 부당하게 평가 절하하는 것과 같다."[29]

하지만 마를레네 엥겔호른을 비롯하여 그와 함께 활동하는 사람들이 요구하는 것처럼 부자에게 많은 세금을 부과하는 것은 이러한 불공정을 완화할 수 있는 한 가지 방법일 뿐이다. 또 다른 정치적 수단도 생각해 볼 수도 있다. 이를테면 토지 매입 시 지자체의 우선매수청구권을 강화하거나 토지에 효과적인 과세를 적용해 국가가 임대를 하는 것이다.

한편 프랑스의 경제학자 토마 피케티Thomas Piketty는 자산에 대한 누진세를 통해 재원을 마련하는 '모두를 위한 상속'을 제안한다.[30] 이는 모든 청년이 25세가 되면 현재 성인 1인당 평균 자산의 60%에 해당하는 자본을 국가로부터 받는 것을 목표로 한다(독일에서는 거의 14만 유로(약 2억 원) 미만일 것이다).

이는 《21세기 자본》이라는 베스트셀러로 전 세계적으로 유명해진 피케티의 아이디어 중 하나에 불과하다. 그는 자신의 후속 저서인 《자본과 이데올로기》에서 한편으로는 모든 세금의 급진적 개혁을, 다른 한편으로는 민주주의와 기업 모두에서 공동 결정 제도를 강화하는 새로운 '참여 사회주의Participatory Socialism'를 옹호한다.[31] 그와 뜻을 함께하는 사람들이 많지 않다는 것은 분명하다. 그러나 샌델과 마찬가지로 피케티도 불평등의 심화가 궁극적으로 사회 통합과 민주주의를 위태롭게 한다고 우려한다.

무조건적 기본소득을 지지하는 사람들(피케티도 그중 한 명이다)도 이와 비슷한 주장을 한다. 즉, 무조건적 기본소득이 사회적 취약계층의 생존을 보장할 뿐만 아니라 사회 분위기를 바꿀 수 있다는 것이다. 말하자면 과거처럼 취약계층 사람들에 대한 불신을 전제로 증빙에 의거해 사회적 혜택을 지급하는(하르츠 피어Hartz IV 실업급여처럼) 대신, 국가가 시민들에게 믿음을 심어주고 이 사회의 구성원으로서 그들의 가치를 인정하게 될 것이라는 생각이다.

이 주장에 대해 무조건적 기본소득이 게으름을 조장하고 많은 사람이 사회복지라는 해먹에서 편안하게 지낼 것이라는 고전적인 반대 의견이 있다. 이는 일한다는 것이 많은 사람에게 매우 중요한 가치라는 인식을 놓치고 있다. 일한다는 것은 돈을 버는 것뿐만 아니라 사회적 인정과 의미 창출, 가족이나 친구 이외의 사람들을 만난다는 의미도 있다.

특히 독일의 설문 조사에서 직업 활동은 '가치의 여왕'이라는 사실이 반복적으로 드러났다. 즉, 독일 사람들은 '매우 중요한 것'이 무엇이냐는 질문에 86%가 '직업 활동을 하는 것'이라고 대답했다. '인생을 즐기는 것'이라는 응답이 82%로 2위를 차지했고, '자녀를 갖는 것'이 78%로 그 뒤를 이었다. 반면 '좋은 섹스'가 중요하다고 답한 사람은 52%에 불과했다.[32] 독일인 대다수는 소득에 전혀 의존할 필요가 없더라도 일을 계속할 것이라고 답했다. 이러한 점에서 볼 때 독일에서는 근로 윤리가 특히 높은 수준으로 유지되고 있다. 하지만 다른 나라에서도 기본소득을 받는다고 해서 사람들이 일을 덜 하는 경우는 거의 없다는 것이 여러 차례 밝혀졌다.[33]

물론 이러한 기본소득이 어떤 방식으로 기획되어야 할지는 좀 더 논의되어야 한다. 그러나 현재 여러 제안이 논의되고 있고 연구도 진행 중이다.[34] 지금까지 부족했던 것은 이러한 아이디어를 진지하게 검토하고 필요할 경우 실행에 옮기는 정치적 용기다.

공동선을 위한 경제 활동

한편 공동선 경제를 옹호하는 사람들은 근본적으로 새로운 형태의 경제 활동을 전파한다. 모든 수단을 동원하여 이윤을 극대화하기보다는 공동선이나 생태, 사회정의와 같은 윤리적 가치로 대표되는 '모두를 위한 좋은 삶'을 추구해야 한다는 것이다.[35] 민주적인 공동 결정 또한 이른바 '공동선 대차대조표' 안에 참작되는 여러 기준 중 하나이기도 하다.

이러한 움직임을 보고하는 자료에 따르면 현재 2,000개 이상의 기업이 공동선 경제를 지지하고 있으며, 그중 약 500개 기업이 회원으로 가입했거나 이미 공동선 대차대조표를 작성하고 있다. 이를테면 기후 중립적인 운영을 표방하는 슈파르다 방크^{Sparda Bank}나 미얀마에서 일부 제품을 생산했다가 2012년에 철수한 바덴뷔르템베르크의 스포츠 장비 제조업체 바우데^{Vaude}와 같은 회사가 이에 포함된다.[36]

'책임감 있는 소유 구조'로 기업의 변모를 돕는 '목적 재단^{Purpose-Stiftung}' 또한 책임과 의미에 방향성을 두고 경제를 근본적으로 변화시키는 것을 꾀한다.[37] 다시 말해 더 이상 사장이나 주주가 발언권을 가지는 것이 아니라 회사에서 일하는 사람들이 결정을 내려야 한다는 것이다. 이는 한편으로는 회사가 단순히 어떤 특정한 투자자에게 인수되는 것을 방지하고, 다른 한편으로는 일에 더 깊은 의미와 목적을 다시 부여하기 위함이다.[38]

처음에는 이러한 의미 있는 활동에 관심을 보인 소규모 스타트업 기업들 중심으로 이러한 변화가 시작되었지만, 점차 중견 기업과 가족 기업까지 확산되고 있다.[39] 목적 재단에 따르면 이미 100개 기업이 의미 있는 사업 형태로 전환하는 데 도움을 받았다고 한다. 일례로 에코지아Ecosia 검색 엔진을 운영하는 베를린의 회사 에코지아를 들 수 있다. 이 회사의 창업자는 회사를 매각하면 백만장자가 될 수 있을 정도로 큰 성공을 이루었다. 하지만 그는 회사를 책임 소유 구조로 전환했다. 에코지아는 성공의 척도를 돈이 아닌 나무로 측정한다. 이 회사는 그동안의 수익금으로 약 1억 5천만 그루의 나무를 새로 심을 수 있었다.[40]

물론 이러한 아이디어만으로는 세상이나 공동체를 구할 수 없다. 또한, 공동선 경제에 대해서도 논란의 여지가 있다. 즉, 완강한 경제학자들은 이러한 형태의 경제 활동이 환상에 불과하며 수익성이 없다고 생각한다. 어떤 사람들은 일부 회사가 이러한 움직임을 표방하는 이유가 오로지 긍정적이고 지속 가능한 기업 이미지를 구축하기 위해서, 이른바 '그린워싱Greenwashing'을 위해서라고 생각한다(몇몇 경우는 실제로 그렇기도 하다).

하지만 점점 더 많은 이니셔티브가 생겨나고 있다. 이러한 현실은 전 세계 사람들이 이윤 극대화를 전면에 내세우고 빈부 격차를 점점 더 확대하는 고전적인 자본주의 경영 방식에 대한 새로운 대안을 찾고 있다는 것을 보여준다. 이러한 맥락에서 현재 재유행이 되고 있는 협동조합 경영 아이디어나[41] 곳곳에서 생겨나고 있는 지역 교환거래 시스템인 타우쉬링Tauschring과 같은 모델들을 언급할 수 있다. 현재 독일에는 300개가 넘는 타우쉬링이 있다.[42] 이 모든 것에 동일하게 적용되는 규칙은 더 많은 사람이 관심을 두고 참여할수록 더 많은 성과를 거둔다는 것이다.

따라서 공공선을 지향하는 기업의 성공 여부는 궁극적으로 우리 모두에게 달려있다. 즉, 이러한 아이디어를 위해 노력하는 기업가와 직원 또는 적절한 법적 제도적 여건을 조성해야 하는 정치인뿐만 아니라, 어떤 제품을 구매하고 그 뒤에 어떤 가치가 있는지 관심을 기울이는 소비자의 역할도 크다.

　그리고 모든 새로운 사회 혁신이 그렇듯이(7장 참조), 처음에는 조롱을 받기도 하지만 점차 추진력을 얻으면 어느 순간 임계점에 도달하여 실제로 '레짐의 변화'를 가져올 수 있다. 그리고 이전에는 상상할 수 없었던 일이 갑자기 아주 당연한 것으로 여겨지게 된다.

나의 돈은 어떻게
가장 큰 도움을 줄 수 있는가?

호주의 철학자 토비 오드^{Toby Ord}는 제프 베이조스와 경제적인 측면에서 반대되는 인물이라고 할 수 있다. 베이조스가 자기 목적을 위해 막대한 돈을 모으는 반면, 토비 오드는 정반대로 다른 사람을 돕기 위해 가능한 한 많은 돈을 기부할 것을 전파한다. 오드는 2009년 자신의 아내 베르나데트 영^{Bernadette Young}, 윤리학자 윌리엄 맥어스킬^{William MacAskill}과 함께 '기빙 왓 위캔^{Giving What We Can}'이라는 이니셔티브를 설립했다. 사람들에게 정기적으로 소득의 10%를 기부하도록 독려하여 전 세계의 빈곤을 줄이는 것이 그들의 생각이다.[43]

영국 옥스퍼드 대학에서 학생들을 가르치고 인류미래연구소에서 연구하고 있는 오드는 순진할 정도로 착한 사람이 아니다. 오히려 그는 냉철한 경제 분석과 통계에 근거하여 윤리적 행동의 결과를 명백히 개선하고자 하는 '효율적 이타주의^{Effective Altruism}' 예찬론자다.

오드는 이러한 접근 방식에 대해 "나는 돈이 자기 자신을 위해, 그리고 다른 사람들을 위해 얼마나 많은 선을 행할 수 있는지를 묻는다."라고 설명한다. 돈의 한계 효용이 감소하기 때문이라는 것이다. 즉 "우리가 더 부유해질수록 1유로가 추가될 때마다 그 유용성이 떨어진다." 그러므로 효율적 이타주의는 어떻게 하면 자신의 재력으로 인류 이익에 가장 잘 이바지할 수 있는지를 묻는다.

오드는 "우리는 증거와 효율성을 믿는다."라고 말한다. "기부가 기부자보다 다른 사람에게 100배 더 큰 효과를 일으킨다면 이는 강력한 논거가 될 수 있다."[44] 그의 동료 윌리엄 맥어스킬은 자신의 저서 《냉정한 이타주의자》에서 이러한 접근법을 세 단어 Doing Good Better![45]라는 책 제목으로 정확히 표현했다.

물론 더 많은 공적 개발원조나 근본적인 정책 전환을 위해 노력할 수도 있다. 하지만 어떻게 하면 일정 금액으로 최대의 성과를 낼 수 있는지를 생각해 보면 자신이 직접 기부하는 것이 일반적으로 더 효율적이라고 오드는 확신한다. 통계적으로 볼 때 지구상의 전반적인 삶의 질을 향상하는 데 있어서 어떤 조치는 수백 또는 수천 배 더 효과적이기 때문이다.

한 가지 예로 들 수 있는 것은 기생충 구제약이다. 오드는 "이 분야는 아주 화려하지는 않다. 하지만 수억 명의 사람들이 기생충으로 병을 앓고 있으며, 기생충을 구제하는 데 1인당 20센트밖에 들지 않는다."라고 말한다. 말하자면 아주 적은 기부로도 큰 효과를 볼 수 있다.

누군가는 효율적 이타주의가 사람들의 고통을 상대적으로 계산하기 때문에 무정하다고 비판할 수도 있다. 그들의 논리에 따르면 기생충 질환에 걸린 아프리카 사람을 돕는 것보다 자기 집 앞에 있는 노숙자를 돕는 것이 덜 의미 있는 일이다. 20센트로 기생충 질환에 걸린 사람들의 삶을 장기적으로 개선할 수 있지만, 노숙자의 삶을 개선할 수는 없기 때문이라는 것이다. 하지만 오드는 이러한 반대 의견을 일종의 핑계라고 생각한다. "가장 큰 차이는 내가 기부를 하느냐 안 하느냐다."

그는 '기빙 왓 위캔' 이니셔티브를 통해 자신과 비슷한 생각을 하는 모든 사람에게 힘을 실어주고자 한다. 여기에 가입하는 사람들은 수입의 일정 부분을 스스로 결정하여 기부할 의무를 갖게 된다. 그들은 자신이 기부할 구호단체를 자유롭게 선택할 수 있으며, 그 구호단체가 "다른 사람들의 삶을 개선하는 데 가장 효율적인 단체 중 하나"라는 확신이 설 때 기부를 하면 된다. '기빙 왓 위캔'의 웹사이트에서는 추천 구호단체 목록과 전문가의 조언을 제공하고 있으며 언제든 탈퇴할 수 있다.

2009년에 시작된 이 '기빙 왓 위캔' 이니셔티브는 놀라운 반응을 불러일으키고 있다. 소수의 초기 설립자에서 시작하여 2013년에는 17개국에서 300명의 회원을 보유할 정도로 성장했으며, 2015년에는 '효율적 기부자' 1,000명 기록을 돌파했다. 2022년 중반에는 회원 수가 8,000명이 넘었으며, 그중에는 유명인과 기업가도 여럿 포함되어 있다. 현재 약정된 기부액은 총 25억 달러(약 3조 3천5백만 원)를 넘어섰다.[46] 오드조차 자신의 아이디어가 언젠가 이렇게 큰 반향을 일으킬 것이라고 예상하지 못했다.

10장

작은 우리에서
큰 우리로

'공동체 의식을 위한 새로운 정책'

나는 바비큐 파티나 벼룩시장, 정기적인 이웃 모임 등 함께 모일 기회가 많은 활기찬 지역에 살고 있다. 지난 유로비전 송 콘테스트(유럽 최대의 음악 경연대회)도 함께 모여서 시청했다. 한 이웃이 자신의 테라스에 대형 스크린과 긴 벤치를 설치하고 함께 볼 사람들을 초대했다.

사실 나는 유로비전 송 콘테스트를 즐겨 보는 사람이 아니다. 이 콘테스트에서 보여주는 공연은 종종 견딜 수 없을 정도로 손발이 오그라질 때가 많기 때문이다. 하지만 그날 저녁은 정말 굉장했다. 우리는 함께 웃고, 공연에 대해 이런저런 평을 하다가 독일이 꼴찌를 하자 서로 위로를 건네면서 정말 즐거운 시간을 함께 보냈다. 그리고 몇 시간이 지나 작별 인사를 하면서 나도 모르게 저절로 이런 말이 나왔다.

"내년에도 꼭 함께 봐요!"

자신의 집에서 안락함을 즐기는 것도 좋지만 보다 큰 공동체가 발산하는 사회적 에너지를 느끼는 경험은 생활에 활력을 준다. 그리고 공동체 안에서는 네트워크 연구 전문가 마크 그라노베터가 말한 '느슨한 연결의 힘'을 몇 번이고 경험하게 된다(7장). 말하자면 아주 가까운 관계에 속하지 않은 사람들과의 만남이 종종 놀라울 정도로 영감을 준다. 이 사람들은 당신에게 토마토 화분이나 아직 쓸 만한 중고 자전거를 판매한 사람일 수도 있고, 당신이 전혀 들어본 적이 없는 내용을 알고 있는 사람일 수도 있으며, 20년 전에 당신과 같은 휴가지에 있었다는 사실로 세상이 얼마나 좁은지 깨닫게 해준 사람일 수도 있다.

이웃은 역설적이게도 우리에게 낯설면서도 친숙한 존재다. 이웃을 거의 매일 보고 인사를 나누지만, 서로에 대해 거의 알지 못하는 경우가 많다. 작은 우리에서 큰 우리로, 친밀한 가족과 친구에서 우리가 선정하지는 않았지만 삶을 함께 공유하는 넓은 인맥으로 나아가는 첫걸음은 이웃에서 시작된다. 그러므로 공동체 의식에 관한 질문은 무엇보다 우리가 현관문을 나설 때 특히 흥미로워진다.

우리 가족에 속하지 않은 사람들, 우리와 다른 생각, 어쩌면 특이한 생각을 하는 사람들과도 공통분모를 찾을 수 있을까? 아니면 너무나 달라서 화해할 수 없는 이웃과의 분쟁으로 완전히 지쳐있는가?

국가적 문제가 된 정원 난쟁이

이웃은 그 누구보다 우리와 가까이 있지만, 우리는 의외로 이웃에게 관심을 거의 기울이지 않는다. 아파트를 임대하거나 주택을 구매하려고 할 때 일반적으로 설비부터 지하실 벽이나 지붕의 상태까지 모든 세부 사항을 확인하지만, 이웃이 어떤 사람들인지를 알아보려 애쓰는 사람은 거의 없다. 그러나 삶의 질은 집 상태보다 이웃에 더 많이 좌우될 수 있다. 이웃과의 좋은 분위기는 금과 같은 가치가 있으며, 이웃과의 불화는 지옥이 될 수 있다.

독일에서는 매년 이웃 간의 다툼과 관련된 50만 건의 법정 소송이 벌어진다. 이는 긴밀한 공존이 분쟁과 갈등을 낳을 수 있다는 것을 증명한다. 이웃이 덤불 울타리를 너무 높게 키운다고 불평하는 사람도 있고 이웃의 나무 때문에 그늘이 너무 많이 진다고 불평하는 사람도 있다. 또는 정원 장식용 난쟁이 인형이 자신의 미적 감각을 해친다고 불평하기도 한다. 특히 정원 난쟁이는 많은 이웃 분쟁에서 조용한 주인공과 같은 존재다. 법률가들은 관용 독일어로 '하르트브란트비히텔Hartbrandwichtel(HBW)'이라고 불리기도 하는 이 정원 난쟁이에 대한 수많은 논문을 쓰기도 했다.

일례로 함부르크 지방 판사 올라프 리케Olaf Riecke는 〈정원 난쟁이-국가적 문제Die Gartenzwerg-ein nationales Problem〉라는 제목의 논문을 썼다. 그는 이 논문에서 이웃 분쟁을 끊임없이 다루는 자신의 일상 업무에 대해 보고하고 있다.[1] 여기에 등장하는 정원 난쟁이 중에는 주인을 대신하여 이웃을 모욕하는 모습을 하는 특별한 난쟁이도 있다. 이를테면 혀를 내밀고 있는 정원 난쟁이를 이웃이 잘 보이는 위치에 놓는 것이다.

리케 판사는 심지어 한 세입자가 가운뎃손가락을 치켜세운 정원 난쟁이를 세워두고 손가락이 잘 보이지 않도록 붕대로 교묘하게 감싼 사례도 있다고 이야기한다. 이에 정원 난쟁이의 모욕적인 손동작을 알고 있었던 이웃은 법원에 소송을 걸었지만 기각되었다. 엘체 지방 법원은 붕대 안에 있는 손가락을 인지하는 것만으로는 모욕적인 동작이라고 가정하기에 충분하지 않다고 판결했다.[2]

리케 판사는 이러한 분쟁에서 대체로 분쟁 자체보다는 이기주의와 독선이 더 큰 원인이라고 말한다.

"대부분은 식물이나 덤불, 모래 상자가 문제가 되는 것이 아니다. 종종 이웃들은 정원을 개조하기 전에 의견을 묻지 않았다는 사실에 화를 낸다. 그리고는 이렇게 생각한다. 내가 너한테 그대로 갚아줄 거야! 나는 법적으로 보호를 받고 있으니까!"[3]

우리를 구하는 이웃

이러한 이웃과의 분쟁은 2장에서 언급한 불과 물의 영원한 적대 관계를 떠올리게 한다. 하지만 짐 크노프와 13인의 해적을 이야기하는 미하엘 엔데의 동화에서처럼 이웃 사이에서도 서로의 차이를 극복하고 싸움 대신 협력에 의지할 수 있다면 가치 있는 일이 생겨날 수 있다.

이웃의 행복과 건강은 (프레이밍햄 연구에서 입증된 바와 같이) 우리 자신의 행복과 건강 상태에도 영향을 미친다. 그뿐만 아니라 이웃의 진정한 가치는 무엇보다도 위기 상황에서 더욱 분명해진다.

2005년 뉴올리언스로 이주한 미국의 정치학자 다니엘 알드리치Daniel Aldrich도 이를 경험했다. 어느 날 밤 이웃에 사는 여자가 그의 현관문을 두드렸다. 그리고는 그에게 엄청난 허리케인이 뉴올리언스 쪽으로 돌진하고 있으니 가족과 함께 빨리 떠나라고 했다. 나중에 알드리치는 이렇게 말했다.

"우리는 허리케인에 대해 아무것도 몰랐다. 하지만 우리는 이 이웃과 아는 사이였고, 그가 뉴올리언스에서 오랫동안 살았다는 것을 알고 있었다."

알드리치가 가족과 함께 허리케인을 피해 뉴올리언스를 떠난 지 얼마 지나지 않아 미국 역사상 가장 파괴적인 자연재해 중 하나인 허리케인 카트리나가 뉴올리언스를 강타했다. 제방이 무너지고 1,800명이 사망했다. 알드리치 부부는 전 재산을 잃었지만 다행히도 목숨은 잃지 않았다.

"이웃이 우리를 구했다."[4]

이 경험으로부터 깊은 인상을 받은 알드리치는 이후 1995년 고베 대지진, 2004년 인도양 지진해일, 2011년 동일본 대지진 등 다른 여러 재난을 연구하며 이러한 위기 상황에서 사람들을 가장 잘 보호할 수 있는 것이 무엇인지 탐구했다.

그 답은 바로 '이웃'이었다. 알드리치는 "이웃은 재난 현장에서 만나는 가장 첫 번째 사람들이며, 그곳을 가장 알고 있는 사람들이다."라고 말한다. "그들은 매몰된 사람들을 어디에서 찾아야 하는지 알고 있으며, 이웃의 침대가 집안 어디에 있는지도 알고 있다."

여기서 무엇보다도 가장 중요한 것은 사람들이 서로에게 보이는 신뢰다. 알드리치가 밝힌 내용에 따르면, 2011년 지진해일 때 이웃 간의 신뢰 관계가 좋은 마을에서는 사망자 수가 더 적었다. 또한, 후쿠시마 원자력 발전소 사고로 대피해야 했던 주민 중 좋은 이웃을 둔 사람들은 정신적 고통을 덜 겪었다. 알드리치는 다음과 같이 결론을 내린다.

"가장 좋은 재난 예방책은 제방뿐만 아니라 좋은 이웃 관계에 투자하는 것이다."[5]

가까이 사는 농부에서 디지털 이웃으로

그렇다면 이웃 간의 신뢰는 어떻게 생겨날까? 그 답은 바로 공통의 경험을 공유하는 데 있다. 높은 덤불 울타리 뒤에 진을 치고 이웃과 한 마디도 대화를 나누지 않는다면 이웃이 얼마나 신뢰할 수 있는 사람인지 알 수 없다.

이사할 때 이웃에게 자신을 소개하고 직접 도움의 손길을 내밀기도 하며, 분쟁의 소지가 있는 부분에 대해 긍정적으로 이야기를 나누는 등 어느 정도의 신뢰를 보여야 친근감이 생겨난다. 보통은 상대방도 좋은 이웃을 갖게 되어 기뻐하기 때문이다. 정원이나 안마당을 공동으로 사용하거나 휴가 동안 이웃의 식물이나 반려동물을 돌보거나 장보기를 도와주는 등 서로 연결되는 지점이 있다면 이러한 관계가 더욱 돈독해질 수 있다.

상호 유대감이 강할수록 신뢰도 그만큼 커진다. 이는 인류학자 조셉 헨리히Joseph Henrich가 라마레라 부족의 고래잡이들을 대상으로 한 현장 연구(3장에서 설명)에서도 드러난다. 이들은 어린 시절부터 서로에게 의존하는 경험을 했기 때문에 전 세계적으로 독보적인 형태의 상호 신뢰와 공동체 의식을 키워 왔다.

독일의 경우 이러한 형태의 상호 의존과 이웃 간의 도움을 찾으려면 시간을 한참 거슬러 농경사회까지 올라가야 한다. 농경사회에서 이웃은 단순히 '가까이 사는 농부들Nahen Bauern'이었다(이웃을 뜻하는 독일어 단어 나흐바Nachbar는 이로부터 유래되었다). 이들은 같은 처지에서 느끼는 어려움을 공유하고, 집을 짓거나 수확물을 재배하는 등 더 큰 일을 위해 힘을 합치고 모든 일이 행복하게 마무리되면 함께 축하하며 즐겼다.

풍요로운 현대 사회에서는 협력해야만 생존할 수 있다는 이러한 압박이 사라졌다. 이러한 환경에서는 공동체 의식을 발전시키기가 어렵다고 말할 수 있지만, 다르게 보면 오히려 부담 없이 공동체 의식에 더 쉽게 다가갈 수도 있다. 이제는 협력이 강제적인 것이 아니라 '자발적인 것'이 되었기 때문이다.

과거에 서로 의존하던 행위는 강력한 사회적 통제('농부 후버가 교회에 또 오지 않았다')나 순응에 대한 높은 압박과 같은 불쾌한 부작용을 마을 공동체에 가져오기도 했다. 지금은 이러한 부작용이 사라진 시대인 만큼 공존을 긍정적으로 바라보는 관점이 열린다. 즉, 모두가 공존으로부터 혜택을 받고, 공존이 (특히 노인들이 가장 고통스러워하는) 외로움을 막는 최고의 수단이며 이상적으로는 즐거움도 만들어준다는 것이다.

이러한 동기로부터 독일에서는 '네벤안^{Nebenan.de}', 비어나흐반^{Wirnachbarn.com}, '네츠베르크-나흐바샤프트^{Netzwerk-Nachbarschaft.net}'와 같은 디지털 이웃 네트워크가 생겨났다. 과거에는 시장 역할을 하던 곳이 오늘날에는 인터넷 포럼이다. 이곳에서 사람들은 정보나 도구를 교환하고, 건축 프로젝트나 거리 축제를 추진하며, 자신과 같은 관심사를 가진 사람들을 찾는다.

네벤안의 설립자 크리스티안 폴만^{Christian Vollmann}은 "우리는 얼마나 외로운 사람이 많은지를 과소평가한다."라고 말한다. 다른 사람들과 대화를 나누고 싶어 하면서도 이웃에게 말을 거는 것을 주저하는 사람들이 많은데, 바로 이때 인터넷 플랫폼이 도움이 된다는 것이다. 그에 따르면 네벤안이 표면적으로는 주로 물건을 빌리거나 빌려주고, 베이비시터나 이사 도우미를 찾는 등 일상적인 문제를 해결하는 곳이지만, 그 이면에는 사회적 접촉에 대한 큰 욕구가 존재한다. 네벤안에만 100만 명 이상의 회원이 등록되어 있으며, 폴만은 이로써 3세대 네트워크가 생겨난다고 보고 있다. 즉, 소셜 네트워크(페이스북 등)와 비즈니스 네트워크(링크드인^{LinkedIn}, 씽^{Xing})에 이어 이웃 네트워크에 미래가 달려있다는 것이다.[6]

물론 이웃 네트워크가 사적인 이익을 전적으로 포기하는 것은 아니다. 네벤안은 지역 맞춤형 광고, 이른바 하이퍼로컬 광고^{Hyperlocal} ^{Advertising}를 통해 수익을 창출한다. 폴만에 따르면 이러한 하이퍼로컬 광고는 "많은 부분이 아직 디지털화되지 않은 거대한 시장"이다.

한편 네츠베르크-나흐바샤프트는 덜 상업적이다. 이 플랫폼은 스리랑카 지진해일에서 살아남은 에르트루트 뮐렌스^{Ertrud Mühlens}가 2004년에 설립했다. 그는 "내가 경험한 것과 내가 받은 많은 도움은 결국 나의 자원이 되었다. 나는 그 힘으로 현장에서 그 누구보다 연대와 호혜의 원칙을 외칠 수 있었다."라고 말한다.[7] 오늘날, 이 네트워크는 '독일 최대의 이웃 행동 연합'을 자칭하며 주거 환경의 가치를 올리고 가족 친화적, 세대 간, 다문화 및 친환경 프로젝트를 구현하기 위해 최선을 다하고 있다. 이에 대해 여러 상을 받았으며, 연방 가족노인 여성청소년부의 후원으로 '좋은 이웃의 장소'로 선정되고 '다세대 이웃' 프로젝트를 펼치고 있다.

사회적 자본을 늘리는 방법

정치계에서도 이러한 이웃 네트워크에 보물이 숨어있다는 사실을 인식했다. 말하자면 이웃 이니셔티브는 실질적으로 도움을 줄 뿐만 아니라 민주적 공존의 토대가 되는 모든 유형의 신뢰를 발전시킨다.

민주주의는 그에 해당하는 적절한 제도에만 의존하는 것이 아니라, 상호성의 규범(내가 너를 돕는 이유는 다음에는 너도 나를 도우리라는 것을 알기 때문이다)이 존재한다는 사실, 그리고 이 규범이 실천되고 경험된다는 사실에 더 크게 의존한다. 정치학자 로버트 퍼트넘[Robert Putnam]은 이를 '사회적 자본[Social Capital]'이라고 부르면서[8] 이것이 경제발전 수준보다 민주주의 기능에 더 중요하다고 주장했다.*(퍼트넘은 자신의 유명한 저서《나 홀로 볼링》에서 미국의 경우 이러한 사회적 참여가 급격히 감소하고, 이로 말미암아 정치와 사회 전반에 대한 신뢰가 크게 사라졌다고 진단했다. 이는 도널드 트럼프가 당선되기 16년 전인 당시에 매우 선견지명이 있는 진단이었다.[9])

이러한 사회적 자본은 국민의 시민 참여를 통해 '축적'된다. 즉, 사회 구성원들이 서로 만나고 교류할 때 비로소 신뢰와 공동체 의식을 쌓을 기회가 생겨난다. 따라서 사회적 자본은 개인이 늘릴 수 있는 것이 아니라 사회적 상호작용을 통해서만 늘릴 수 있다.

이웃 네트워크는 협회와 연합, 교회를 비롯한 기타 공동체, 자원봉사 조직 등과 마찬가지로 사회적 자본을 구축할 수 있는 이상적인 장소다. 이러한 단체들은 한편으로 구체적이고 개인적인 만남을 가능하게 하며, 다른 한편으로는 자신의 울타리 밖에 존재하는 사람들, 말하자면 직업이나 견해, 나아가 국적까지 다른 사람들을 만날 정도로 규모가 크다. 다시 말해 이웃이나 협회 동료, 공동

● 퍼트넘이 말하는 '사회적 자본'은 프랑스의 사회학자 피에르 부르디외[Pierre Bourdieu]의 '사회적 자본' 개념과는 다르다. 피에르 부르디외가 말하는 '사회적 자본'은 사회적 관계에서의 지위 및 권력과 더 관련이 있다.

체 회원들은 충분히 낯선 사람들이기는 하지만 익명은 아니다. 그리고 그러한 여러 가지 차이에도 불구하고 협회나 이웃 사이에서 신뢰하고 협업하는 경험은 점차 더 멀리 떨어져 있는 이웃(협회 구성원이나 공동체 구성원)에게 전달된다. 말하자면 공동체의 긍정적인 맥락이 일반화되어 이를 아직 알지 못하는 구성원들에게까지 확장된다.

이처럼 신뢰는 처음에는 작은 규모로 생겨났다가 점차 일반으로 확산되어 결국에는 사회 전체에 '일반화된 신뢰'가 형성된다. 즉, 개인적으로 직접 아는 사람이 많지는 않더라도 의사나 버스 운전사, 교사, 판사, 정치인이 그들의 일을 잘할 것이라는 신뢰가 생긴다. 그리고 이것은 특히 한 사회가 위기에 대처하는 방식을 결정하는 중요한 요인이기도 하다.

앞에서 언급한 이웃 관계 연구가인 다니엘 알드리치는 미국의 코로나 팬데믹을 예로 이를 보여주었다. 즉 '사회적 자본'이 많은 지자체와 지역은 사회적 결속력이 약한 지역보다 전염병에 더 잘 대처하고 있다는 것이다.[10] 또한, 이렇게도 말할 수 있을 것이다. 궁극적으로 지자체나 도시, 사회를 구성하는 것은 거리나 주택, 쇼핑센터의 총합이 아니라 '신뢰 관계의 총합'이라고 말이다.

신뢰하는 사람과 불신하는 사람

하지만 긍정적인 경험을 하지 못하고 오히려 주변 사람들을 불신하는 법을 배운 사람들은 어떨까? 당연히 그런 사람들도 있기 마련이다. 그러한 태도를 지닌 사람들이 독일에 얼마나 많은지는 명확하지 않다(설문 조사에 따라 10%일 때도 있고, 거의 50%일 때도 있다).

그러나 이 수치보다 더 흥미로운 것은 '어떤 사람들이 불신이 큰가'라는 질문이다. 왜냐하면, 거의 모든 설문 조사에서 동일한 결과를 반복적으로 보이기 때문이다. 사회를 불신하는 사람들은 가난하고 교육 수준이 낮은 경향이 있다. 이들은 살면서 사회 제도에 대해 주로 나쁜 경험을 했다는 것이다. 이와 달리 교육 수준과 소득이 높은 사람들은 주변 사람들을 신뢰하는 경우가 많다. 이들은 자신감이 높을 뿐만 아니라 사회가 성공을 이룰 수 있게 해준다는 것을 반복적으로 경험한다.

또한, 경제적으로 풍족한 '교육 부유층'은 인맥과 네트워크가 더 넓고 다양하며 협회나 연합, 자원봉사에 참여하는 빈도가 더 높다. 하지만 소위 '교육 빈곤층'은 그렇지 않다. 사회학자 유타 알멘딩거Jutta Allmendinger와 얀 베첼Jan Wetzel은 "이들은 교육 제도나 지역사회 참여 및 정치 참여 제도 안에서 신뢰 관계를 구축할 기회가 너무 부족하다."라고 설명한다.[11]

이들의 데이터에 따르면 동독과 서독 사이에도 차이를 보인다. 이를테면 동독 사람들은 일반적으로 서독 사람들에 비해 낯선 사람과 접촉하는 횟수가 적다. "피부색이나 국적, 모국어가 다른 사람들과 사적으로 신뢰하는 관계를 맺을 가능성은 동독에서 구조적으로 더 낮다."라고 알멘딩거와 베첼은 말한다. 그러므로 동독에서는 사회 제도에 대한 신뢰도가 전반적으로 더 낮다.

사람들과 접촉이 적으면 신뢰 구축에 어려움을 겪고 사회 참여도도 낮아지기에 결국 소외되고 마는 이러한 악순환은 이미 어릴 때부터 시작되는 경우가 많다. 예를 들어 형편이 어려운 아이는 생일 파티에 초대받을 가능성이 작다. 그리고 초대를 받더라도 선물을 살 돈이나 초대에 답례해야 한다는 부담감, 자신도 그에 걸맞은 파티를 준비해야 한다는 압박감 등 이와 결부된 사회적 의무를 즉시 느낀다.

하지만 공동체 의식은 일상의 작은 일들을 계기로 시작될 수 있다. 자녀를 통해 새로운 사람들을 알게 되고 서로 대화하고 공통점을 찾아내는 과정에서 '사회적 자본'이 쌓여 간다. 따라서 사회적 결속력을 강화하기 위해서는 무엇보다 사회적 약자와 교육 빈곤층이 다양한 사회 활동에 참여할 수 있는 기회를 제공하는 것이 중요하다.

공동체 의식이 유치원에서 시작되는 이유

그러므로 교육 빈곤 현상을 방지하고 기회균등을 최대한 촉진하기 위해서는 공동체 의식 정책을 어릴 때부터 경험해야 한다. 무엇보다 독일과 같이 교육 형평성이 특히 열악한 나라에서는 특히 그래야 한다. 독일처럼 학생의 학업 성취도가 부모의 배경의 크게 좌우되는 나라는 거의 없다. 독일에서 대학 교육을 받지 않은 부모의 자녀가 대학에 진학하는 비율은 24%에 불과하다. 반면 대학을 졸업한 부모의 경우, 자녀의 대학 진학률은 79%에 달한다.[12]

이러한 차이는 이미 태어날 때부터 시작된다. 대졸자 부모의 자녀는 어릴 때부터 부모가 더 많은 책을 들려주고 더 많은 지원을 받으며, 여러 토론에 참여하면서 다양한 자극을 받는다. 초등학교에 입학하는 6세가 되면 교육 수준이 높은 가정의 자녀들은 그렇지 않은 가정의 또래들보다 두 배나 많은 단어를 알고 더 복잡한 문장을 이해하며, 숫자와 도형을 이해하는 능력도 더 뛰어나다.[13]

이는 교육 부유층과 교육 빈곤층 사이의 격차가 무엇보다 어릴 때부터 벌어진다는 것을 의미한다. 말하자면 불평등을 초래하는 것은 흔히 불평하는 것처럼 학교 시스템이 아니라, 아동이 학교에 입학하는 시점에 이미 기회가 균등하게 분배되어 있지 않다는 것이다. 이후 학년이 올라가면서 나타나는 발달 차이는 초등학교 입학 때 이미 존재했던 수준으로 유지된다. 다 같이 배우지만, 잘하는 아동과 못하는 아동 사이의 격차는 상대적으로 변하지 않는다.[14]

따라서 교육 불평등을 방지하기 위해서는 무엇보다도 학교에 입학하기 전에 기관과 가정에서 적절한 조치를 해야 한다. 〈디 차이트〉 교육 담당 편집자 마틴 슈피바크Martin Spiewak는 사회적으로 취약한 지역에 독일 최고의 유치원이 있어야 하며, 이 유치원은 '소규모 그룹과 유능한 인력, 최고의 언어 교육 커리큘럼'을 갖춰야 한다고 요구한다. 하지만 현실은 전혀 그렇지 않으며 오히려 그 반대라는 것이다.

"지금까지 유치원과 어린이집은 무엇보다 (교육에 관한 한) 필요한 것이 가장 적은 사람들, 즉 독일 태생의 중산층 자녀들에게 가장 큰 혜택을 주고 있다."[15]

물론 불평등을 해소하기 위한 이후의 지원도 중요하다. 이를테면 사회 취약 지역의 학교에는 더 많은 교사진과 사회복지사가 필요하며, 학교 간호사와 심리학자들도 도움이 될 것이다. 학습에 어려움을 겪는 학생들을 위한 방학 학습 과정이나 빈곤층을 위한 컴퓨터 보조금, 독일 연방 장학금의 증액 등도 방편이 될 수 있다. 그러나 유아기에 지원하는 것이 가장 효과적이다. 조치가 늦을수록 더 많은 시간과 비용이 소요되며 개인도 그만큼 더 힘들어진다.

국민을 위한 궁전

공동체 의식 정책은 교육뿐만 아니라 도시계획, 주택 건설 정책 등 다른 많은 분야에도 적용할 수 있다. 사회적 자본이 생겨나고 다양한 계층의 사람들이 서로 신뢰하는 법을 배우려면 무엇보다도 우선 서로 만날 수 있어야 한다. 그런데 이런 만남이 점점 줄어들고 있다.

마이클 샌델은 "우리는 서로 다른 장소에서 살고 일하고 소비하고 즐긴다. 우리 아이들은 서로 다른 학교에 다닌다."라고 진단한다. 부유층과 빈곤층이 거의 만나지 못한다는 것이다. "40년간의 시장 주도적 세계화는 소득과 부의 불평등을 심각하게 심화시키면서 우리를 서로 다른 길로 이끌고 있다."[16]

유타 알멘딩거와 얀 베첼은 독일에서도 이와 비슷한 상황이 벌어지고 있다고 설명한다. "동등한 사람들 사이에서 점점 더 자신을 봉인하고 모든 접촉을 피하기 때문에 직접적 갈등이 눈에 보이지 않게 된다. 이로부터 정상이라고 여겨지는 다양한 상황이 발생한다." 이 모든 것은 공동체 의식에 독이 된다.

그들은 이를 해결하기 위한 방안으로 《신뢰의 문제Vertrauensfrage》라는 책에서 주택 건설에서부터 공공 공간, 모빌리티에 이르기까지 사회적 공존을 강화할 방법에 대해 다양한 아이디어를 제안한다.

이를테면 도시와 지자체는 고소득층이 점차 저소득층을 밀어내고 '사회적 분화'를 발생시키는 통례적인 젠트리피케이션Gentrification 현상에 시급히 대응해야 한다는 것이다. 예를 들어 이주민과 난민이 대부분의 가난한 사람들이 사는 곳에 정착함으로써 이러한 현상이 더욱 심화된다.[17] 이를 방지하기 위해 고가 주택과 저가 주택의 비율에 따라 배분 기준을 설정하고, 고가 주택이나 아파트에 상대적으로 더 높은 부동산세를 부과하여 저소득층을 위한 저렴한 주택에 자금을 지원하는 것 등이 방법이 될 수 있다. 그런데 도시의 개별 구역 간 불평등뿐만 아니라 지자체 간의 불평등도 매우 크다.

세수가 높은 도시에서는 그렇지 않은 도시에 비해 이러한 도시계획 조치를 시행하기가 더 수월하다. 따라서 공동체 의식 정책은 무엇보다 도시계획에서 재정적으로 특히 취약한 지자체를 지원하는 데에도 주의를 기울여야 한다.

모빌리티 정책 또한 사람들을 분열시킬 수도, 한데로 모을 수도 있다. 지금까지처럼 개인 교통수단을 장려하기보다는 지자체와 도시에서 대중교통을 더 매력적으로 만들거나 몇몇 구역에 차 없는 거리를 지정하여 더 쾌적한 공존이 이루어지게끔 하는 것이 바람직하다. 무엇보다도 공공장소나 카페, 커뮤니티 및 쇼핑센터, 교회, 도서관 등 다양한 계층과 직업을 가진 사람들이 자연스럽게 접촉할 수 있는 소중한 만남의 장소에 주목할 필요가 있다. 이러한 곳에서는 입장료를 내지 않아도, 회원이 아니어도 누구나 지위나 빈부에 상관없이 자유롭게 드나들 수 있다.

미국의 사회학자 에릭 클라이넨버그Eric Klinenberg는 자신의 저서《도시는 어떻게 삶을 바꾸는가》에서 공공도서관을 '국민을 위한 궁전'으로 만들어야 한다고 열정적으로 호소한다. 이 책에서 그는 이러한 장소들이 사람들에게 적절한 공공 공간의 역할을 하게 함으로써 불평등과 양극화를 막는 진정한 보루가 될 수 있음을 보여준다.[18]

이것이 어떻게 가능한지는 이를테면 덴마크의 '열린 도서관' 구상에서 알 수 있다. 덴마크에서는 많은 도서관이 정규 근무시간 외에도 문을 연다. 오르후스의 한 도서관 관장은 "가끔은 다음 날 아침에 모든 가구의 위치가 바뀌어있을 때가 있다. 도서관에서 무슨 일이 있었는지 전혀 알 수가 없다."라고 〈디 차이트〉에 말한 적이 있다. 그리고 그 또한 무슨 일이 있었는지 전혀 알고 싶지 않다고 했다. 도서관은 사람들이 편안함을 느끼고 무언가를 함께 할 수 있는 곳이어야 한다는 것이다.[19]

몇 년 전 오르후스에는 1억 유로(약 1424억 원)의 비용을 들여 새로 건립한 중앙도서관이 문을 열었다. 보행자 구역 끝에 있는 이 도서관은 사방이 유리로 되어 있는 건물로 모든 사람에게 개방되어 있다. 이 도서관에서 독서는 여러 가지 선택지 중 하나일 뿐이다. 사람들은 이곳에서 놀거나 글쓰기 워크숍, 해커 모임을 할 수도 있으며 예술 작품을 만들 수도 있다. 단체의 경우 별도의 공간을 무료로 대여할 수 있다. 18,000제곱미터 면적의 도서관 공간 중 절반은 예약하지 않고 사용할 수 있다. 말하자면 진정한 '국민을 위한 궁전'이다.

악순환을 끊기

독일에서 공동체 의식을 더욱 촉진하기 위한 또 다른 확실한 조치는 '의무적 사회봉사의 해' 제도를 도입하는 것이다. 얼마 전 프랑크-발터 슈타인마이어Frank-Walter Steinmeier 연방 대통령도 이에 대해 촉구한 바 있다.[20]

독일에서는 2011년에 의무 병역과 함께 민간봉사Zivildienst가 폐지되고 '자발적 사회봉사의 해^{Freiwilliges Soziales Jahr}' 제도로 대체되었다. 이 기간에 청년들은 병원이나 양로원, 문화 기관 등에서 일하면서 평소에는 접할 수 없는 사람들과 만나며 다양한 직업 세계를 경험할 수 있다. 그러나 독일에서 이러한 '자발적 사회봉사의 해'를 마친 사람은 전체 학교 졸업자 중 10%도 되지 않는다.[21]

슈타인마이어 대통령의 제안은 즉각적으로 많은 비판에 직면했다. 즉 '의무적 사회봉사의 해' 제도가 가부장적이고 자유를 제한하며 연대감을 강요한다는 것이다. 하지만 독일 국민의 절반 이상이 이 제도에 대해 놀라울 정도로 지지를 보냈다. 이에 크게 반대하는 사람은 5분의 1에 불과하다. 가난한 사람과 부유한 사람이 뒤섞여 사는 지역에서는 심지어 응답자의 75%가 찬성의 뜻을 보였다.[22]

사회심리학자 하랄트 벨처는 한 걸음 더 나아가 '80:20 모델'을 제안한다. 즉, 사람들이 근무 시간과 양성 교육 시간의 80%를 학교나 회사에서 보내고 나머지 20%의 시간에는 아동에서 은퇴자에 이르기까지 다양한 공익 활동을 하는 것이다.

어느 쪽이든 사회봉사나 공익 활동은 공동체 의식을 강화하는 이상적인 방법이다. 이러한 활동은 한편으로는 불우한 이웃과 사회 기관에 구체적인 도움을 줄 수 있고, 다른 한편으로는 다른 사회 계층의 사람들과 다양한 만남을 가질 수 있기 때문이다. 그래야만 신뢰가 생겨날 수 있다.

이 모든 것은 공동체 의식을 기르기 위한 아이디어가 충분하게 존재한다는 사실을 보여준다. 사회 결속력을 진정으로 촉진하고자 하는 정책이라면 일반적인 호소에 그치는 것이 아니라 많은 분야에서 행동을 개시할 수 있다. 그러나 책임을 정책에만 맡기는 것은 너무 편한 처사다. 결국, 우리가 모두 공동체 의식의 형성에 동등하게 관여하고 있다. 아무도 우리를 위해 공동체 의식을 만들어줄 수 없으며, 아무도 우리의 개인적 기여를 대신 떠맡을 수 없다. 진부하게 들릴지 모르지만 결속력은 언제나 공동체의 노력에서 생겨난다.

3장에서 설명한 것처럼 우리 행동은 우리가 살고 있는 문화나 경제적 상황과 같은 환경뿐만 아니라 주변 사람들의 기대 행동에 따라 달라진다. 다른 사람들이 모두 이기적으로 행동할 것이라고 예상하는 사람은 자신도 무엇보다 자기 이익에 집중할 것이다. 반면에 협력적이고 집단적인 행동을 기대하는 환경에 속해 있다면 우리 자신도 더욱 공동체적인 방식으로 행동하게 된다.

설문 조사에 따르면, 대다수 독일인이 자기 자신은 공동체적이고 다른 사람을 흔쾌히 돕는 마음을 갖고 있다고 생각하면서도 다른 모든 사람은 고집스럽고 이기적이라고 인식한다. 이러한 사실은 우리가 타인을 얼마나 왜곡된 이미지로 바라보고 있는지를 말해준다.

또한 재난 연구에 따르면, 특히 비상 상황에서는 대부분이 서로에게 기대하는 것보다 훨씬 더 이타적으로 행동하는 경우가 많다. 하지만 많은 사람이 자기실현적 예언이 되기 쉬운 인간 혐오에 안주하며 편안하게 살아가고 있다. 자신이 이기주의자들로만 둘러싸여 있다고 생각하는 사람에게는 스스로 이기적으로 행동하기 위한 가장 좋은 핑계가 있다.

이러한 악순환은 반드시 끊어져야 한다. 그리고 이는 공동체 의식이 실천될 때만 가능하다. 다수가 협력적인 태도를 보일수록 다른 사람들도 협력적인 행동을 하도록 자극을 받을 가능성이 크다. 이 책에서 거듭 강조했듯이 인간의 행동은 전염성이 강하다(6장과 7장). '초사회적 존재'인 인간은 그 무엇보다 주변 사람들의 행동을 비교 대상으로 여기기 때문에 결단력 있게 먼저 행동하는 소수가 전체적인 행동 '레짐'을 무너뜨릴 수 있다. 이들이 처음에는 비록 '괴짜'라는 비웃음을 받더라도 말이다.

인상적인 점은 우리는 종종 우리가 의식하는 것보다 더 많은 힘을 가지고 있으며, 우리의 행동은 스스로 눈치채지 못하더라도 많은 접점을 통해 영향을 미친다는 것이다. 이는 네트워크 연구가 밝혀낸 결과다. 따라서 공동체 의식을 강화하는 가장 효과적인 방법은 스스로 공동체 의식에 부합하는 행동을 하고, 이를 다른 사람들에게 전파하는 것이다.

공유지의 비극

그러나 내가 이렇게 행동한다고 해서 즉각적으로 다른 모든 사람도 같은 방식으로 행동할 것이라는 보장은 없다. 그래서 공동체 의식을 이야기하다 보면 우리는 항상 공공재 이슈에서 발생하는 고

전적인 도전 과제에 직면하게 된다.

즉, 협력 정신이 정말로 실천되고 있는가? 아니면 일부 이기주의자들이 규칙을 지키지 않고 자신의 이익을 위해 공공재를 악용하기 때문에 공동체 의식을 가진 자가 결국 어리석은 사람인가?

널리 퍼져 있는 믿음에 따르면 후자가 맞는 것으로 보인다. 이는 미국의 생태학자 개릿 하딘Garrett Hardin이 '공유지의 비극'에 비유하여 설명했던 오래전 이야기에 기인한다. 그는 1968년 자신의 에세이 《공유지의 비극The Tragedy of the Commons》에서 공동체 소유의 초원을 예로 들어 공유지의 문제를 다루었다.

이 초원에서는 누구나 양을 방목할 수 있어서 목초지는 과도하게 사용된다. 모두가 이 사실을 분명히 알고 있지만, 다른 사람들이 공유 자원을 막무가내로 착취하는 모습을 보고는 자신의 양을 방목하지 않는 바보가 되고 싶고 싶은 사람은 아무도 없다. 결국, 초원에는 더이상 풀이 자라지 않고, 이는 궁극적으로 모두에게 해를 끼치게 된다.

하딘은 "공유지의 자유는 모든 사람에게 파멸을 가져온다."[23]라고 요지를 설명했다.

오늘날 이러한 공유지의 비극은 그 어느 때보다 화두가 되고 있다. 기후와 환경 역시 지구상의 모든 거주자가 공동으로 사용하는 공공재이기 때문이다. 하딘이 예로 든 이야기에서 보이듯이 사람들이 온실가스 배출이나 자연 착취와 같은 해로운 경제적 이익을 계속 추구하는 이유는 다른 사람들도 똑같이 행동하고 있기 때문인

듯하다. 세계화 경쟁에서 뒤처지기를 원하는 국가는 없다. 그리고 모든 정부는 다른 정부를 가리키며 동조하지 않는다고 비난하기도 한다. 결국, 몇몇 행위자의 합리적 논리는 우리 모두에게 기후와 환경이라는 공공재가 점점 더 손상되는 치명적인 결과를 초래한다.

그렇다면 하딘의 에세이에서 암시하는 것처럼 이 문제는 정말 피할 수 없는 것일까?

공유지의 비극은 (특히 경제학자들 사이에서) 엄청난 영향력을 발휘했지만, 그것은 단지 하나의 이야기일 뿐이었다. 그런데 이 이야기가 오늘날 우리가 알고 있는 것과 다른 결말로 이어질 수도 있다. 이러한 통찰은 2009년 공유지의 문제를 주제로 한 연구로 여성 최초로 노벨경제학상을 받은 정치학자 엘리너 오스트롬Elinor Ostrom으로부터 시작되었다. 스웨덴 왕립 과학아카데미는 "공공의 자산이 어떻게 성공적으로 활용될 수 있는지"를 보여주었다고 평가하며 그에게 노벨상을 수여했다.[24]

2012년에 고인이 된 엘리너 오스트롬은 남편 빈센트와 함께 숲이나 어류 자원, 수자원과 같은 공유 자원 관리에 대한 전 세계 사례를 연구했는데, 그 결과 공유 자원 관리가 제대로 작동하는 사례가 많다는 사실을 보여주었다. 스위스의 고산 목초지나 스페인의 관개 제도, 캘리포니아의 지하수 분지 관리 규정 등에서 하딘이 주장하는 것처럼 관련자들이 결코 이기적으로 행동하지 않았다는 것이 반복적으로 밝혀졌다. 오히려 오스트롬의 연구는 사람들이 서로 협력하면서 장기적으로 자원을 보존할 수 있는 능력을 아주 잘 갖추고 있다는 사실을 입증했다.

하지만 이에 대해 아무런 보장도 할 수 없다. 실제로 공유지 관리가 잘못될 수도 있다. 그렇게 되면 숲이 과도하게 벌목되고 바다의 자원이 남획되고 목초지가 황폐해진다. 안타깝게도 이를 막을 수 있는 단순한 만병통치약은 없다. 이러한 공유 자원의 관리를 단순히 '시장'에 맡기는 것도 도움이 되지 않으며, 공유 자원에 대한 접근을 중앙 기관에 위임하여 위에서 규제하는 방법도 완벽하지 않다. 최대한 모든 공유지 사용자가 참여하여 공유지 관리 규칙을 스스로 결정할 수 있도록 하는 것이 더 효과적이다.

이러한 규칙이 구체적으로 어떤 모습이어야 하는지는 일괄적으로 말할 수는 없다. 왜냐하면, 이 규칙들은 지역 특성에 따라 달라지고(이를테면 스위스의 고산 목초지는 인도네시아의 숲과 다른 도전 과제를 안고 있다), 역사적 경험과 문화적 관습에 따라 달라질 수 있기 때문이다.

1920년대 미국 메인주에서 바닷가재의 지나친 남획이 우려되자 지역 어부들은 일련의 독자적인 어획 규정을 만들었다. 특히 그들은 알을 밴 암컷의 꼬리에 'V'자 표시를 하고 새끼를 낳을 수 있도록 다시 바다에 풀어주기로 했다. 바닷가재 판매자나 고객이 규정을 지키지 않으면 바닷가재에 표시된 'V'자 덕분에 시장에서 곧바로 눈에 띄게 되었다.

한편 네팔에서는 농부들이 자기 책임하에 직접 관리하는 계단식 논이 중앙에서 관리하는 논보다 더 효율적으로 운영된다는 사실이 연구에 의해 밝혀졌다. 이를테면 지역 농부들은 다양한 기상 조건에 더 유연하게 대응하고 그에 따라 논에 물을 댈 수 있었다. 오스트롬에 따르면 "아시아개발은행이나 세계은행의 원조를 받아 구축된 그 어떤 멋들어진 관개 시스템보다 비용도 적게 들었다."[25]

오스트롬은 자신의 연구 핵심을 다음과 같이 요약하였다.

"각 지역 조건에 맞고 현장에서 맞춤화된 것이 매우 일반적인 모델에 근거한 조언보다 대부분 더 효과적이다. 그러므로 사람들에게 행동 규칙의 세세한 부분까지 규정할 필요가 전혀 없다."

그는 공유 자원을 다룰 때는 협력 가능성의 조건을 탐색하고 현지 실험을 통해 이를 확장하는 것이 더 중요하다고 말한다.[26] 무엇보다 오스트롬은 성공적인 공유지 관리를 위한 여덟 가지 원칙을 제시했는데, 그중 몇 가지는 다음과 같다.

- 관계자들이 의사 결정에 참여하고 관리 규칙을 직접 결정할 수 있다.
- 공유지에 대한 모니터링이 이루어져야 한다(이를테면 누가 얼마나 많은 물고기를 잡았는지 어부들이 알게 된다).
- 규칙을 준수하지 않는 사람들을 제재하는 것에 공동으로 동의한다.
- 갈등을 신속하고 직접적으로 해결할 수 있는 지역 장소가 있다.

그러나 이는 성공적인 공유지 관리를 위한 지름길은 존재하지 않으며, 결국 (조건이 바뀔 때마다 변경될 수 있는) 해결책을 찾기 위해서는 일정 기간의 시행착오와 실험이 필요하다는 것을 의미하기도 한다. 오스트롬의 통찰이 지금까지 경제적, 정치적 사고에 수용되기 어려웠던 이유는 많은 사람이 희망하는 만병통치약이나 간단한 해결책과 모순되며 정부 차원에서 이러한 인식을 단순히 강요할 수도 없기 때문일 것이다.

오스트롬의 연구에서 알 수 있듯이 그는 공존을 위한 적절한 아이디어와 규칙을 공동으로 찾을 수 있는 각 관련자의 문제 해결 능력을 어느 정도 신뢰해야 한다고 요구한다. 그리고 이로써 개릿 하딘의 공유지의 비극 이야기가 반박할 수 없는 통례라기보다 인간 행동의 특수한 사례라는 것을 증명한다.

우리가 모두 중요한 이유

이를 기후변화나 환경 파괴와 같은 전 세계적 문제에 적용해서 생각해 보면, 이 문제에서도 하나의 기본 계획과 하나의 주요 해결책만을 기다리는 것은 바람직하지 않다. 그보다는 모두가 똑같이 받아들일 수 있는 메커니즘과 규칙을 위한 공동의 노력이 필수적이다. 이 과정이 종종 더디고, 계속해서 타격을 받는 것은 당연한 일이다. 이러한 이슈는 인류 역사상 한 번도 직면한 적이 없었던 문제로 전 세계적 공동체 의식을 향한 의식의 변화를 요구한다. 이는 우리 인류의 거대한 도전이다.

한편으로 이 책에 담긴 공동체 인식에는 희망의 근거가 있음을 보여준다. 말하자면 공유지의 비극은 결코 피할 수 없는 것이 아니며, 인간이 특히 위기 상황에 부닥치면 혼자서는 생각해 내지 못했던 공통 문제에 대한 해답을 찾을 수 있다는 것이 반복적으로 드러난다. 이는 1장에서 언급한 '다수의 지혜'를 떠올리게 한다. 프란시스 골턴이 관찰한 가축 박람회 방문객 중 누구도 황소의 무게를 정확히 맞추지 못했지만, 모든 추정치의 평균값을 구해본 결과, 실제 황소의 무게와 거의 일치했다. 말하자면 집단으로부터 상위의 지혜를 얻은 것이다.

물론 이러한 조정과 타결의 과정은 쉽지 않으며, 공동체 의식을 발전시키는 일은 항상 즐겁지만은 않다(아르투어 쇼펜하우어가 말한 고슴도치 우화를 떠올려 보라). 거기에는 언제나 서로의 차이를 이해하고 갈등을 해소하는 과정이 함께하기 때문이다. 하지만 앞으로도 크든 작든 이를 피할 방법이 없다. 향후 몇 년 동안 우리가 정확히 무엇을 직면하게 될지 아무도 확실하게 예측할 수는 없지만, 주요한 발전 방향이 그리 편안하지는 않을 것이 분명하다. 따라서 협력과 공동체 의식의 힘을 강화하는 것이 더욱 중요해졌다. 이러한 힘은 평범한 일상에서 우리 삶의 질을 향상하고, 어려운 시기에는 생명력을 발휘할 수 있게 해준다.

1960년대 말 독일에 온 한 터키 출신의 '외국인 노동자' 어린이의 이야기는 우리는 저마다 중요하며 전 세계적 문제의 해결이 때로는 이웃에서 시작된다는 것을 보여준다. 이 아이의 아버지는 포드Ford의 컨베이어 벨트 작업대에서 일했고, 아이는 초등학교 선생

님으로부터 인문계 중등학교에 진학하는 것이 적합하지 않다는 말을 들었다. 하지만 아이의 재능을 알아본 이웃이 교사를 설득한 덕분에 아이는 인문계 중등학교에 진학할 수 있었다. 30년이 지난 지금, 세상 사람들이 이 아이에게 코로나 백신 생산을 감사하게 될 줄 누가 상상했을까?

이는 단지 독일어가 서툰 초등학생에서 쾰른의 에리히-케스트너 인문계 중등학교에 진학하여 이 학교 최초의 터키 출신 졸업생이 되고, 이후에 아내 외즐렘 튀레지$^{Özlem Türeci}$와 함께 바이온텍^{Biotech}을 설립한 우우르 샤힌$^{Uğur Şahin}$의 이야기만이 아니다. 어렸을 때 만난 그의 '이웃 이야기'이기도 하다. 이 이웃이 개입하지 않았다면 오늘날 바이온텍의 백신은 존재하지 않았을지도 모른다.[27] 2021년 샤힌과 튀레지가 연방공로십자훈장을 받았을 때 이 이웃도 함께 훈장을 받은 것이나 다름없다.

"하나에서 둘로 넘어가는 단계가 항상 가장 어렵고 가장 큰 단계다."

그레타 툰베리는 이렇게 말했다. 말하자면 모든 위대한 일은 '나'라는 개인에서 '우리'라는 공동체를 향한 발걸음에서 시작된다는 뜻이다. 그래야 개개인의 힘을 훨씬 뛰어넘는 에너지가 발산되기 때문이다. 특히 국경을 초월해 인류 전체에 놓인 과제에 직면한 우리는 이 사실을 잊지 말아야 한다.

누구도 이 과제를 혼자서 해결할 수 없다는 사실에 위안이 되는 것은 특별한 기본 계획을 세울 필요 없이 우리가 모두 해결에 참여할 수 있다는 이유에서다.

네트워크 연구를 통해 알 수 있듯이 우리가 하는 모든 행동은 다른 사람들의 행동에 영향을 미친다. 아무리 풀기 어려운 문제라도 80억 명 사람들의 문제 해결 능력을 보태면 또 어떤 결과가 나올지 누가 알겠는가?

천국과
지옥

다음의 우화는 한 노승이 나에게 들려준 이야기다. 안타깝게도 이 우화는 구전으로만 전해질 뿐 출처를 알 수 없다. 하지만 이 이야기는 공동체 의식이라는 주제의 핵심을 꿰뚫고 있으므로 이 책의 마지막과 완벽하게 어울린다.

한 선^{Zen} 스승에게 호기심 많은 제자가 천국과 지옥이 실제로 존재하는지, 그곳이 어떤 곳인지 질문을 한다. 처음에 스승은 천국과 지옥은 각자의 마음 상태에 따라 달라질 뿐이라고 퉁명스럽게 설명한다. 그러나 제자는 이해하지 못하고 계속해서 묻는다.

그러던 어느 날 밤 스승이 제자의 꿈에 나타나 그의 손을 잡고 큰 문을 향해 걸어간다. 그들은 삐걱거리는 소리와 함께 문을 열고 으스스한 분위기가 감도는 거대한 홀로 들어간다. 긴 테이블에는 굶주린 배를 부여

잡고 좌절한 표정으로 배고파하는 사람들이 앉아있다. 그들 앞에는 김이 모락모락 나는 밥과 채소가 담긴 그릇이 놓여 있고, 동시에 그들 각각의 손에는 1미터 길이의 젓가락이 쥐어져 있다. 그들은 이 긴 젓가락으로는 밥을 입에 넣을 수 없는 탓에 먹을 것을 앞에 두고서도 먹지 못하고 있으며, 그 고통은 이루 헤아릴 수 없을 정도로 점점 커진다. 스승이 말한다. "여기가 지옥이다."

스승과 제자는 말없이 걸으며 두 번째 홀에 도착한다. 이곳에서는 즐거운 식사 소리가 들린다. 두 번째 홀도 아까 갔던 홀과 같은 모습이다. 사람들이 김이 모락모락 나는 그릇이 놓인 긴 테이블에 마주 앉아 1미터 길이의 젓가락을 손에 들고 있다. 그러나 이 홀에 있는 사람들은 테이블 맞은편에 있는 상대방의 그릇을 향해 젓가락 든 손을 뻗어서 공손하게 음식을 서로에게 먹이고 있다. 그리고 모두가 똑같이 배가 부르다. 스승이 말한다. "여기가 천국이다."

참고문헌

서문

1 About Coast Redwoods, California Dep. of Parks and Recreation

J. Szalay: Giant Sequoias and Redwoods: The Largest and Tallest Trees. LiveScience, 5. 5. 2017

https://www.livescience.com/39461-sequoias-redwood-trees.html

2 J. W. Goethe: Faust. Der Tragödie erster Teil, Reclam, S. 27, Z. 860

3 Nassim Nicholas Taleb: ≫Der schwarze Schwan≪, Hanser, 2008

4 U. Schnabel: Das Überraschende erwarten, DIE ZEIT 16/2011

https://www.zeit.de/2011/16/Lernen-Katastrophen

5 Für den Notfall vorsorgen, Bundesamt für Bevölkerungsschutz und Katastrophenhilfe

https://www.bbk.bund.de/DE/Warnung-Vorsorge/Vorsorge/vorsorge_node.html

6 John Donne: Devotions Upon Emergent Occasions, Meditation XVII (veröff. 1624), abrufbar uber Project Gutenberg

https://www.gutenberg.org/files/23772/23772-h/23772-h.htm

7 Den Hinweis verdanke ich Dieter Hildebrandt in der ZEIT (36/1975)

www.zeit.de/1975/36/warum-niemand-eine-insel-ist

1장

1 https://www.anonyme-alkoholiker.de/unsere-idee/zwoelf-schritte/

2 Kelly JF, Humphreys K, Ferri M: Alcoholics Anonymous and other 12-step programs for alcohol use disorder, Cochrane Systematic Review, 11, 3, 2020

https://doi.org/10.1002/14651858.CD012880

pub2. R. Meyer: Anonyme Alkoholiker wirksamer als Therapien, Deutsches Ärzteblatt, PP, Heft 6, Juni 2020

https://www.aerzteblatt.de/archiv/214321/Suchtkranke-Anonyme-Alkoholiker-wirksamer-als-Therapien

3 A. Rosengren et al.: Stressful Life Events, Social Support and Mortality in Men born in 1933. BMJ 207, Nr. 17, 1983, S. 1102 – 1105

4 Welin L, Larsson B et al.: Social network and activities in relation to mortality from cardiovascular diseases, cancer and other causes: a 12 year follow up of the study of men born in 1913 and 1923, Journal of Epidemiology and Community Health, 1992: 46(2): 127 – 132

https://pubmed.ncbi.nlm.nih.gov/1583426/

5 C. Zaza, N. Baine: Cancer pain and psychosocial factors: a critical review. in: J. Pain Symptom Manage, Vol. 24(5), 2002, S. 526 – 542

6 Kann Social Media Leben retten, Jörg Hoppe? In Turi2-Edition, #14

https://www.turi2.de/aus-der-edition/kann-social-media-leben-retten-joerg-a-hoppe/

7 https://yeswecan-cer.org/

8 J. T. Cacioppo, W. Patrick: Loneliness: Human nature and the need for social connection. New York: Norton, 2008

9 KM Nielsen et al.: Danish singles have a twofold risk of acute coronary syndrome. JECH, Vol. 60, S. 721 (2006)

10 L. Hawkley, J. Capitanio: Perceived social isolation, evolutionary fitness and health outcomes: a lifespan approach. In: P. Kappeler, C. Nunn: The sociality-health-fitness nexus in animal societies, Phil. Trans. Royal Society B: Biological Sciences, May 2015, Vol. 370 (1668)

https://royalsociety.org/blog/2015/04/the-sociality-health-fitness-nexus-in-animal-societies/

http://rstb.royalsocietypublishing.org/lookup/doi/10.1098/rstb.2014.0114

11 D. K. Williams, J. P. Forgas et al.: The social outcast. Ostracism, social exclusion, rejection, and bullying, New York, 2005, E-Book

12 J. Holt-Lunstad, TB Smith, JB Layton: Social Relationships and Mortality Risk, A Meta-analytic Review, PLoS Med 7(7) 2010

https://journals.plos.org/plosmedicine/article?id=10.1371/journal.pmed.1000316

13 H. Rosa im Gespräch mit E. v. Thadden: Leiden wir an einem gemeinschaftlichen Burn-out? ZEIT Online, 13. Juni 2020

14 R. Collins: Emotional Energy as the Common Denominator of Rational Action, Rationality and Society, Vol. 5 (2): 203 – 230 (1993)

https://journals.sagepub.com/doi/10.1177/1043463193005002005

15 H. Rosa im Gesp räch mit P. Unfried: Die Umwege fehlen jetzt, die tageszeitung, 24. 4. 2021

https://taz.de/Soziologe-Hartmut-Rosa-im-Gespraech/!5763329/

16 P. Bays, D. M. Wolpert, J. R. Flanagan: Perception of the Consequences of Self-Action Is Temporally Tuned and Event Drive, Current Biology, Vol. 15, S. 1125, 2005

17 Ishiyama S., Kaufmann, L. V. & Brecht M.: Behavioral and cortical correlates of self-suppression, anticipation and ambivalence in rat tickling, Current Biology, Vol. 29, 2019

https://www.cell.com/current-biology/fulltext/S0960-9822(19)31009-7

Warum können wir uns nicht kitzeln?, Pressemeldung der HU Berlin, 26. 9. 2019

https://www.hu-berlin.de/de/pr/nachrichten/september-2019/nr-19926

18 H. Rosa im Gespräch mit P. Unfried: Die Umwege fehlen jetzt, die tageszeitung, 24. 4. 2021

https://taz.de/Soziologe-Hartmut-Rosa-im-Gespraech/!5763329/

19 Gustave Le Bon: Psychologie der Massen, Kröner TB, S. 4 ff

20 Gunter Dueck: Schwarmdumm: So blöd sind wir nur gemeinsam, Campus, 2015

21 Walter Mohr im Gespräch mit Andreas Loos: Wer sagt, dass Repräsentativität die Prognosen genauer macht?, ZEIT Online, 8. 11. 2019

https://www.zeit.de/politik/deutschland/2019-10/datenerhebungen-wahlen-statistiken-wahlprognosen-wahlumfragen-repraesentativitaet

22 U.Schnabel: Relativitatstheorie mit Wurst und Käse, DIE ZEIT 52/2004

https://www.zeit.de/2004/52/E-Annus_mirabili

23 D. Castelvecchi: Physics paper sets record with more than 5,000 authors, Nature (2015)

https://www.nature.com/articles/nature.2015.17567

24 U. Schnabel: Im Sternenkino gibt's jetzt Ton, DIE ZEIT 43/2017

25 Turner Prize split four ways as nominees decide against a single winner, BBC, 4. 12. 2019

https://www.bbc.com/news/entertainment-arts-50631998

26 H. Rauterberg: Wir! Wir! Wir!, DIE ZEIT 43/2021

https://www.zeit.de/2021/43/kunstkollektive-kunst-documenta-turner-preis-kunstmarkt-identitaetspolitik-kapitalismus/komplettansicht

27 Nelson Mandela: Der lange Weg zur Freiheit, Spiegel Edition, 2006/2007, S. 258

28 Ebd., S. 494

29 http://criticalmass.de/

30 Theodore Zeldin: Conversation. How Talk Can Change Our Lives, Paulist PR, 2000

31 T. Zeldin im Gespräch mit Clara Rauschendorfer und Niels Boeing: Die Kunst der Konversation, ZEIT Wissen 06/2020, 28. 11. 2020
https://www.zeit.de/zeit-wissen/2020/06/theodore-zeldin-gespraechsfuehrung-konversation-meinung-sprechen

32 Peter Fischli/David Weiss, Findet mich das Glück? Walther König, Köln 2003

33 Heinrich von Kleist: Über die allmähliche Verfertigung der Gedanken beim Reden. Eine zwiespältige Ausgabe, Dielmann, Frankfurt am Main 1999

34 Michael Lukas Moeller: Die Wahrheit beginnt zu zweit: Das Paar im Gespräch, Rowohlt TB; Neuausgabe, 2010

2장 ─────────

1 Michael Ende: Jim Knopf und die Wilde 13. Thienemann, 1962, S. 45 ff

2 U. Schnabel: Physik von den Socken
https://www.zeit.de/2000/51/200051_quantentheorie.xml

3 Marten Düring: Verdeckte soziale Netzwerke im Nationalsozialismus, de Gruyter, 2015

4 K. Mahbubani: Der Westen hat nicht rational und vernünftig gehandelt, Der Spiegel 43/2021
https://www.spiegel.de/politik/deutschland/lehren-der-corona-pandemie-daten-luegen-nicht-a-eb83c754-ed17-4616-83b8-7e06f1145297

5 E. Lamby-Schmitt: Shanghaier Bürger begehren auf, Tagesschau, 29. 04. 2022

6 Geburtenrate in Südkorea weiter im Sinkflug, KBS World, 30. 10. 2021

7 M. Kölling: Südkorea stemmt sich mit einer Geburtenprämie Gegen das Schrumpfen der Gesellschaft, Neue Zurcher Zeitung, 31. 01. 2021
https://www.nzz.ch/international/suedkorea-kaempft-mit-geld-gegen-tiefe-geburtenrate-ld.1598794

8 K. G. Peters: Kinder? Ohne mich, Spiegel Online, 07. 03. 2020

9 Karl R. Popper: Die offene Gesellschaft und ihre Feinde, Mohr, Tübingen 2003

(Orig.: The Open Society and Its Enemies, Routledge, London 1945)

10 A. Hirschmann: Wieviel Gemeinsinn braucht die liberale Gemeinschaft? Leviathan, Vol. 22, No. 2 (1994), Nomos Verlagsgesellschaft
https://www.jstor.org/stable/23983905

11 Ernst-Wolfgang Böckenförde: Freiheit ist ansteckend, Frankfurter Rundschau, 02. 11. 2010

12 Deutschland, für einige eine Scheindemokratie. Deutschlandfunk, 12. 04. 2022
https://www.deutschlandfunknova.de/beitrag/deutschland-fuer-einige-eine-scheindemokratie-allensbach-umfrage

13 C. Stöcker: Vergesst den Zusammenhalt, Spiegel Online, 21. 11. 2021

14 Gemeinsinn. Was ihn bedroht und was wir für ihn tun können, Forschungsprojekt Universität Konstanz
https://www.uni-konstanz.de/forschen/forschungseinrichtungen/gemeinsinn-was-ihn-bedroht-und-was-wir-fuer-ihn-tun-koennen/personen/

15 Silke van Dyk, Tine Haubner: Community-Kapitalismus, Hamburger Edition, 2021

16 Aleida Assmann im Gesprach: Es ist Zeit für mehr Gemeinsinn, Deutschlandfunk, 09. 02. 2021
https://www.deutschlandfunkkultur.de/coronakrise-und-klimawandel-es-ist-zeit-fuer-mehr-gemeinsinn-100.html

17 A. Assmann: Gemeinsinn. Was ihn bedroht und was man für ihn tun kann. Vortrag am 09. 02. 2021, Jakob-Fugger-Zentrum Uni Augsburg
https://www.youtube.com/watch?v=OX7Xf3onahc

18 www.aufdermauer.name

3장

1 Tom Postmes: Social animal Tivoli 2019, Vortrag auf Youtube (ab Min. 4:00)
https://www.youtube.com/watch?v=ZkZHWrYSTkQ

2 Persönliche Kommunikation mit T. Postmes, 23. 11. 2021

3 Rutger Bregman: ≫Im Grunde gut. Eine neue Geschichte der Menschheit≪, Rowohlt Verlag, 2020

4 Land unter Wasser, taz, 16. 07. 2021
https://taz.de/Hochwasser-in-Westdeutschland/!5782556/

5 https://www.back-company.de/tagebuch-ueberschwemmung-in-bergisch-gladbach/

6 Allerbeck, Allmendinger, Andreß: Kumulierte Allgemeine Bevölkerungsumfrage der Sozialwissenschaften ALLBUS – Kumulation 1980–2018, GESIS Datenarchiv, Koln. ZA5274 (2021)
https://doi.org/10.4232/1.13748

7 M. C. Schulte von Drach: Die Vermessung des Gemeinsinns. Süddeutsche Zeitung, 23. 06. 2020
https://www.sueddeutsche.de/politik/werkstatt-demokratie-vermessung-gemeinsinn-1.4938666

8 Rees et al.: Erste Ergebnisse einer Online-Umfrage zur gesellschaftlichen Wahrnehmung des Umgangs mit der Corona-Pandemie in Deutschland, Institut für interdisziplinäre Konflikt- und Gewaltforschung (IKG), Universität Bielefeld
https://pub.uni-bielefeld.de/record/2942930

9 Schulze, Lorenz, Wenzel, Voss: Verhalten der Bevölkerung in Katastrophen: Potenziell hilfsbereit. 21–28. (2015)
https://www.researchgate.net/publication/330115370_Verhalten_der_Bevolkerung_in_Katastrophen_Potenziell_hilfsbereit

10 Das Vermächtnis. Die große Studie von DIE ZEIT, infas, WZB
https://www.zeit.de/serie/das-vermaechtnis

11 J. Allmendinger, J. Wetzel: Die Vertrauensfrage. Für eine neue Politik des Zusammenhalts, Dudenverlag Berlin, 2020, S. 60

12 Charles Fritz: Disasters and Mental Health: Therapeutic Principles Drawn From Disaster Studies, Disaster Research Center, University of Delaware, 1996
https://udspace.udel.edu/handle/19716/1325

13 Quarantelli. Enrico L. (1960): Images of Withdrawal Behavior in Disasters: Some Basic Misconceptions In: Social Problems 8 (1), S. 68–79.
https://doi.org/10.2307/798631

14 Quarantelli, Enrico L.: Human and Group Behavior in the Emergency Period of Disasters: Now and in the Future, Hg. v. Disaster Research Center, University of Delaware (1993)
https://udspace.udel.edu/bitstream/handle/19716/581/PP196.pdf%3Bjsessionid%3DA79CA460F67610E7B71896CF8A1BB5C8?sequence%3D1

15 Bonanno GA, Galea S, Bucciarelli A, Vlahov D: Psychological resilience after disaster: New York City in the aftermath of the September 11th terrorist attack. Psychological Science. Vol. 17, S. 181 – 86, 2006

16 Gespräch mit Irene Dische und Natalie Knapp: Es gibt immer eine Lücke, DIE ZEIT 31/2017

    https://www.zeit.de/2017/31/zuversicht-gelassenheit-krise-unsicherheit/komplettansicht

17 J. Zaki: Catastrophe Compassion: Understanding and Extending Prosociality Under Crisis, Science & Society Vol. 24 (8), P587-589, August 01, 2020

    L. Sontheimer: Macht uns die Corona-Pandemie egoistisischer? ZEIT Online, 03. 04. 2021

18 A. von Westphalen: Der Mensch in Zeiten der Katastrophe, Deutschlandfunk, 19. 07. 2020

    https://www.deutschlandfunk.de/altruismus-der-mensch-in-zeiten-der-katastrophe-100.html

19 S. Maloy: Wash. Post's criticism of sensationalist Katrina coverage focused on CNN, ignored Fox, Media Matters, 10. 06. 2005

    https://www.mediamatters.org/cnn/wash-post-s-criticism-sensationalist-katrina-coverage-focused-cnn-ignored-fox

20 United States Congress: A Failure of Initiative: Final Report of the Select Bipartisan Committee to Investigate the Preparation for and Response to Hurricane Katrina, (February 19, 2006) S. 248

    https://www.nrc.gov/docs/ML1209/ML12093A081.pdf

21 Schulze, Lorenz, Wenzel, Voss: Verhalten der Bevölkerung in Katastrophen: Potenziell hilfsbereit, 21 – 28 (2015)

22 K. D. Vohs et al.: The Psychological Consequences of Money, Science Vol. 314, 1154 (2006)

23 K. D. Vohs: Money Priming Can Change People's Thoughts, Feelings, Motivations, and Behaviors: An Update on 10 Years of Experiments, Journal of Experimental Psychology: General (2015), Vol. 144, No. 4, e86-e93

24 Savani, K., Rattan, A.: A Choice Mind-Set Increases the Acceptance and Maintenance of Wealth Inequality, Psychological Science, June 14, 2012: 796 – 804

    http://pss.sagepub.com/content/23/7/796.abstract

25 P. K. Piff, M.W. Kraus et.al.: Having less, giving more: the influence of social class on prosocial behavior. Journal of personality and social psychology, Vol. 99 (5): S. 771–84. (2010) DOI: 10.1037/a0020092

26 Converse, BA, Risen, JL, Carter, TJ: Investing in Karma: When Wanting Promotes Helping, Psychological Science, July 3, 2012
https://journals.sagepub.com/doi/abs/10.1177/0956797612437248

27 H. Sußebach: Maria und Josef im Ghetto des Geldes, DIE ZEIT 52/2011
https://www.zeit.de/2011/52/DOS-Maria-und-Josef

28 N. Ahr, H. Sußebach: Maria und Josef in Neukölln, DIE ZEIT 52/2012
https://www.zeit.de/2012/52/Maria-Josef-Neukoelln

29 Henrich, J., et al.: In search of Homo economicus: Behavioral experiments in 15 small-scale societies, American Economic Review, 91, 73 – 78, 2001

30 K. Rudzio, S. Venohr et.al.: Schwimmen Sie vorne mit? ZEIT Online, 25. 02. 2016
https://www.zeit.de/wirtschaft/2016-02/arbeit-mindestlohn-erfolg-deutschland-studie-vermaechtnis

4장 ————

1 David Foster Wallace: Das hier ist Wasser, Kiepenheuer & Witsch, 2012

2 Martin Buber: Ich und Du, Reclam, Stuttgart 1995

3 M. Greffrath: Das Tier, das "Wir" sagt. In: DIE ZEIT 16/2009
https://www.zeit.de/2009/16/PD-Tomasello

4 W. Herrmann, M. Tomasello et al.: Humans Have Evolved Specialized Skills of Social Cognition: The Cultural Intelligence Hypothesis, Science, Vol. 317, Issue 5843, S. 1360 – 1366

5 Michael Tomasello: Eine Naturgeschichte des menschlichen Denkens, Suhrkamp, 2014

6 https://www.bbc.co.uk/programmes/p01sx6sq

7 Warneken, W., & Rosati, A. G. (2015). Cognitive capacities for cooking in chimpanzees. Proceedings of the Royal Society B, 282, 20150229. DOI:10.1098/rspb.20150229

8 P. Lang, U. Schnabel: Der Affe als Küchenmeister, DIE ZEIT 23/2015
https://www.zeit.de/2015/23/affe-schimpanse-kochen-verhaltensforschung

9 M. Tomasello im Interview: Im tiefsten Sinne sind wir soziale Wesen, FAZ, 23. 11. 2011

10 A. Barth: Kaspar Hausers Geschwister, Der Spiegel, 13, 1995, S. 90
www.spiegel.de/spiegel/print/d-9176396.html

11 T. Thielke: Rückkehr nach Cighid, Spiegel Online, 16. 12. 2011
https://www.spiegel.de/geschichte/kinderheimskandal-in-rumaenien-a-947428. html

12 The Bucharest Early Intervention Project
http://www.bucharestearlyinterventionproject.org/

13 C. Brinck: Die Folgen der Isolation, DIE ZEIT 51/2012
https://www.zeit.de/2012/51/Isolation-Kinder-Waisenhaus-Rumaenien
J. Grolle: Protokoll des Grauens, Der Spiegel 8/2014

14 C. Nelson, N. Fox, C. Zeanah: Romania's Abandoned Children, Harvard University Press, Cambridge, 2014

15 W. Prinz : Die soziale Ich-Maschine, DIE ZEIT 24/2010
https://www.zeit.de/2010/24/Prinz-Interview

16 W. Prinz: Selbst im Spiegel, Suhrkamp, 2013

17 MK-ULTRAViolence. The McGill Daily, September 6, 2012
https://www.mcgilldaily.com/2012/09/mk-ultraviolence/

18 C. Rosner: Isolation. Canada's History, January 21, 2016
https://www.canadashistory.ca/explore/science-technology/isolation

19 Alfred McCoy: A Question of Torture, Metropolitan Books, 2006

20 John P. Zubek: Sensory deprivation: fifteen years of research. New York, Appleton-Century-Crofts (1969)

21 Kubark Counterintelligence Interrogation, 1963
https://ia802805.us.archive.org/25/items/Kubark1963InterrogationManual/
Kubark%201963%20Interrogation%20Manual_text.pdf

22 Horst-Eberhard Richter: Fluchten oder Standhalten, Rowohlt, 1976, S. 39

23 Ebd. S. 45

24 T. Lewis, F. Amini, R. Lannon: A General Theory of Love, Vintage Books, 2001, S. 84 ff.

25 M. K. McClintock: Menstrual synchrony and suppression. Nature Vol. 229 (5282), 1971, S. 244-5.

26 Zit. nach: S. Kurz: Synchronisieren Frauen ihre Fruchtbarkeit? Die WELT, 03. 02. 2012

27 J. Helm et al.,: Assessing cross-partner associations in physiological responses via coupled oscillator models. Emotion. 2012 Aug; Vol. 12(4): 748 – 62

28 P. Goldstein et al: Brain-to-brain coupling during handholding is associated with pain reduction, PNAS, Vol. 115 (11), February 26, 2018
https://doi.org/10.1073/pnas.1703643115

29 S. Oishi, J. Schiller et al.: Felt Understanding and Misunderstanding Affect the perception of Pain, Slant and Distance, in: Social Psycological and Personality Science, Vol. 4 (3), 2012, S. 259 – 266

30 R. I. M. Dunbar et al: Social laughter is correlated with an elevated pain threshold, Proc. R. Soc. B: 2011; DOI: 10.1098/rspb.2011.1373. Published 14 September, 2011
https://royalsocietypublishing.org/doi/10.1098/rspb.2011.1373

31 G. MacDonald, L. A. Jensen-Campbell et al.: Social pain. Neuropsychological and health implications of loss and exklusion, Washington D.C, 1st, 2011
D. K. Williams, J. P. Forgas et al.: The social outcast. Ostracism, social exclusion, rejection, and bullying, New York, 2005, E-Book

32 Harro Albrecht: Schmerz. Eine Befreiungsgeschichte, Pattloch, 2015, S. 529

33 C. N. Dewall, G. MacDonald et al.: Acetaminophen reduces social pain. In: Psychol. Sci., Vol. 21(7), 2010, S. 931 – 937

34 Loken LS, Wessberg J, Morrison I, McGlone F, Olausson H.: Coding of pleasant touch by unmyelinated afferents in humans, Nat Neurosci, 2009 May; 12(5):547 – 8. DOI: 10.1038/nn.2312.

35 Harro Albrecht: Schmerz, 2015, S. 530

36 H.-E. Richter (1976), S. 18

37 Hartmut Rosa im Gesprach: Hier kann ich ganz sein, wie ich bin, DIE ZEIT 34/2014
https://www.zeit.de/2014/34/hartmut-rosa-ich-gefuehl

38 John Fire Lame Deer, Richard Erdoes: Tahca Usthe, Medizinmann der Sioux, List Verlag, 1979, S. 15 ff.

5장 ————

1　In der Ausstellung "Kosmos im Kopf" im Dresdner Hygienemuseum 2000
U. Schnabel: Singende Hirne, DIE ZEIT 17/2000
https://www.zeit.de/2000/17/200017.hirn-ausstellung.xml

2　F. A. Brockhaus. 14. Auflage. 9. Bd. Leipzig/ Berlin/ Wien 1894 – 1896. S. 512

3　Hartmut Rosa: Beschleunigung. Die Veränderung der Zeitstruktur in der Moderne,
Suhrkamp, Frankfurt a. M. 2012, S. 238

4　https://eu.themyersbriggs.com/en/tools/MBTI

5　J. Kopatzki: Wer bin ich wirklich? DIE ZEIT 06/2022
https://www.zeit.de/2022/06/persoenlichkeit-horoskope-tests-psychologie

6　A. Grant: Goodbye to MBTI, the Fad That Won't Die, Psychology Today, 18. 09.
2013
https://www.psychologytoday.com/intl/blog/give-and-take/201309/goodbye-to-
mbti-the-fad-that-wont-die

7　https://plakos-akademie.de/mbti-test/

8　Die 5 Charaktere aus Sicht der 5 Elemente. TCM-Zentrum Wien
https://tcm-zentrum-wien.at/download/Die_5_Charaktere_aus_der_Sicht_der_5_
Elemente.pdf

9　The Characters of Theophrastus
https://www.eudaemonist.com/biblion/characters/

10　D. Kahneman: Schnelles Denken, langsames Denken, Siedler 2012, S. 260

11　Sudhir Kakar im Gespräch mit E. v. Thadden: Die Igel der Welt, DIE ZEIT
15/2005
https://www.zeit.de/2005/15/st-kakarneu

12　Arthur Schopenhauer: Parerga und Paralipomena, Band II, Kapitel XXXI, Abschnitt
396, Diogenes

13　David Riesman: Die einsame Masse, Rowohlt; TB Edition, 1958

14　G. Lewis-Kraus: Yelp and the Wisdom of "The Lonely Crowd", The New Yorker,
May 7, 2013
https://www.newyorker.com/tech/annals-of-technology/yelp-and-the-wisdom-
of-the-lonely-crowd

15　David M. Mayer: The psychology of fairness. The Conversation, December 21,
2020

https://theconversation.com/the-psychology-of-fairness-why-someamericans-dont-believe-the-election-results-152305

16 Mayer, D. M., Greenbaum, R. L., Kuenzi, M., & Shteynberg, G. (2009): When do fair procedures not matter? A test of the identity violation effect, Journal of Applied Psychology, 94(1), 142–161

https://psycnet.apa.org/record/2009-00697-004

17 S. Nicke: Der Begriff der Identität. Bundeszentrale für politische Bildung, 17. 12. 2018

https://www.bpb.de/themen/parteien/rechtspopulismus/241035/der-begriff-der-identitaet/

18 Erik H. Erikson: Kindheit und Gesellschaft, Klett Cotta, 1999

19 C. Goddemeier: Erik H. Erikson: Pionier der Identitätskrise und Freidenker, Ärzteblatt, PP 18, Ausgabe Mai 2019, Seite 220

20 Erik H. Erikson: Identität und Lebenszyklus, Frankfurt: Suhrkamp, 1966, S. 107

21 Pers. Kommunikation mit K. Rothermund, 2014

U. Schnabel: Mein wahres Gesicht, DIE ZEIT 34/2014

https://www.zeit.de/2014/34/authentizitaet-persoenlichkeit-wahres-gesicht

22 J. Quoidbach, D. T. Gilbert, T. D. Wilson: The End of History Illusion, Science, Vol. 339, 6115, (2012)

23 F. Neyer, J. Lehnart: Das dynamisch-interaktionistische Modell, In: Handbuch Sozialisationsforschung, 8. Auflage, Beltz Verlag (2015)

https://www.researchgate.net/publication/267391666_Das_dynamisch-interaktionistische_Modell

24 Die Idee zu dieser Übung stammt von dem (inzwischen verstorbenen) Psychologen Christopher Peterson und wird in verkürzter Form auch in meinem Buch ≫Muße≪ vorgestellt.

6장 ───────

1 M. Katsurin im Gespräch mit B. Pörksen: Vater, ich erfinde das alles nicht, ZEIT Online, 24. 03. 2022

https://www.zeit.de/kultur/2022-03/misha-katsurin-russland-propaganda-familie-ukraine

2 https://papapover.com/en/

3 Cristopher Browning: Ganz normale Männer: Das Reservepolizeibataillon 101 und die ≫Endlösung≪ in Polen, Rowohlt Taschenbuch Verlag Reinbek, 1996

4 Harald Welzer: Täter. Wie aus ganz normalen Menschen Massenmörder werden. Frankfurt/M. 2005

5 M. Pauen, H. Welzer: Autonomie. Eine Verteidigung, S. Fischer, 2015, S. 119

6 Solomon E Asch: Social Psychology, Prentice Hall, 1951

7 R. Bond, P. Smith: Culture and Conformity. A meta-analysis of studies using Asch's line judgement task, Psychology. Bulletin (1996), Vol. 119, 1, S. 111 ff.

8 Irving Janis: Victims of Groupthink: A Psychological Study of Foreign-Policy Decisions and Fiascoes, Houghton Mifflin, Boston 1972

9 C. Stöcker: Eine 50 Jahre alte psychologische Theorie erklart Putins Krieg, Spiegel Online, 20. 03. 2022

https://www.spiegel.de/wissenschaft/mensch/ukraine-wladimirs-putins-krieg-mit-einer-50-jahre-alten-psychologischen-theorie-erklaert-a-2098f9cb-6c92-4959-b072-5955ddfda749

10 S. Harris, J. Hudson, M. Ryan. S. Mekhennet: In Putin, intelligence analysts see an isolated leader who underestimated the West but could lash out if cornered, Washington Post, March 1, 2022

https://www.washingtonpost.com/national-security/2022/03/01/ukraine-cia-putin-analysis/

11 Brian Klaas: Vladimir Putin Has Fallen Into the Dictator Trap, The Atlantic, March 16, 2022

https://www.theatlantic.com/ideas/archive/2022/03/putin-dictatortrap-russia-ukraine/627064/

12 L. Rendell et al: Why Copy Others? Insights from the Social Learning Strategies Tournament. Science (2010), Bd. 328 (5975), S. 208 – 213

13 Ulf Dimberg, M. Thunberg, K. Elmehed: Unconscious Facial Reactions to Emotional Facial Expressions, Psychological Science, Vol. 11, No. 1, January 2000, S. 86

U. Dimberg et al.: Facial reactions to emotional stimuli: Automatically controlled emotional responses. Cognition and Emotion (2002), Vol. 16 (4), 449 – 471

14 D. Richardson et al.: Synchrony and swing in conversation: coordination, temporal dynamics and communication. In I. Wachsmuth, M. Lenzen & G. Knoblich (eds.), Embodied Communication in Humans and Machines, Oup Oxford. (2008)

15 H. Larsen et al.: Peer influence in a micro-perspective: imitation of alcoholic and non-alcoholic beverages, Addictive Behaviours (2010) Vol. 35 (1), S. 49 – 52

16 R. Koordeman et al: Do We Act upon What We See? Direct Effects of Alcohol Cues in Movies on Young Adults' Alcohol Drinking. Alcohol and Alcoholism, 2011, Vol. 46, (4), S. 393 – 8

17 T. L. Chartrand, J. A. Bargh: The chameleon effect: the perception-behavior link and social interaction, Journal of Personality and Social Psychology, 1999 Vol. 76 (6): 893 – 910

18 E. Hatfield et al.: Emotional Contagion, Current Directions in Psychological Sciences (1993), Vol. 2, S. 96

19 E. Hatfield, J. T. Cacioppo, R. L. Rabson: Emotional Contagion, Cambridge University Press, 1994

20 L. Coviello, A. Kramer et al. (2014) Detecting Emotional Contagion in Massive Social Networks, PLoS ONE 9(3): e90315 http://www.plosone.org/article/info%3Adoi%2F10.1371%2Fjournal.pone.0090315#pone-0090315-g003

21 A. Kramer et al.: Experimental evidence of massive-scale emotional contagion through social networks, PNAS (2014) Vol. 111 no. 24, S. 8788 – 8790 http://www.pnas.org/content/111/24/8788.full

22 Eyal Winter: Kluge Gefühle, DuMont Verlag, Köln 2015

23 Harald Martenstein: Der Sog der Masse, DIE ZEIT 46/2011 https://www.zeit.de/2011/46/DOS-Mainstream

24 Stanley Milgram: Behavioral Study of Obedience. In: Journal of Abnormal and Social Psychology, Band 67, 1963, S. 371 – 378

25 Zitiert nach: Thomas Blass: The Man Who Shocked The World: The Life and Legacy of Stanley Milgram, Basic Books, 2004, S. 100

26 M. Pauen, H. Welzer: Autonomie. Eine Verteidigung, S. Fischer, 2015, S. 147 ff.

27 Jens Corssen: Persönlichkeit. Ein Seminar für die ZEIT Akademie, 2017

28 E. Svoboda: Eight Ways to Stand Up to Hate. Greater Good, University Berkeley, November 22, 2016 http://greatergood.berkeley.edu/article/item/eight_ways_to_stand_up_to_hate

29 https://www.heroicimagination.org/

30 https://www.helden-ev.de/

31 Max Rauner: Du Held!, ZEIT Wissen 3/19

https://www.zeit.de/zeit-wissen/2019/03/psychologie-helden-gut-boese-philip-zimbardo

32 Darley, J. M., & Latané, B.: Bystander intervention in emergencies: Diffusion of responsibility, Journal of Personality and Social Psychology, 8, 377 – 383 (1968)

33 U. Emeghara: Bystander effect and diffusion of responsibility, Simply Psychology. (2020, Sept 24).

www.simplypsychology.org/bystander-effect.html

34 Eine gute Übersicht liefert der Reader ≫Zivilcourage lernen≪ der Bundeszentrale für politische Bildung (bpb) und der Landeszentrale für politische Bildung Baden-Württemberg (LpB), 2004

https://www.bpb.de/system/files/pdf/UI8QC9.pdf

35 Ebd. S. 241

36 Zitiert nach Fredmund Malik: Führen Leisten Leben. Wirksames Management für eine neue Zeit, Campus-Verlag, Frankfurt 2006, S. 209

7장 ───────

1 B. Ulrich: Wächst da was zusammen? DIE ZEIT 40/2020

https://www.zeit.de/2020/40/klimaaktivismus-luisa-neubauer-ursula-von-der-leyen-angela-merkel-greta-thunberg-gespraeche

2 Bundeskanzler Olaf Scholz: Wir erleben eine Zeitenwende. Deutscher Bundestag, Textarchiv, 27. 02. 2022

https://www.bundestag.de/dokumente/textarchiv/2022/kw08-sondersitzung-882198

3 Larry Brilliant im Gespräch mit B. Pörksen: Warum soll man nicht glauben, dass auch andere Wunder möglich sind?, ZEIT Magazin 12/2022

https://www.zeit.de/zeit-magazin/2022/12/larry-brilliant-philanthrop-corona-pocken-interview

4 Reinhold Bauer: Gescheiterte Innovationen, Campus Verlag, 2006

U. Schnabel: Gut gemeint ist schlecht erfunden, DIE ZEIT 23/2004 https://www.zeit.de/2004/23/I-Floppologie

5   Pressemeldung der Uni Bamberg: Wie ansteckend es ist, Kinder zu kriegen (11. 2. 2020)
    https://www.uni-bamberg.de/presse/pm/artikel/studie-kinderwunsch-sozialer-einfluss/

6   N. Balboa, N. Barban: Does Fertility Behavior Spread among Friends? American Sociological Review, Vol. 79(3), 2014, S. 412 – 431

7   Z. Buyukkececi, H. Engelhardt et al: Family, Firms and Fertility, Demography (2020), Vol. 57 (1)
    https://www.jstor.org/stable/48681409

8   K.Truscheit: Was die kann, kann ich auch, Frankfurter Allgemeine Zeitung, 14. 02. 2020

9   S. Mahmood, D. Levy, R. Vasan, T. Wang: The Framingham Heart Study and the epidemiology of cardiovascular disease: a historical perspective, The Lancet, Vol. 383 (9921), 2014, P. 999 – 1008
    https://pubmed.ncbi.nlm.nih.gov/24084292/

10 J. H Fowler, N. A Christakis: Dynamic spread of happiness in a large social network: longitudinal analysis over 20 years in the Framingham Heart Study, British Medical Journal, Vol. 337, 2008 DOI:10.1136/bmj.a2338

11 Nicholas A. Christakis, James H. Fowler: Connected! Die Macht sozialer Netzwerke und warum Gluck ansteckend ist, S. Fischer Verlag, 2010

12 Max Rauner: Total vernetzt, ZEIT Wissen 1/2010
    https://www.zeit.de/zeit-wissen/2010/01/Soziale-Netzwerke

13 J. Nolan, R. Cialdini et al.:Normative Social Influence Is Underdetected, Personality & social psychology bulletin. 34. 913 – 23 (2008)
    DOI: 10.1177/0146167208316691

14 Isabella Uhl-Hädicke: Warum machen wir es nicht einfach? Die Psychologie der Klimakrise, Molden Verlag, 2022

15 Isabella Uhl-Hädicke im Gespräch: Der Panikmechanismus hat extrem gut funktioniert, ZEIT Online, 26. 04. 2020
    https://www.zeit.de/wissen/2020-04/psychologie-corona-krise-klimawandel-kontrollverlust-ohnmacht-maske-hamstern

16 I. M. Otto et al.: Social tipping dynamics for stabilizing Earth's climate by 2050,

PNAS, Vol. 117(5), (2020)

https://doi.org/10.1073/pnas.1900577117

17 Greta Thunberg im Gespräch mit Anne Will. 31. 03. 2019

https://www.youtube.com/watch?v=a8oV53m44PA

18 Centola D, Becker J, Brackbill D, Baronchelli: A. Experimental evidence for tipping points in social convention, Science. 2018, Vol. 360 (6393):1116 – 1119

https://www.science.org/doi/10.1126/science.aas8827

19 Eine gute Übersicht findet sich bei Tobias Stone: Social Network Theory, The Startup, Oct 29, 2018

https://medium.com/swlh/social-network-theory-a-literature-review-for-understanding-innovation-programs-7f1c214e9a77

20 S. Milgram, J. Travers: An Experimental Study of the Small World Problem. Sociometry, Vol. 32, No. 4, (1969)

https://snap.stanford.edu/class/cs224w-readings/travers69smallworld.pdf

21 S. Schnettler: A structured overview of 50 years of small-world research, Social Networks (2009), Vol. 31(3), S. 165 – 178

22 Lars Backstrom et al.: Four Degrees of Separation, arXiv:1111.4570v1. (2012)

23 Nicholas A. Christakis, James H. Fowler: Connected, Little, Brown Spark, September 28, 2009

24 M. S. Granovetter: The Strength of Weak Ties, American Journal of Sociology, Vol. 78, (6), 1973, pp. 1360 – 1380

https://www.cs.umd.edu/~golbeck/INST633o/granovetterTies.pdf

25 R. S. Burt: Structural Holes and Good Ideas. American Journal of Sociology, 110(2), 349 – 399. (2004)

http://www.jstor.org/stable/10.1086/421787

26 J. Perle: Networking your way to innovation, London Business School, 17 February 2016

https://www.london.edu/think/networking-your-way-to-innovation

27 Mark Granovetter: Threshold Models of Collective Behavior, American Journal of Sociology, Vol. 83, No. 6, (1978), S. 1420 ff.

8장 ─────────

1 Malte Henk: Der Spalt, DIE ZEIT 09/2022

https://www.zeit.de/2022/09/polarisierte-gesellschaft-spaltung-meinung-corona

2 T. Lang: Corona-Leugner bis in den Tod, Verlag Nürnberger Presse, 02. 01. 2022

https://www.nordbayern.de/region/corona-leugner-bis-in-den-tod-wirre-verschworungstheorien-auf-intensivstationen-1.11633372

3 Mai Thi Ngyuen-Kim: Die kleinste gemeinsame Wirklichkeit, Droemer, 2021

4 Lee Ross und Andrew Ward: Naive Realism in Everyday Life: Implications for Social Conflict and Misunderstanding≪, Values and Knowledge, 1997

5 K. Ackerman: An Unforgettable Game – and Lecture, Princeton Alumni Weekly, October 22, 2019

https://paw.princeton.edu/inbox/unforgettable-game-and-lecture

6 Hastorf, A. H., & Cantril, H. (1954). They saw a game; a case study, The Journal of Abnormal and Social Psychology, 49(1), 129–134

https://doi.org/10.1037/h0057880

7 F. Manjoo: True Enough: Learning to Live in a Post-Fact Society, Wiley, 2008

Excerpts on: https://www.salon.com/2008/03/17/true_enough_excerpt_one/

8 Lord, C. & Ross, L. & Lepper, M. (1979). Biased Assimilation and Attitude Polarization: The Effects of Prior Theories on Subsequently Considered Evidence, Journal of Personality and Social Psychology. 37. 2098–2109

DOI: 10.1037/0022-3514.37.11.2098

9 C. R. Sunstein: The Law of Group Polarization, John M. Olin Program in L. & Econ. Working Paper No. 91, 1999

https://chicagounbound.uchicago.edu/law_and_economics/542/

10 Imre Grimm: Traut euren Augen nicht! Im Krieg der Bilder ist praktisch alles möglich, RedaktionsNetzwerk Deutschland, 16. 03. 2022

https://www.rnd.de/medien/bilder-zum-krieg-in-der-ukraine-was-ist-echt-was-faelschung-ARJX75LDS5GGFKQRNH7EXIDPXU.html

A. Epp, K. Neumann: Der Desinformationskrieg ist in vollem Gang, Spiegel Online, 22. 02. 2022

11 S. Lobo: Die Denkpest geht um, Spiegel Online, 05. 01. 2022

https://www.spiegel.de/netzwelt/netzpolitik/corona-und-die-radikalisierung-der-impfgegner-die-denkpest-geht-um-kolumne-a-307b0e08-c4fe-43c2-

800b-b2da618ec4ca

12 Daniel Kahneman, Schnelles Denken, langsames Denken, Siedler, 2012

13 S. Vosoughi, D. Roy, S. Aral: The spread of true and false news online, Science Vol.
359, 1146 (2018)

https://www.science.org/doi/10.1126/science.aap9559

14 Study: On Twitter, false news travels faster than true stories, MIT News, March 8,
2018

https://news.mit.edu/2018/study-twitter-false-news-travels-faster-true-
stories-0308

15 Study: 70 % of Facebook users only read the headline of science stories before
commenting, Sciene Post, March 5, 2018

16 M. Gabielkov, A. Legout et al.: Social Clicks: What and Who Gets Read on Twitter?
ACM SIGMETRICS / IFIP Performance 2016, Jun 2016

https://inria.hal.science/hal-01281190

17 K. Martineau: New Study Highlights Power of Crowd to Transmit News on Twitter,
Columbia University Data Science Institute, June 15, 2016

https://datascience.columbia.edu/news/2016/new-study-highlights-power-of-
crowd-to-transmit-news-on-twitter/

18 PwC: Ranking der 100 wertvollsten Unternehmen 2021 nach Marktkapitalisierung

https://www.pwc.de/de/kapitalmarktorientierte-unternehmen/ranking-der-100-
wertvollsten-unternehmen-2021-nach-marktkapitalisierung.html#ueberblick

19 J. Hohmann: How Zuckerberg's Facebook is like Gutenberg's printing press,
Washington Post, April 1, 2018

20 Lee Ross und Andrew Ward: Naive Realism in Everyday Life: Implications for
Social Conflict and Misunderstanding≪, 2018

21 M. Probst, D. Pelletier: Der Krieg gegen die Wahrheit, DIE ZEIT 51/2017

https://www.zeit.de/2017/51/fake-news-klimawandel-energiekonzerne-
desinformationskampagne/komplettansicht

22 J. v. Lindern, K. Polke-Majewski, K. Biermann: Digitale Nadelstiche, ZEIT Online,
16. 02. 2022

https://www.zeit.de/digital/2022-02/ukraine-cyberangriff-hacker-russland-
cyberkrieg

23 J. Hans: Putins Trolle, Suddeutsche Zeitung, 13. 06. 2014 https://www.sueddeutsche.de/politik/propaganda-aus-russland-putins-trolle-1.1997470

24 M. Field, M. Wright: Russian trolls sent thousands of pro-Leave messages on day of Brexit referendum, Twitter data reveals, The Telegraph, 17. 10. 2018

https://www.telegraph.co.uk/technology/2018/10/17/russian-iranian-twitter-trolls-sent-10-million-tweets-fake-news/

25 US Department of Justice: Case 1:18-cr-00032-DLF, Document 1, Filed 02/16/18

https://www.justice.gov/file/1035477/download

26 Kathleen Hall Jamieson: Cyberwar, Oxford University Press, 2018

27 A. Applebaum, P. Pomerantsev et.al.: Make Germany great again: Kremlin, alt-right and international influences in the 2017 German elections, Institute for Strategic Dialogue, 2017

http://www.isdglobal.org/wp-content/uploads/2017/12/Make-Germany-Great-Again-ENG-061217.pdf

28 A. Applebaum, P. Pomerantsev: Wie der Kreml die deutsche Demokratie destabilisiert, Welt, 05. 12. 2017

https://www.welt.de/debatte/kommentare/article171289304/Wie-der-Kreml-die-deutsche-Demokratie-destabilisiert.html

29 M. Probst: Epochales Staatsversagen, Blätter für deutsche und internationale Politik, 5/2018

30 P. Gensing: Schweden psychologisch verteidigen, tagesschau.de, 06. 01. 2022

https://www.tagesschau.de/ausland/europa/desinformation-schweden-101.html

31 P. Gensing: Massive Fake-News-Kampagne gegen Schweden, tagesschau. de, 08. 02. 2022

https://www.tagesschau.de/faktenfinder/fake-news-schweden-fluechtlinge-kinder-101.html?newsletter=true

32 Die AfD verbreitet Fake-News, tagesschau.de, 14. 10. 2021

33 #LastNightInSweden, tagesschau.de, 19. 02. 2017

34 Pennycook, G., Cannon, T. D., & Rand, D. G. (2018). Prior exposure increases perceived accuracy of fake news, Journal of Experimental Psychology: General, 147(12), 1865 – 1880,DOI: 10.1037/xge0000465

https://papers.ssrn.com/sol3/papers.cfm?abstract_id=2958246

35 M. S. Chan, K. H. Jamieson et al.: Debunking: A Meta-Analysis of the Psychological Efficacy of Messages Countering Misinformation, Psychological Science, 2017, Vol. 28(11) 1531 - 1546

https://journals.sagepub.com/doi/pdf/10.1177/0956797617714579

36 N. Chokshi: How to Fight 'Fake News'(Warning: It Isn't Easy), New York Times, Sept. 18, 2017

https://www.nytimes.com/2017/09/18/business/media/fight-fake-news.html

37 Alternative Fakten: Psychologische Grundlagen einer postfaktischen Diskussionskultur, Pressemeldung der Deutschen Gesellschaft für Psychologie, 11. 09. 2017

https://idw-online.de/de/news680764

38 "Fake News" erkennen lernen: Unterrichtsmaterial für die Schule; NDR-Ratgeber https://www.ndr.de/ratgeber/medienkompetenz/Fake-News-erkennen-lernen-Unterrichtsmaterial-fuer-die-Schule,fakenews218.html

39 https://www.klicksafe.de/

40 https://www.volkshochschule.de/verbandswelt/projekte/politische_jugendbildung/online-dossier-digitalisierung/modulbox-politische-medienbildung.php

41 Menschen machen Medien: Das Spiel mit Nachrichten, Heft 1/2022 https://mmm.verdi.de/berufliche-trends/das-spiel-mit-nachrichten-79973

42 L. Hagen: Nachrichtenkompetenz in Schulen: mangelhaft, Übermedien. de, 07. 09. 2019

http://uebermedien.de/19777/nachrichtenkompetenz-in-schulen-mangelhaft/

43 N. Thompson, F. Vogelstein: Inside the Two Years That Shook Facebook, Wired, Feb 12, 2018

44 The facebook files, The Wall Street Journal Investigation https://www.wsj.com/articles/the-facebook-files-11631713039

45 Subcommittee: Protecting Kids Online: Testimony from a Facebook Whistleblower

46 Bernard Pörksen im Gespräch: Implosion von Putins Propagandamaschine unvermeidbar, Der Tagesspiegel, 14. 03. 2022

https://www.tagesspiegel.de/gesellschaft/medien/medienwissenschaftler-bernhard-poerksen-im-interview-implosion-von-putinspropagandamaschine-unvermeidbar/28157428.html

47 Europäische Kommission: Gesetz uber digitale Dienste

https://commission.europa.eu/strategy-and-policy/priorities-2019-2024/europe-fit-digital-age/digital-services-act-ensuring-safe-and-accountable-online-environment_de

48 EU einigt sich auf Digitale-Dienste-Gesetz, Netzpolitik.org, 23. 04. 2022

https://netzpolitik.org/2022/durchbruch-eu-einigt-sich-auf-digitale-dienste-gesetz/

49 M. Beckendahl: Das ist noch kein Plattformgrundgesetz, Netzpolitik. org, 23. 04. 2022

https://netzpolitik.org/2022/kommentar-zum-digitale-dienste-gesetz-das-ist-noch-kein-plattformgrundgesetz/

50 Corinna Milborn, Markus Breitenecker: Change the Game. Wie wir uns das Netz von Facebook und Google zurückholen. Brandstätter, 2018

51 Effekt von Faktenchecks auf Falschwahrnehmungen zu COVID-19, Science Media Center, 03. 02. 2022

https://www.sciencemediacenter.de/alle-angebote/research-in-context/details/news/effekt-von-faktenchecks-auf-falschwahrnehmungen-zu-covid-19/

52 Interview mit Stefan Wegner: Jetzt schmilzt auch noch das Vertrauen, DIE ZEIT 48/2017

https://www.zeit.de/2017/48/vertrauen-werber-stefan-wegner-politik-medien/komplettansicht

53 M. B. Petersen: COVID lesson: trust the public with hard truths, Nature, Vol. 598, 14 October 2021, S. 237

https://www.nature.com/articles/d41586-021-02758-2

54 C. Schöps: Ein kommunikatives Desaster, ZEIT Online, 16. 02. 2022

https://www.zeit.de/gesundheit/2022-02/gesundheits-kommunikation-corona-krise-regierung-lockdown-regeln

55 Stellungnahme des ExpertInnenrates der Bundesregierung zu COVID-19, Zur Notwendigkeit evidenzbasierter Risiko-und Gesundheitskommunikation, 30. 01. 2022

https://www.bundesregierung.de/resource/blob/974430/2006266/c6e9cae1ee2b840b83a0946664867eb4/2022-02-17-siebte-stellungnahme-expertenrat-data.pdf?download=1

M. Probst, U. Schnabel et al.: So gewinnt das bessere Argument

Neun Thesen, wie Wissenschaft und Öffentlichkeit sich besser verständigen, DIE ZEIT 09/2021

https://www.zeit.de/2021/09/wissenschaft-kommunikation-oeffentlichkeit-pressesprecher-bildung-journalismus

M. Probst, U. Schnabel: Was Experten lernen müssen, DIE ZEIT 17/2022

https://www.zeit.de/2022/17/wissenschaft-kommunikation-oeffentlichkeit-medienkompetenz

56 War die Mondlandung ein Fake?

(https://www.zdf.de/dokumentation/terra-x/lesch-und-co-mondlandung-102.html)

War 9/11 ein Komplott des CIA?

(https://www.zeit.de/2014/45/verschwoerung-11-september-cia)

Faktchecks zu allen möglichen Themen bieten: Der Correctiv.Faktencheck des Recherchenetzwerks Correctiv (https://correctiv.org/faktencheck/)

#StopFakeNews der Bundeszentrale für politische Bildung

(https://www.bpb.de/themen/medien-journalismus/stopfakenews/)

Das Portal Klimafakten.de speziell zum Thema Klimawande (www.klimafakten.de)

Der Coronavirus-Faktencheck des Spiegel

(https://www.spiegel.de/thema/coronavirus-faktencheck/)

Der Faktenfinder der Tagesschau (www.tagesschau.de/faktenfinder/)

Der SWR Fakefinder für Kinder und Jugendliche

(https://www.swr.de/unternehmen/medienkompetenz/fakefinder-100.html)

Eine gute Übersicht bietet auch das Grimme Lab

Die Antonio Amadeu Stiftung gibt u. a. Social-Media-Tipps für die Zivilgesellschaft oder bietet einen "Entschworungsgenerator" an

(https://www.amadeu-antonio-stiftung.de/glaubnichtalles/)

Zwölf Tricks, wie Sie Fake News schnell entlarven, ZEIT Online, 12. 03. 2022

57 K. Nocun, P. Lamberty: True Facts. Was gegen Verschwörungserzahlungen wirklich hilft, Quadriga, 2021

58 Gesprach mit M. Butter: Glauben Sie nicht jedem, der einen Doktortitel hat, ZEIT Online, 01. 04. 2020

59 M. Butter: Die Corona-Impfung ist ein Traum für Verschworungstheoretiker, ZEIT Online, 23. 01. 2021

60 https://www.getbadnews.de/#intro